北京市属高等学校高层次人才引进与培养计划项目——长城学者培养计划项目（项目编号：CIT & TCD 20130310）

零售新观察系列

O2O 现代商业模式的变革与创新

李海生　魏中龙　编著

中国财富出版社

图书在版编目（CIP）数据

O2O：现代商业模式的变革与创新/李海生，魏中龙编著．—北京：中国财富出版社，2017.4

（零售新观察系列）

ISBN 978 - 7 - 5047 - 6458 - 4

Ⅰ.①O… Ⅱ.①李… ②魏… Ⅲ.①网络营销—研究 Ⅳ.①F713.36

中国版本图书馆 CIP 数据核字（2017）第 095600 号

策划编辑	寇俊玲	**责任编辑**	谷秀莉		
责任印制	方朋远	**责任校对**	孙丽丽	**责任发行**	王新业

出版发行 中国财富出版社

社　　址 北京市丰台区南四环西路 188 号 5 区 20 楼　**邮政编码**　100070

电　　话 010 - 52227588 转 2048/2028（发行部）010 - 52227588 转 307（总编室）

　　　　　010 - 68589540（读者服务部）　　　010 - 52227588 转 305（质检部）

网　　址 http://www.cfpress.com.cn

经　　销 新华书店

印　　刷 北京京都六环印刷厂

书　　号 ISBN 978 - 7 - 5047 - 6458 - 4/F·2751

开　本	710mm×1000mm　1/16		**版　次**	2017 年 6 月第 1 版
印　张	18.25		**印　次**	2017 年 6 月第 1 次印刷
字　数	328 千字		**定　价**	68.00 元

前　言

O2O 这一概念由国外学者亚历克斯·兰佩尔（Alex Rampell）在 2010 年 8 月提出，很快便传播到中国，随着智能手机和移动互联网行业的飞速发展，O2O 也逐渐成为一个具有极高关注度的新商业模式。O2O 的优势在于把线上和线下的优势完美结合起来。通过网络导购，将互联网与实体店完美对接，实现互联网落地，让消费者在享受线上优惠价格的同时享受线下贴身的服务。

在当今的"互联网＋"时代，O2O 为未来的数据商业提供了一条清晰的架构路径，并对消费者、市场形态、战略、组织、管理、品牌、营销和销售带来一系列影响，颠覆着传统商业模式，同时又为满怀壮志的移动互联网创业者提供着无尽可能。在移动互联网和云计算飞速发展，自媒体和数据为王的时代，O2O 已经成为企业互联网转型的必选题。

本书从技术和实现的角度探讨了 O2O 现代商业模式。全书共 11 章。第 1 章介绍 O2O 的概念、特点以及 O2O 与 B2C 的对比；第 2 章介绍 O2O 的商业模式，以及这种商业模式对餐饮、酒店、旅游、出租车、娱乐、家政等传统行业的冲击和影响；第 3 章介绍作为线上和线下关键入口的二维码技术；第 4 章介绍打通线上和线下消费的 LBS 技术；第 5 章讨论 O2O 交易行为中的支付环节；第 6 章探讨 O2O 模式为电子商务带来的机遇与挑战；第 7 章介绍社交网络及 O2O 社会化营销的途径；第 8 章讨论 O2O 的产品设计要求及产品架构；第 9 章分析传统零售行业目前的境况，以及 O2O 的国内外创新应用案例；第 10 章讨论 O2O 的运营支撑体系和运营优化内容；第 11 章探讨 O2O 的数据化运营策略及数据化运营案例，进一步阐释 O2O 正是线上、线下全流通的数据化工具。

在本书的编写过程中，作者参考了大量国内外出版物和网上资料，在此谨向各位作者表示由衷的敬意和感谢。在编写过程中，董水龙、司忠平、尹焕樸、许杰、万雅娟、郭艺等参与了前期的资料收集和整理工作，付出了辛勤的劳动，在此表示最诚挚的谢意。

　　在本书的编写以及作者对 O2O 商业模式的研究过程中，北京市属高等学校"长城学者培养计划项目"（项目编号：CIT & TCD 20130310）课题予以资助，在此表示感谢。

　　由于 O2O 和移动互联网技术及应用发展迅速，加之作者水平有限，书中难免存在不足之处，恳请专家与读者批评指正。

作　者

2016 年 2 月

目　录

1 O2O 概念

从跃跃欲试到疯狂生长，O2O 让多少企业趋之若鹜，如痴如醉。无论是空谈概念的炒作，还是大刀阔斧的改革，O2O 终成不可逆的趋势，吸引着无数传统企业涌进新的潮流，寻觅新的市场增量。

O2O 这一概念最早由国外学者亚历克斯·兰佩尔（Alex Rampell）提出，很快便传播到中国，随着互联网行业的发展，O2O 也逐渐成为一个具有极高关注度的新商业模式。伴随全球电子商务趋于本地化及社区化方向的延伸和发展，线上与线下、信息与实物、现实与虚拟之间的界限开始模糊，但关联更加紧密。目前火爆的高朋（Groupon）、OpenTable（美国领先的网上订餐平台）、Restaurants.com 和 SpaFinder 等网络商业网站均通过将线下商业形式与互联网成功结合，令互联网切实成为了用户线下使用与交易的"前台"。

1.1 什么是 O2O

6 岁开始创业，号称天才的创始人 Alex Rampell 在 2010 年 8 月分析 Groupon、OpenTable 网站的时候，提出了线上到线下商务的发展模式，在网上寻找消费者，然后引导到网下交易，即在线上引导，线下促成交易。这就是 Alex Rampell 给出的 O2O 即 Online To Offline 的最初概念，如图 1 - 1 所示。

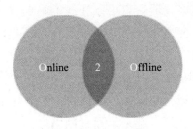

图 1 - 1 O2O 概念

Alex Rampell 提出了 O2O 概念后，又进行了广泛的调研，分析了 O2O 的商务规模：每个美国人年平均收入大约为 40000 美元，但是美国电子商务年人均网上交易大约为 1000 美元，包括旅游及那些在网络上购买后送到家的生活服务类商品，剩余的 39000 美元在赋税之后，美国人用在了咖啡厅、健身房、餐厅、加油站、干洗店和理发店等场所。

对于 O2O 这个概念的理解程度，体会最深的大概就是电信、媒体和科技领域（简称 TMT 领域，Telecommunication，Media，Technology 3 个英文单词的首字母，整合在一起，实际是未来电信、媒体、科技、信息技术的融合趋势所产生的）的投资者，在他们每天收到的大量商业计划书中，至少有一半以上的项目贴上了 O2O 的标签。凡是和线上线下沾边的，比如在模式上包括团购、预订、外卖、生活信息查询、地图、会员卡、优惠券、二维码、基于位置的服务（Location Based Services，LBS）等，或者只要是与餐饮、机票、酒店、美容美发、汽车服务、家居生活、家庭服务等行业相关的，基本上都说自己是一个 O2O 项目。这个现象就和 Web 2.0 的概念刚出现时一样。

说到 Web 2.0，它的概念发展到今天，可以说每个网站都是 Web 2.0 网站，这些网站或多或少都秉承了 Web 2.0 的理念，例如，以用户为中心、用户原创内容（User Generated Content，UGC）、分享、书签等，这些理念为整个互联网产品进化起到了非常重要的作用。

O2O，全称 Online To Offline，又被称为线上线下电子商务，区别于传统的 B2C、B2B、C2C 等电子商务模式。O2O 就是把线上的消费者带到现实的商店中去：在线支付线下商品、服务，再到线下去享受服务。通过打折（团购，如 Groupon）、提供信息、服务（预订，如 OpenTable）等方式，把线下商店的消息推送给互联网用户，从而将他们转换为自己的线下客户。这样线下服务就可以在线上揽客，消费者可以在线上筛选服务，还有成交可以在线结算，电子商务很快就会达到规模。O2O 现在是很热的一种电商模式，其发展前景也被公认，阿里巴巴的支付宝、腾讯的微信、携程等都是成功案例。

O2O 模式的核心很简单，就是把线上的消费者带到现实的商店中去——在线支付购买自线下的商品和服务，再到线下去享受服务。O2O 的优势在于把网上和网下的优势完美结合起来。通过网络导购，把互联网与实体店完美对接，实现互联网落地。让消费者在享受线上优惠价格的同时享受线下贴身的服务。同时，O2O 模式还可实现不同商家的联盟。

O2O模式下，线下商家、消费者与O2O平台之间的关系如图1-2所示。

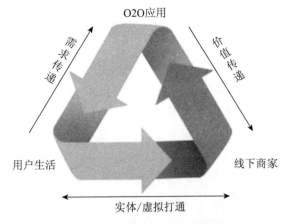

图1-2 O2O营销模式流程

1. 对用户而言

（1）获取更丰富、全面的商家及其服务的内容信息。

（2）更加便捷地向商家在线咨询并进行预售。

（3）获得相比线下直接消费较为便宜的价格。

2. 对商家而言

（1）能够获得更多的宣传、展示机会，吸引更多新客户到店消费。

（2）推广效果可查、每笔交易可跟踪。

（3）掌握用户数据，大大提升对老客户的维护与营销效果。

（4）通过对用户的沟通、释疑，更好地了解用户心理。

（5）通过在线有效预订等方式合理安排经营，节约成本。

（6）对拉动新品、新店的消费更加快捷。

（7）降低线下实体对黄金地段旺铺的依赖，大大减少租金支出。

3. 对O2O平台本身而言

（1）与用户日常生活息息相关，并能给用户带来便捷、优惠、消费保障等，能吸引大量高黏性用户。

（2）对商家有强大的推广作用及可衡量的推广效果，可吸引大量线下生活服务商家加入。

（3）数倍于C2C（Customers to Customers，个人对个人的销售方式）、B2C（Business to Customers，公司对个人性质的销售方式）的现金流。

（4）巨大的广告收入空间及形成规模后更多的盈利模式。

电子商务网站模式是 O2O 众多模式中的一种，O2O 模式在区域化生活消费电子商务平台"同城购"（http：//www.tochgo.com）中有很好的体现。"同城购"是全新的 O2O 商务社区化综合平台，主要以会员线上订单支付，线下实体店体验消费，并依托二维码识别技术应用于所有本地实体商家，锁定消费终端，打通消费通路，最大化地实现信息和实物之间、线上和线下之间、实体店与非实体店之间的无缝衔接，创建了一个全新的、共赢的商业模式。在如今的大数据时代，掌握了庞大的本地化消费者数据资源，本地化程度较高的垂直网站"同城购"就能为商家提供一系列增值服务，如智能建站、认证、高级会员等，从而聚合大量立足本地化服务与销售的中小商家，逐步形成全国领先的区域化电商门户平台。"同城购"的本地化电子商务理念是将本地线下商务的机会与互联网的技术结合在一起，让互联网成为线下交易的前台，同时起到推广和成交的作用，这种线上引导、线下消费的模式是电子商务领域里程碑式的革命。O2O 已经成为电子商务网站的下一个掘金点。"同城购"全方位、垂直的区域化电子商务领域，以 O2O 模式为核心，形成了全国最大的区域化电子商务门户平台。"同城购"让传统的商业流变成可以数字化的信息流、现金流，将线上和线下的障碍彻底打通，激活了一个巨大的"蓝海"。所以说"同城购"是 O2O 电子商务网站模式的创新平台和大规模的应用平台，随着 O2O 模式的逐渐成熟和广泛应用，本地化电子商务必将成为电商服务争夺战的决胜之地。

下面从平台层面和商家层面两个层面聚焦 O2O 的应用。

1. 平台层面的 O2O 案例

理论上来说，用任何一种线上的产品形态（团购、预订、优惠券、会员卡等），结合一个具体的行业（餐饮、酒店、美容美发、汽车等）都可以做成一个 O2O 平台。广义的 O2O 平台，除了交易平台，还包括信息展现和营销平台（如生活搜索、地图、优惠券、点评和分类信息等），但后面这些纯信息类平台已经存在较长时间。所以为了做一个更有意义的探讨，信息流的 O2O 平台我们暂不讨论，仅狭义地探讨那些对于最终交易行为可追踪、可衡量的 O2O 交易平台，从目前的发展来看，其主要有两种类型，一是预付费消费平台，二是组织线下闲置资源的平台。

（1）预付费消费平台

首先，机票和部分酒店预订就属于这其中的一部分，不过这类预付费消费其实更多的是由人们在机票、酒店方面的消费行为习惯决定的。如 7 天连锁酒店 CEO（首席执行官）郑南雁透露，目前 7 天有 70％的订单和房费都来自他们官网的在线预订。而携程无疑是这类平台中的代表了，因为携程而使得很多人都说 O2O 其实早在十多年前就已经出现了，即使它并没有预付费，但其通过呼叫中心及积分奖励等措施依然可以对用户的消费行为进行追踪。

其次，就是以美团为代表的团购网站了，团购网站是当前最火的预付费消费平台之一，团购的代名词可以说就是超低折扣，它是通过超低折扣的代价来实现用户预付费，因此，对商家来说，通过团购拉来的新客户大部分留不下来，大多缺乏长期的价值，更多的是鸦片式的临时促销；同样，对用户来说，由于对商家的长期价值不大，导致商家提升对团购客户的服务质量的积极性不高，以至于整体上用户体验都不是很乐观。模式的天然缺陷以及国内团购行业的无序发展和竞争，导致团购网站的数量就像过山车一般。而目前，不少团购网站也在向生活商城等模式转型，但由于超低折扣等因素留下的用户、商家忠诚度低等后遗症，团购网站能否转型成功也还充满变数。

同时，近年来涌现出不少新兴的在线预订平台，如电影票在线订座平台——格瓦拉（http：//www. gewara. com），互联网自助餐厅系统——哗啦啦（http：//chanpin. hualala. com）等，这类平台基本上抛弃了呼叫中心，更多是靠打通线上线下信息化系统自动实现预订、订座及在线支付等功能。但是同样由于用户对大部分生活服务消费的付费习惯是后付费，这类线上预付费的平台要改变用户的付费习惯，或将有较长一段的路要走。

（2）组织线下闲置资源的平台

在整合线下闲置资源方面的主要案例有基于闲置房屋出租的空中食宿网站 Airbnb 和国内的各类短租平台如蚂蚁短租（http：//www. mayi. com）、小猪短租（http：//www. xiaozhu. com）、游天下（http：//www. youtx. com）等，基于个人出租车服务的 Uber（http：//www. uber. com）和国内的易到用车（http：//www. yongche. com），还有基于个人代驾服务的 e 代驾（http：//www. edaijia. cn）等。

从这几个案例我们还可以看出另外一个共同点，即这类服务行业多数是没有线下门店的，这就决定了这些商家或个人对于线上需求的增加，因为这类商家不像餐饮等有门店的商家那样，即使没有任何线上推广也能有一定的线下自然客流进店消费。同样，它们还有一个共同的特点就是这类服务的消费频次基本上不是太高，这样随之会带来平台营销成本较高的问题，不过由于没有线下门店，其利润空间整体上要相对高一些。

2. 商家层面的 O2O 工具

对已经拥有线下服务实体店的商家来说，面对 O2O，机会与挑战同时存在，如果不能早日面对 O2O，势必会面临如同目前的商品经销商所受到的电商冲击一样的境况。因此，除了从理念上遵循 O2O 所倡导的对业务流程再造的主张外，如何利用互联网及移动互联网来更好地提升自身的营销效果及运营效率，对商家来说是一件越来越紧迫的事情。

从操作层面来看，商家可以通过以下一些线上及信息化工具来进行更多的尝试（以酒店商家举例），以期能够在新的消费时代跟上节奏。

（1）店面整体营销层面的尝试：生活搜索（包括大众点评等）、地图、微信、二维码。

（2）各种营销手段：优惠券、代金券、团购。

（3）口碑：点评类网站、微博、论坛（各种攻略）。

（4）预订服务：电话预订、网络预订、外卖。

（5）会员服务：会员卡、CRM（客户关系管理）、微信。

（6）运营效率和体验：电子点餐、排队系统。

O2O 商务本质上是可计量的，因为每一笔交易都是发生在网上。这同目录模式明显不同（如美国最大的点评网站 Yelp、大众点评网等），因为支付有助于量化业绩和完成交易等。O2O 模式的关键在于：在网上寻找消费者，然后将他们带到现实的商店中。它是支付模式和为店主创造客流量的一种结合，实现了线下的购买。这种模式应该说更偏向于线下，更有利于消费者，能让消费者感觉消费得较踏实。比较具有代表性的 O2O 商务模式就是盘石网盟广告会员旗下的 O2O 网上商城，它是盘石全球首创的中小企业大型独立网上商城，让中小企业不再简单寄生于大型垄断 B2B、B2C 单一商城，而是迅速开创专属于自己的大型品牌网上商城，其系统功能包括商品管理、会员管理、订单管理、在线支付等数百项大型网上商城所有的线上功能。线上会员和实体店会员一体的模式，能够满足消费者的不同需求。

O2O 是在移动互联网时代，在生活消费领域通过线上（虚拟世界）和线下（现实世界）互动（营销、交易、消费体验等商务行为可在线上或线下互动）的一种新型商业模式，如图 1-3 所示。

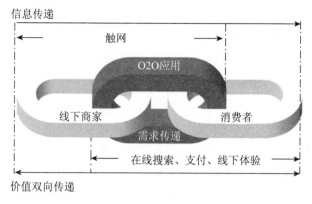

图 1 - 3　O2O 模式

　　连接线上、线下两个世界需要一个桥梁，目前二维码作为桥梁比较火，但随着 AR（增强现实，如 iPhone 的 Siri、谷歌眼镜）或 NFC（Near Field Communication，近场通信）技术的不断演进，其未来很有可能取代二维码而成为更受欢迎的"桥梁"。

　　手机最大的特点是有位置，入口即地图，QQ 地图是让线下的人和线上的东西产生关系的非常有价值的手段。腾讯的思路是通过多样化方式提供的地图平台，开放的 API（应用程序编程接口）允许更多开发者的接入和调用。

　　国外经典的 O2O 模式网站运营主要有 Uber，J. Hilburn，Trunk Club，Getaround，Jetsetter 等。

1. 全球即时用车软件——Uber

　　Uber 是一个允许你通过手机购买一个私家车搭乘服务的应用。其运作方式如下：下载 Uber 应用，发出打车请求；几分钟内一辆私家车来到你面前；应支付金额和小费支付通过信用卡自动完成。该服务已经在旧金山得到了很好的推广，接下来将会在很多其他城市展开。虽然费用比出租车要高一半，但是其舒适和快捷却是出租车无法比拟的。很显然，它将给出租车行业带来重大变革。

2. O2O 模式的男装定制网站——J. Hilburn

　　J. Hilburn 是一家允许男士购买个性化设计的衬衫和西裤的电子商务网站。其最大的优点就是能以更低的价格提供高端设计服装。该公司在全国各地雇用了一个 800 人的时尚顾问销售团队，他们会和客户约定时间拜访。到达约定地点后，他们会量尺寸，并拿出许多面料让客户选择并帮助客户挑选适合自己的类型。然后客户只需要在网站上输入自己的尺码、面料等信息，就可以在一段时间后收到定制的服装了。

3. 个性化定制高端服装网站——Trunk Club

Trunk Club 是一家位于芝加哥的高端服装网站。用户登录该网站后,可以选择预设的样式,回答一些问题,如"你一般在哪里购物""你最喜欢的款式? 尺码? 价格? 颜色"等,然后就会有一个时尚顾问联系客户和客户交流(可能是电子邮件的方式),在获取了客户的喜好和风格之后,他(她)就会安排给客户发送一些客户可能喜欢的样式的服装、鞋子等,客户只要挑选喜欢的就行了,然后为喜欢的那部分付费,其他的则退回。

J. Hilburn 和 Trunk Club 两家电子商务网站都是利用线上线下的体验,让人们更加方便快捷地购买到个性化定制的高端服装。

4. 点对点的汽车租赁网站——Getaround

Getaround 为人们提供社会化的租车服务,用户通过它可以选择租用一个小时、一天或者一个星期的车。Getaround 会提供保险以及 iPhone 应用、Web 应用、Carkit(安装在车上,可以通过 iPhone 解锁)等一系列设备及服务。Getaround 超越传统的租车服务,给人们更多本地的和支付得起的选择,"我们的用户就像正在建立他们自己的社区一样,他们在这里分享共同的价值观和兴趣,额外的,我们通过更好的计划,帮助世界共享资源,改善环境。"联合创始人 Jessica Scorpio 说。Getaround 提供的 Carkit(无须钥匙的远程控制)服务,安装在车上,让通过 P2P 租车的用户可以不需要交换钥匙而只通过 iPhone 应用来解锁汽车。目前 Getaround 平台已经注册有 1600 辆汽车,短短时间内达到了美国最大网上租车公司 Zipcar 汽车数量的 20%。Getaround 已经从 General Catalyst Partners,Barney Pell(风险投资者)和其他人那里获得了种子投资。

5. 旅游私卖网站——Jetsetter

事实上,该网站原属于奢侈品折扣秒杀网站 Gilt Groupe,代表第二代旅行社,后被 TripAdvisor 收购。他们通过一个 200 人的旅行报道记者网络来为会员计划出游旅行。不过由于服务非常高端,价格也不菲。比如,3 个小时的咨询,具体的旅游计划加上安排服务预订,需要花费 200 美元。而作为补偿,顾客通过 Jetsetter 订购酒店则会有返利。尽管越来越多的人出游会选择在线旅游搜索引擎,但是更加高端的服务仍然需要人工来完成。

6. 空中食宿——Airbnb

Airbnb 是 AirBed and Breakfast(Air-b-n-b)的缩写,中文名为"空中食宿"。Airbnb 是一家联系旅游人士和家有空房出租的房主的服务型网站,它可以为用户提供各式各样的住宿信息。Airbnb 成立于 2008 年 8 月,总部设在美国加州旧金山市,是一个旅行房屋租赁社区,用户可通过网络或手机应用程序发布、搜索度假房屋租赁信息并完成在线预订程序。2011 年,Airbnb 服务难以置信地增长了 800%。Airbnb 用户遍布 190 个国家近 34000 个城市,发布的房屋租赁信息达到 5 万条。Airbnb 被时代周刊称为"住房中的 eBay"。

7. 本地化实时交易平台——Zaarly

如果非要用一句话来描述 Zaarly,那就是"移动版"的 Craigslist(大型免费分类广告网站)、赶集、58 同城。它通过信息化技术,把供需双方更好地结合在了一起。Zaarly 的概念很简单。首先由有需求的用户发出需求,比如我想要买一台 Mac 电脑,打算什么时候买,大概多少钱,位置在哪里等。你的需求会通过 Zaarly 发布到本地社区,用户也可以选择在发布的同时更新到 Twitter 等社交网络。当有商家或者个人看到你的需求,并想把自己手上的 Mac 卖给你时,他们就可以匿名地发布自己可以接受的出售价格。想要买这台电脑的人会从所有的这些供应商中选择一个最优的,通过 Zaarly 进行交流;要是没什么问题,就可以通过线下现金交易或者 Zaarly 中绑定的信用卡交易平台完成交易了。可以说,Zaarly 真的是一个革命性的产品,而它的革命性就在于其主要运行在移动设备上。试想,类似 Craigslist 的分类目录服务的一个核心元素就是地理位置,而这一点正是在移动设备上才能体现出来。

国内 O2O 网站的主要企业包括百度、阿里集团、腾讯等专注平台和入口类的企业(以下简称 BAT 系统)、58 同城、赶集网等分类信息网站,大众点评网等生活服务点评网站,美团网、百度糯米网等生活服务团购网站,滴滴出行等行业垂直网站和苏宁、国美等传统零售企业。各种类型的 O2O 网站的运营模式如表 1-1 所示。

表 1-1　　国内生活消费领域主要网站 O2O 运营模式对比

企业类型	代表企业	优势	劣势
平台和入口类	阿里集团、腾讯、百度	用户数庞大,品牌影响力大;技术能力强,产品更新迭代快	线下能力不强;业务发展容易受整体战略变动影响

企业类型	代表企业	优势	劣势
分类信息网站	58 同城、赶集网、百姓网	信息更新速度快，分门别类，针对性强	信息繁杂，保真难度大；用户较低端，流量变现能力差
生活服务点评网站	大众点评网、口碑网	信息质量好，消费者信任度高；线下商户资源丰富	点评信息积累慢，城市复制性较差，对线下能力要求高
生活服务团购网站	美团网、百度糯米网、窝窝团、拉手网	交易闭环使商户营销效果可衡量；能快速吸引大量用户	运营成本较高；用户信任度和黏性不高
行业垂直网站	大麦网、中国婚博会、易到用车、滴滴出行	专注细分领域，专业性较强；用户容易区隔，方便营销推广	部分细分市场规模较小，对线下整合能力要求非常高
传统零售/品牌商	苏宁、银泰、天虹、王府井等	体验性强，质量有保障，退换货方便，用户忠诚度高	线上运营能力不强，以合作为主

1.2　O2O 产生的背景

　　相信 B2C、C2C 这些概念大家已经很熟悉了，从 1999 年到现在，电子商务已经大大改变了人们的生活方式。说到大众的生活，作为 C 端，更多的是在网上购买商品，然后 B 端或者店主把商品塞到箱子里，通过物流公司送到消费者面前。

　　这种电子商务的模式经历了十几年的变迁，使得市场不断细分：从综合型商城（以淘宝、天猫为代表）到百货商店（当当、亚马逊），再到垂直领域（苏宁易购、红孩子、去哪儿），接着进入轻型品牌店（凡客），用户的选择越来越趋于个性化，不再是一家独大的局面。从苏宁、国美、大中纷纷高调推出自己的 3C 电子商城，到京东 15 亿美元的融资加大仓储和物流的投入；从百度到团购平台的崛起；从"十二五"规划把电子信息作为支柱产业到国家决定用 5 年的时间把生活服务类产业的 GDP 占有率由 40％提升到 50％，不可否认，把商品塞到箱子里送到消费者面前，这个市场已经成熟。2010 年网上购物销售额达到 5000 亿元，网购用户人均年投入 2400 元。这个市场还有很大的潜力，但进入门槛已经很高了，从创业者到资本市场都在寻找电子商务的下一个模式。

投资商弗莱德·威尔逊办公室永远放着一盒不让人吃的麦片。当初，Airbnb 的几个创始人求他投资，在办公室留下了这盒麦片。威尔逊对他们所讲的 O2O 不感兴趣，拒绝了 Airbnb。2011 年 5 月，Airbnb 成功融资 1.12 亿美元，现在已成为估值超过 10 亿美元的公司。威尔逊用这盒麦片来提醒自己由于对 O2O 模式不敏感，而错失投资机会的教训。O2O 的理念算不上新颖，但很重要。目前较火的团购，就是 O2O 模式中的一种。数据显示，美国线上消费只占 8％，线下消费的比例高达 92％；而中国的这一比例，分别为 3％和 97％。

网购用得比较多的方式是电子凭证，即线上订购后，购买者可以收到一条包含二维码的彩信，购买者凭借这条彩信到服务网点经专业设备验证通过后，即可享受对应的服务。这一模式很好地解决了线上到线下的验证问题，安全可靠，且可以后台统计服务的使用情况，在方便了消费者的同时，也方便了商家。二维码的出现，或将成为移动运营商进军移动互联网，布局未来O2O 电子商务的关键。

关于二维码的两件重要的事件：一件是腾讯的马化腾先生公开表示腾讯"正在大力推广二维码的普及，这是线上线下的一个关键的入口"；一件是广东移动在广州地铁站开设了一个名为"移动闪拍站"数据业务传播和销售的新东西，无独有偶，也是集成了二维码，通过二维码购买各种数据业务。一个是移动互联网的巨头，一个是正在大举进军移动互联网的运营商巨头，在二维码这个移动互联网的入口不期而遇，耐人寻味。

自 2008 年至今，中国政府为应对全球经济持续低迷的状况，在不断深化市场经济体制的同时，提出了产业结构调整和企业转型的主张，但国内劳动密集型的生产型企业固化经营思维无法做到，而 ITM 模式则将传统企业经营带入了信息化市场变革。这也正是 ITM 广受争议和关注的原因之一，2013 年苏宁推行的"云商"模式的理念与 ITM 如出一辙。ITM 是英文 Interactive trading mode 的缩写，意思是"互动交易"模式，其主要影响是将传统零售业一味追求的规模化变革为小单元，犹如今天的街店移动电信充值店、营业厅或股票交易所；该模式的意义在于既保障了网购货品品质、诚信交易，建立健全电子商务的售后服务体系，又进一步推进了传统零售店面的信息化转型升级。

ITM 模式的经营难度较大，企业需具备"二元经营思维"的战略理念。国内具有代表性的是青岛本土品牌索妃雅。索妃雅 ITM 交易流程示意如图 1-4 所示。ITM 战略认为，当前的商业竞争不再是同业的产品、服务、品牌等层面的竞争，而是信息化时代的变革推进之争，步入信息化时代的未来企业要面对"双线竞争"即"线上与线下"两大战略层面。因此，在 ITM 战略格局中，将线上经营者认证为 ITM 商户，将实体店转型升级为 ITM 服务店，使两者的商品、价格、服务、沟通和信息同步运行。如所有 B2B、B2C、C2C 等经营者认证 ITM 商户后，其在线上销售的商品发货至顾客指定的 ITM 服务店，服务店根据商户线上承诺为商品进行检验、修剪、熨烫、擦拭，重新包装及出具《ITM 证明报告》等一系列售前、售中服务。

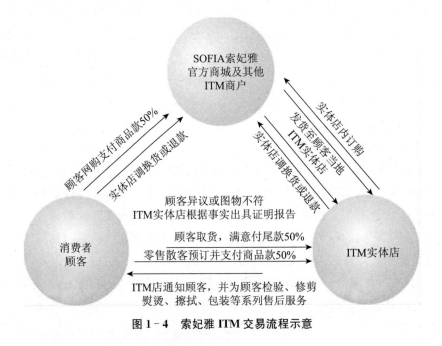

图 1-4　索妃雅 ITM 交易流程示意

服务业的 GDP 占有率比制造业（生产那些能塞到箱子里的商品）高，在将来的 5 年内国家将进一步提升服务业的 GDP 占有量，如果把商品塞到箱子里送到消费者面前的网上销量有 5000 亿元，那么生活服务类的网上销量会达到万亿元。

　　生活服务类商品在团购上更容易被消费者接受，事实也证明这种在线支付购买线下的商品和服务，再到线下去享受服务的模式能很快地被接受。而且，我们的团购平台从一天一款到一天多款，从一款卖一天到一款卖多天，从团商品到团服务，从一个城市辐射到全国，团购作为非常态下的电子商务形式，一定会趋向于商品多样化，最终走上生活服务类折扣商城的形式。

　　于是，一种新的电子商务模式诞生：O2O。

　　2011年11月，O2O概念引入中国，线下销售与服务通过线上推广来揽客，消费者可以通过线上来筛选需求，在线预订、结算，甚至可以灵活地实现线上预订，线下交易、消费，充分诠释了"同城购"的本地区域化电子商务的理念，而O2O模式并非"同城购"独创，但却是随着像"同城购"这样本地化电子商务的推广以及市场的需要逐步形成的。在整个2012年业内人士进行了有关O2O的三场大讨论：年初的"O2O模式"大讨论、年中的"O2O与二维码"大讨论和年末的"O2O闭环"大讨论。

　　O2O模式的核心很简单，就是把线上的消费者带到现实的商店中去，在线支付购买线下的商品和服务，再到线下去享受服务。O2O时代，电子凭证比移动支付业务更迫切。移动支付不是生活服务类电商的突破点。线下商户的POS设备（或门店PC设备）、个人用户的手机、线上的互联网，这三者如何在碎片化的流量下互动，是生活服务类电商破局的关键。团购模式虽然解决了商家拉新客户的问题，但没有帮商户留住消费者，所以后续发展动力不足。而微信会员卡帮商家建立针对个人消费者的CRM系统，是留住消费者的一种方法，但目前还没有形成成熟的商业模式。团购起到的作用是为生活服务类商家引入新用户，优惠（电子优惠券、返券）则是为生活服务类商家增加回头客，而卡惠业务（会员卡、积分库、储值卡、信用卡特约）则成为生活服务类商家对忠诚用户的回馈，这三个阶段递进发挥效用，又相辅相成。

　　整体来看，O2O模式运行得好，将会达到"三赢"的效果。

1. 对本地商家来说

　　O2O模式要求消费者网站支付，支付信息会成为商家了解消费者购物信息的渠道，方便商家对消费者购买数据的搜集，进而达成精准营销的目的，更好地维护并拓展客户。通过线上资源增加的顾客并不会给商家带来太多的成本，反而能带来更多利润。此外，O2O模式在一定程度上降低了商家对店铺地理位置的依赖，减少了租金方面的支出。

2. 对消费者而言

O2O 提供丰富、全面、及时的商家折扣信息，能够快捷筛选并订购适宜的商品或服务，且价格实惠。

3. 对服务提供商来说

O2O 模式可带来大规模高黏度的消费者，进而能争取到更多的商家资源。掌握庞大的消费者数据资源，且本地化程度较高的垂直网站借助 O2O 模式，还能为商家提供其他增值服务。所谓 O2O 就是 Online To Offline，也就是说将线下商务的机会与互联网结合在一起，让互联网成为线下交易的前台。这样线下服务就可以靠线上来推广、揽客，消费者可以用线上来查找、筛选服务，成交可以在线结算，迅速达到规模。最重要的是，推广效果可查，每笔交易可跟踪。

这同目录模式明显不同，因为支付有助于量化业绩和完成交易等。也出现了在这种模式之外的另外一种模式——O2P 商业模式，O2P 商业模式的核心是 Online to Partner，即采用互联网思维，围绕渠道平台化转型机会，构建厂家、经销商、零售商铺、物流机构、金融机构等共同参与的本地化生态圈，帮助传统产业向互联网转型，提升系统效率，创造消费者完美的购物体验。O2P 模式类似于 O2O，又区别于 O2O。它和 O2O 模式的区别是在线下消费。通过网站或者在线下商家店中的移动端了解相关信息，再到线下的商家去消费。消费者可在简单地了解之后再决定消费与否或在体验之后再支付，该类模式很适合大件商品的购买和休闲娱乐性消费。

1.3 O2O 的特点

随着智能手机的普及和移动互联网时代下 O2O 的互动普及，个体快速输入变得简单，碎片化的特点体现出营销调研方式将发生巨大变革。比如分众传媒与支付宝、聚划算的 O2O 广告案例。消费者可通过装有支付宝客户端的手机拍摄二维码，在分众显示屏前购买聚划算上的商品和服务。此举同时也使商家实现了品牌展示与销售的一体化，更易评估广告效果，从品牌导向向促销导向是明显趋势。在传统模式下，从广告展示到商店真正消费，往往经过多次跳转，而通过这个方案，我们让消费者在看到广告冲动的同时，可以直接形成销售和支付。江南春表示，分众今后将把更多精力投向消费者购买环节，直接分享企业的销售费用，而非仅仅是市场推广费用。

O2O模式要求消费者网站预订、支付，预订、支付信息会成为商家了解消费者购物信息的渠道，方便商家收集消费者购买数据，进而达成区域化精准营销的目的，更好地维护并拓展区域性客户。通过线上资源增加的顾客并不会给商家带来太多的成本，反而带来更多利润。此外，O2O模式在一定程度上降低了商家对店铺地理位置的依赖，减少了租金方面的支出。O2O模式作为线下商务与互联网结合的新模式，解决了传统行业的电子商务化问题。但是，O2O模式并非简单的互联网模式，此模式的实施对企业的线下能力是一个不小的挑战。可以说，线下能力的高低很大程度上决定了这个模式能否成功（主要是指商家的电商素质形成的市场成熟度）。而线下能力的高低又是由线上的用户黏度决定的，拥有大量优势用户资源、本地化程度较高的垂直网站将借助O2O模式，成为角逐未来电子商务市场的生力军。当前电子商务的主流贸易形态是B2C、C2C，B2C、C2C是在线支付，购买的商品需要通过物流公司送到客户手中；O2O模式的核心其实很简单，就是把线上的消费者带到现实的商店中去，在线支付购买、预订线下的商品和服务，再到线下去享受服务。生活服务类商品在团购上更容易被消费者接受，事实也证明这种在线支付购买线下的商品和服务，再到线下去享受服务的模式能很快地被接受。因此，团购让O2O模式发挥了淋漓尽致的效果。但团购是低折扣的临时性促销，甚至商家并没有真正参与到电子商务运营中来，还不能说是完全的O2O模式。事实上，在各种主客观因素的驱动下，无电商、不商务已然成为全球企业的一致选择。要么上网，要么被上网，电子商务成为企业标配已是大势所趋。因为你的同行已经上网，你的客户也在上网。虽然行业有待进一步发展和成熟，未来几年中国电子商务格局极有可能被新的势力——传统企业所打破。

对于O2O的概念，一般理解为Online To Offline，也有人将其理解为Offline To Online，但不管如何理解，其理念无外乎以下几个方面。

1. 注重体验

要有一个完整的体验，随着用户对一个产品或服务的接触点从线下实体店服务延伸到通过各种终端设备的虚拟接触点上之后，商家的服务界面就无限地扩展了，这时候商家应该从整体上去考虑给用户的体验和品牌影响力，而不能仅仅从物理上考虑。其实这也是电商和O2O的一个重要区别，电商主要依靠物流快递把消费体验送到消费者手中，但O2O必须依靠线下的服务过程才能构成消费者的一个完整体验，也就是说线下服务体验是整个环节中必不可少也是最核心的一部分。如果说价格是电商的关键词，那体验就是 O2O 的关键词。

2. 强调沟通

随时随地地和用户沟通，受益于移动设备的越来越普及，用户随时在线，无论是用户的使用感受还是对一些问题的反馈，用户都可以和商家进行互动沟通。

3. 用户中心

以用户为中心，真正按照以用户为中心来打造自己的服务体系，而不是以产品为中心，在为商家拉新客户的同时，还能通过一些工具和手段为其留住老客户，因为商家的绝大多数利润来自那些真正的老客户。

4. 消费预测

也可以说是 O2O 的精髓，即用户消费行为从可追踪到可衡量再到可预测，所有用户在线上到线下的行为都能够记录和衡量，最终形成基于海量的用户消费行为数据库，通过对这些数据的进一步挖掘与分析来预测相应营销行为对用户的影响。

5. 延伸服务

当顾客被你的平台所黏住的时候，这些顾客不再像以前一样，来到店里只是一个客人，离开了你的店可能你再也不知道他是谁了。移动的时代，当你有办法通过各种方式黏住你的这些潜在客户时，商家将有机会将线上很多的运营模式真正地搬到线下去。

以上要素为 O2O 的几个关键点，既可以互相关联，也可以拆成多个小点。另外，这些理念对于整个商业生态的影响也将是长期和渐进的，而整个 IT 科技的进步包括智能手机、支付、云服务、大数据等都是这些理念实践的重要基础。

很多时候有人问 O2O 是长期战略还是短期行为，从用户行为和趋势看，O2O 是长期战略，不论未来各平台发生什么变化，互联网、移动互联网都会成为消费者的重要行为战场，在这里可以对消费者的行为进行追踪分析，通过收集分析这一海量的用户消费行为数据库，可以进一步通过数据挖掘分析来预测相应营销行为对用户的影响。

O2O 模式可以对商家的营销效果进行直观的统计和追踪评估，规避了传统营销模式的推广效果的不可预测性，O2O 将线上订单和线下消费结合，所有的消费行为均可以准确统计，进而吸引更多的商家进来，为消费者提供更多优质的产品和服务。O2O在服务业中具有优势，价格便宜，购买方便，且折扣信息等能及时被获知。

在广东省政府举办的2013年广东（国际）电子商务大会上，腾讯集团高级执行副总裁、腾讯电商控股CEO（首席执行官）吴宵光首次对外谈及了腾讯电商针对O2O业务的思考和业务布局，引发了与会者的普遍关注。

传统的电子商务实际上是将线下的生意挪到线上，但由此带来的线上线下的博弈冲突使传统零售企业很痛苦，而移动时代，电子商务与零售将会形成共生而不是零和的关系。同时，PC时代的电子商务需要大量的信息化能力，例如学习店铺装修、直通车、线上运营等，但移动大潮来时，每一个店员、每一个从业者都可以通过手机随时随地与顾客沟通，这让未来传统零售业非常有可能通过移动互联网重新爆发生机。

移动和O2O时代的电子商务将会具备"随时随地随身""客户关系管理（CRM）""基于地理位置服务（LBS）""大数据"和"延伸线下服务场景"五大特点。

1.4　O2O与B2C的比较

1.4.1　B2C简单回顾

B2C是企业对终端消费者，B是企业，拥有自己的电子商务商城，一般都专注于网购，典型的有京东商城、亚马逊、亲民商城、凡客诚品等，一般是商家与顾客之间的商务活动，也就是通常所说的"网上购物网站"。企业、商家可充分利用电子商城提供的网络基础设施、支付平台、安全平台、管理平台等共享资源有效地、低成本地开展自己的商业活动。它是电子商务按交易对象分类中的一种，即表示商业机构对消费者的电子商务。这种形式的电子商务一般以网络零售业为主，主要借助于互联网开展在线销售活动。B2C模式是我国最早产生的电子商务模式，以8848网上商城正式运营为标志。B2C电子商务网站由3个基本部分组成：①为顾客提供在线购物场所的商场网站；②负责为客户所购商品进行配送的配送系统；③负责顾客身份的确认及货款结算的银行及认证系统。

B2C即企业通过互联网为消费者提供一个新型的购物环境——网上商店，消费者通过网络在网上购物、在网上支付。这种模式节省了客户和企业的时间和空间，大大提高了交易效率，特别是对于工作忙碌的上班族，这种模式可以为其节省宝贵的时间。但是在网上出售的商品特征也非常明显，仅仅局限于一些特殊商品，如图书、音像制品、数码类产品、鲜花、玩具等。这些商品对购买者视、听、触、嗅等感觉体验的要求较低，像服装、音响设备、香水等，需要消费者特定感官体验的商品不适宜在网上销售，当然，也不排除少数消费者就认定某一品牌某一型号而不需要现场体验就决定购买的情况，但这样的消费者很少，人们更愿意根据自己的体验感觉来决定是否购买。目前 B2C 电子商务的付款方式是货到付款与网上支付相结合，而大多数企业的配送选择物流外包方式以节约运营成本。随着用户消费习惯的改变以及优秀企业示范效应的促进，网上购物用户不断增长，2004 年占整个互联网用户的 5.4%，我国 B2C 电子商务市场规模到 2004 年年底达到了 45 亿元，这种商业模式在我国已经基本成熟。

但目前 B2C 模式面临着不少困难，主要表现如下。

1. 资金周转困难

除了专门化的网上商店外，消费者普遍希望网上商店的商品越丰富越好，为了满足消费者的需要，B2C 电子商务企业不得不花大量的资金去充实货源。而绝大多数 B2C 电子商务企业都是由风险投资支撑起来的，往往把电子商务运营的环境建立起来后，账户上的钱已所剩无几。这也是整个电子商务行业经营艰难的主要原因。

2. 定位不准

一是商品定位不准，许多 B2C 企业一开始就把网上商店建成一个网上超市，网上商品大而全，但因没有比较完善的物流配送体系的支撑而受到严重的制约；二是客户群定位不准，虽然访问量较高，但交易额小；三是价格定位偏高，网上商店追求的是零库存，有了订单再拿货，由于订货的批量少，得不到一个很好的进货价。

3. 网上支付体系不健全

网上购物的突出特点是利用信用卡实现网上支付。从目前来看，我国电子商务在线支付的规模仍处于较低的水平，在线支付的安全隐患依然存在，多数代行银行职能的第三方支付平台由于可直接支配交易款项，所以越权调用交易资金的风险始终存在。这种不完善的网上支付体系严重制约着 B2C 电子商务企业的发展。

4. 信用机制和电子商务立法不健全

有的商家出于成本和政策风险等方面的考虑,将信用风险转嫁给交易双方,有的商家为求利益最大化发布虚假信息、扣押来往款项、泄露用户资料,有的买家提交订单后无故取消,有的卖家以次充好等现象常常发生。而这些现象就是导致消费者对网上购物心存疑虑的根本原因。

不少因素都影响着 B2C 的发展,例如,营销能力、客户服务能力、品牌经营能力等。借助网络来零售产品是 B2C 电子商务网站最根本的目的。营销能力是影响着 B2C 电子商务网站市场竞争力的重要因素。营销能力指的是 B2C 电子商务网站利用现有产品资源在市场中占取更多份额的能力,是增加网站点击率、增强网站购买力的能力。在信息爆炸的大数据时代,从海量的信息中找到完全符合自己需求的信息是很困难的。这主要是因为互联网的信息太过庞大,而且不同网站之间的信息重复现象非常严重。制定成套的网上营销策略,可以吸引更多的网民进入 B2C 电子商务商城,增加产品销售量,提高公司效益。基于 B2C 电子商务网站的特性考虑,网民是其最重要的资源,网站浏览量是其生存的根基,也是网站增加竞争力的核心所在。

在网络市场上,垄断现象非常严重,谁具有领先科技谁就能主导市场,B2C 电子商务网站之间的竞争日益激烈。B2C 电子商务网站最重要的营销战术就是让客户满意,获取客户的信任和忠诚,为客户创造更好的价值,只有这样 B2C 电子商务网站才能在市场竞争中占据有利地位。客户服务能力对 B2C 电子商务来说是非常重要的,因为获取新的客户,B2C 电子商务需要支付的成本是非常高的,长期保留客户能够节省更多的营销预算。提高自身的服务能力,给消费者一个轻松的购物环境才会吸引其再次消费。换个角度来说,网络时代的消费者具有很大的影响力,让消费者满意的客户服务会给网站争取更多新的客户。

打造品牌需要循序渐进,日积月累,绝非一朝一夕之功。近年来,B2C 电子商务的发展速度惊人,作为新兴产业,B2C 电子商务网站用来经营和塑造品牌的时间是很有限的。当传统企业意识到网络的重要性并开始向电子商务市场拓展时,通过传统销售渠道所积累的各种资源和营销经验就成为其发展的一大优势,而对 B2C 电子商务网站来说,这对其发展构成威胁。B2C 电子商务网站要发展壮大,就需要找准自身优势,通过雄厚的资本拓展市场,增加市场占有率,形成稳定的客户群,提高产品销售量,最终实现增加利润的目的。目前,B2C 电子商务网站之间主要是价格、产品质量、售后服务等方面的竞争，而未来的 B2C 竞争将是品牌的竞争，谁的品牌强势，谁的竞争力就更强。

1.4.2 O2O 与 B2C 的相同点

O2O 与传统的 B2C 都是一种服务形式。如果从消费零售服务角度来分，那么，最大范围的是零售，其中包括传统的各种零售业态（如大型超市、标准超市、便利店、专卖店、品牌店、品类店；有交叉分类，如连锁店和购物中心等）；从早期的零售服务方式分可以有店铺销售、无店铺销售（包括电视、电话、目录、互联网等）。

随着互联网市场的越来越大，互联网上零售服务独立称之为 B2C，也就是我们所讲的面向消费者的电子商务，在过去 10 多年，电子商务在商品购物上发展迅猛，出现了淘宝、京东等与传统零售类似的网上零售业态。但面对比购物拥有更大市场的生活服务类，显然传统 B2C（C2C）无法满足消费者需求，特别是随着移动技术的成熟，智能手机已经成为个人的一个延伸，智能手机不仅是信息载体，也是身份识别的终端。在此需求成熟和可行的背景下，人们开始尝试如何把网上生活与线下服务对接，这就引出了线上到线下的服务——O2O（事实上，也会出现线下到线上消费）。

O2O 与 B2C 两者的相同点主要包括以下方面：①消费者与服务者第一交互面在网上（特别包括手机）；②主流程是闭合的，且都是网上，如网上支付、客服等；③需求预测管理在后台，供需链管理是 O2O 和 B2C 成功的核心。

O2O 与 B2C 的关系如图 1-5 所示。

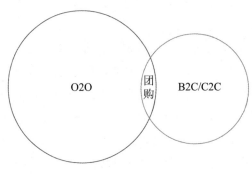

图 1-5 O2O 与 B2C 的关系

1.4.3 O2O 与 B2C 的区别

O2O 与 B2C 的区别主要体现在以下 3 个方面，如图 1-6 所示。

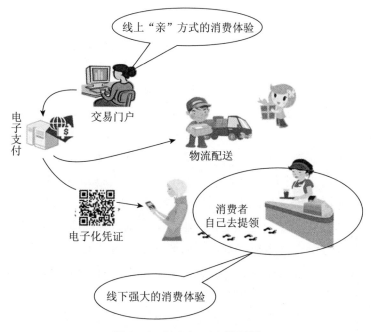

图 1-6　O2O 与 B2C 的区别

（1）O2O 更侧重服务性消费（包括餐饮、电影、美容、SPA（水疗）、旅游、健身、租车、租房等）；B2C 更侧重购物（实物商品，如电器、服饰等）。

（2）O2O 的消费者到现场获得服务，涉及客流；B2C 的消费者待在办公室或家里，等货上门，涉及物流。

（3）O2O 中库存是服务，B2C 中库存是商品。

O2O 未来的发展一定是为消费者服务提供跨界无缝的、良好体验的服务，而不是为了 O2O 而 O2O，这就意味着零售服务的融合，也就是说互联网服务者、生活服务商都会采用 O2O 的模式来实现服务，其中在线上这个 O（online）会涉及不同数字终端，如手机、电视、PC（个人计算机）、Pad（平板电脑）、游戏机等。

无论你是不是第一次听到 O2O，这个市场都正在被激活。团购网站投入大量资金发布铺天盖地的广告，百度有啊网站关闭后以"找到生活所需"的定位转型生活平台；淘宝增设频道"吃喝玩乐"链接至旗下口碑网，口碑网在社区化道路上磕磕碰碰之后迅速推出外卖业务；赶集、58、百姓等生活信息平台纷纷启动 C 轮融资，计划在整个生活服务市场被激活之前 IPO；携程3000 万元收购某订餐网站 51％股份，布局生活一站式预订；大众点评投资 1亿美元开拓二、三线城市生活服务；百度 2010 年 11 月 17 日推出百度身边，启动本地化生活信息平台；腾讯推出美食频道，启动本地化生活信息平台。

O2O 是一个增量市场，服务行业的企业数量庞大，而且地域性特别强，很难在互联网平台做广告，在百度上很少有酒吧、KTV、餐馆等关键词，而O2O 的模式完全可以满足这个市场。这个增量市场的开发就像当初百度开发中小企业特别是制造型企业要把产品卖到全国去一样，但是这些中小企业不可能投向央视、新浪这种门户，所以百度抓住了需求。淘宝其实也是一样，个体经营者找到了一个可以做生意的地方。所以，在 O2O 这个领域中很可能会出现一家比百度和淘宝市值还要高的互联网公司。

O2O 这种服务模式，使得服务行业的企业能更直观地衡量效果，因为消费者是付了钱之后再去实地消费，所以商家很容易就能了解今天、一周、一个月这个网站给他带去多少客人，产生多少流水。而广告这种方式，谁都说不清楚哪些客人是受哪个广告吸引而来。

从表面看，O2O 的优势在于那些实体难以搬到网上的交易，深入来看，却不尽然。信息流长于创造意义价值，在电子商务初期，只采用信息流方式，是不得已而为之。那时物流、支付条件不具备，搞电子商务只好用网站来进行信息流活动。O2O 要成为一种刻意的模式选择，需要在发挥信息流本身优势上做文章。O2O 的优势在于创造意义价值。实体对应功能，资金对应价值，信息对应意义。O2O 有两个方面的重要优势有利于创造意义价值，精准服务顾客。一是让顾客对实体和价值进行意义判断，节省交易费用。一件商品对顾客有没有意义，决定了它在实体上该不该生产，该生产多少；决定了它在价值上值不值得，值多少。从理论上说，如果意义是已知的，市场上既不应有多余的产品，也不应有不足的产品。但在实体商业中，精确到个人的意义是未知的，实体商场不得不采取或多或少的数量，不得不采取或高或低的价格，出售商品。二是信息流的优势，就是在让商品不发生实体或价值上的耗费的条件下，通过传递商品实体性能和价格的信息，诉诸顾客的选择和判断，使那些只符合意义价值的商品发生实体和价值运动，从而避免无效的中间耗费。因此，意义挖掘，成为 O2O 深入发展可以依赖的稳定的技术和商业优势。

1.4.4 O2O 模式的优势

O2O 的优势在于把线上和线下的优势完美结合。

（1）O2O 模式充分利用了互联网跨地域、无边界、海量信息、海量用户的优势，同时充分挖掘线下资源，进而促成线上用户与线下商品及服务的交易，团购就是 O2O 的典型代表。

（2）O2O 模式可以对商家的营销效果进行直观的统计和追踪评估，规避了传统营销模式推广效果的不可预测性，O2O 将线上订单和线下消费结合，所有的消费行为均可以准确统计，进而吸引更多的商家进来，能为消费者提供更多优质的产品和服务。

（3）O2O 在服务业中具有优势，价格便宜，购买方便，折扣信息等能及时被获知。

（4）将拓宽电子商务的发展方向，由规模化走向多元化。

（5）O2O 模式打通了线上线下的信息和体验环节，让线下消费者避免了因信息不对称而遭受的"价格蒙蔽"，同时实现了线上消费者的"售前体验"。

互联网在人们的生活中扮演着越来越重要的角色，同时也成了虚拟世界和现实世界互动的平台，在这个平台上新型交易方式的出现，给设计者提出了更高的要求。O2O 正是基于互联网平台的新型交易方式中的一种。O2O 模式的出现缩短了线上和线下之间的距离，方便了人们的生活和服务，随着智能手机、平板电脑越来越广泛的使用，移动互联网也持续升温，O2O 正在成为电子商务领域的新方向，并将促进传统商业模式的变革与创新。

2 O2O 商业模式

商业模式是一个极具吸引力的概念，电子商务和互联网的普及促使人们思考除了传统的产品生产和服务提供之外的其他价值获取方式，商业模式概念随之流行起来。2005 年经济学人智库（Economist Intelligence Unit，EIU）的一项调查显示，超过 50％ 的高管认为，对于企业的成功而言，商业模式创新比产品和服务创新显得更为重要。

O2O 商业模式是近年来新兴的电子商务商业模式，该商业模式出现后，发展十分迅速，得到了众多风险投资资金的支持，并引起了业内外的广泛关注。

2.1 O2O 商业模式的概念

2.1.1 什么是商业模式

早在 20 世纪 50 年代就有人提出了"商业模式"的概念，但是直到 20 世纪 90 年代这一概念才开始被广泛使用和传播。泰莫斯定义商业模式是指一个完整的产品、服务和信息流体系，包括每一个参与者和其在其中起到的作用，以及每一个参与者的潜在利益和相应的收益来源和方式。商业模式的定义有很多，但目前最为被管理学界接受的是 Osterwalder，Pigneur 和 Tucci 在 2005 年发表的《厘清商业模式：这个概念的起源、现状和未来》（*Clarifying Business Model：Origin，Present and Future of the Concept*）一文中提出的定义："商业模式是一种包含了一系列要素及其关系的概念性工具，用以阐明某个特定实体的商业逻辑。它描述了公司所能为客户提供的价值以及公司的内部结构、合作伙伴网络和关系资本等用以实现（创造、营销和交付）这一价值并产生可持续、可盈利性收入的要素。"这些要素用以实现、创造、营销和交付这一价值，并产生可持续性的收入；作为企业的组织逻辑，商业模式通过构建一个涵盖相互依存的结构、活动行为以及过程的特定的系统，为企业自身、客户及合作伙伴创造并分配价值。

任何一个商业模式都是一个由客户价值、企业资源和能力、盈利方式构成的三维立体模式，是一个由目标客户的价值需求、产品或服务的价值载体、销售和沟通的价值传递、业务运作的价值创造和战略控制活动的价值保护五大核心要素协同组成的价值创造系统。

通俗地说，商业模式是一个非常宽泛的概念，平常所说的与商业模式有关的说法很多，包括运营模式、盈利模式、B2B模式、B2C模式、电子市场模式、拍卖模式、反向拍卖模式、"鼠标加水泥"模式、广告收益模式、会员费模式、佣金模式、社区模式等，不一而足。简而言之，商业模式就是公司通过什么途径或方式来赚钱。饮料公司通过卖饮料来赚钱；快递公司通过送快递来赚钱；网络公司通过点击率来赚钱；通信公司通过收话费赚钱；超市通过平台和仓储来赚钱等。只要有赚钱的地方，就有商业模式存在。

网络经济的崛起和衰退，使商业模式的概念被广泛关注。什么是商业模式？美国著名投资商罗伯森曾经告诉亚信公司创始人田溯宁，商业模式就是一块钱在你的公司里转了一圈，最后变成了一块一，这增加的部分就是商业模式所带来的增值部分。说到底，商业模式就是关于做什么，如何做，怎样赚钱的问题，其本质是一种创新形式。

以制造业为例，先后经历了手工作坊、工厂式、流水线式（福特式）等商业模式阶段，而这每个阶段的生产方式都是一种新的商业模式。福特在众多制造企业中率先实行专业流水线生产，从而创造了一种新的商业模式，也为自己带来了巨大的经济效益。

每一种新的商业模式的出现，都意味着一种创新、一个新的商业机会的出现，谁能率先把握住这种商业机遇，谁就能在商业竞争中拔得头筹。成功的商业模式来自企业对市场的探索和把握程度，来自创业者在市场经营中的不断创新和经验总结。

2.1.2　电商模式

电子商务模式，就是指在网络环境中基于一定技术基础的商务运作方式和盈利模式。简单点说，是指企业运用互联网开展经营取得营业收入的基本方式。研究和分析电子商务模式的分类体系，有助于挖掘新的电子商务模式，为电子商务模式创新提供途径，也有助于企业制定特定的电子商务策略和实施步骤。

一些电商模式的专业术语如下。

（1）B2B：Business to Business，公司对公司性质的销售方式，比如阿里巴巴、敦煌网、中国化工网等。

（2）B2C：Business to Customers，公司对个人性质的销售方式，比如天猫、京东商城、当当网等。

（3）B2F：Business to Family，商业机构对家庭消费的营销商务模式，比如联合一百等。

（4）B2G：Business to Government，政府电子通关、电子报税、招投标采购。

（5）B2M：Business to Marketing，面向市场营销的电子商务企业，即网络营销托管服务商。以企业客户需求为核心建立营销型电子商务平台，并通过线上线下多种渠道进行推广和导购管理。

（6）B2S：Business to Share，分享体验式商务，即有共同兴趣爱好的一群人通过平台，选择自己喜欢的商品并网上支付费用，提供商品者再从付费者里挑选一个幸运者拥有并体验这款商品的一种电子商业模式。

（7）BAB：Business Agent Business，企业联盟企业，即企业之间依靠电子技术手段，达到资源以电子数据化交换整合的目的，把产品带入流通领域的一种电子商业模式。

（8）B2B2C：服务供应商对电子商务企业对消费者，一种商务类型的网络购物商业模式，比如亚马逊等。

（9）C2B2B：消费者提出需求后，由电子商务企业整合信息，向生产商定制高标准商品和服务的一种模式。

（10）C2B：Customers to Business，个人对商家的销售方式，即消费者根据自身需求定制产品和价格，生产企业进行定制化生产。

（11）C2C：Customers to Customers，个人对个人的销售方式，比如淘宝网、拍拍网、易趣网等。

（12）O2O：Online to Offline，在线支付购买线下商品或服务，再到线下享受服务，让互联网成为线下交易的前台，一种预购服务的电子商务模式，比如网易线上游戏充值等。

（13）Groupon：俗称团购，即一种消费者、商家、网站运营商共赢的电子商务和线下消费模式，比如美团、百度糯米、拉手等。

（14）ABC：Agents Business Consumer，由代理商、商家和消费者共同搭建的集生产、经营、消费为一体的电子商务平台。

(15) BMC：Business Medium Customers，结合网站与消费者、机构与终端、企业与渠道代理商打造共赢平台，集量贩式经营、连锁经营、人际网络、金融、传统电子商务优点于一体的电商模式。

(16) M2C：Manufacturers to Consumer，生产厂商对消费者，一种生产厂家直接对消费者提供自己生产的产品或服务的商业模式，流通环节减少至一对一，销售成本降低。

(17) SoLoMo：SoLoMo 是风险投资人约翰·杜尔（John Doerr）在2011 年 2 月提出的一个互联网概念。So 即 social（社会性），Lo 即 local（本地性），Mo 即 mobile（移动性）。这一概念的代表性网站有 Facebook，Twitter，Foursquare 等。

(18) SaaS：Software as a Service，软件即服务，一种基于互联网提供软件服务的软件应用模式。软件提供商为企业搭建信息化所需要的所有网络基础设施及软件、硬件运作平台，并负责所有前期的实施、后期的维护等一系列服务，企业无须购买软硬件、建设机房、招聘 IT 人员等。

(19) IaaS：Infrastructure as a Service，基础设施即服务，消费者通过网络可以从网上的计算机基础设施获得服务。

(20) PaaS：Platform as a Service，平台即服务，把服务器平台作为一种服务提供的商业模式。

(21) P2P：Peer to Peer，点对点、渠道对渠道，纯点对点网络没有客户端或服务器的概念，只有平等的同级节点。

(22) P2C：Production to Consumer，简称为商品和顾客，产品从生产企业直接送到消费者手中，中间没有任何的交易环节，是继 B2B、B2C、C2C 之后的又一个电子商务新概念。在国内叫作生活服务平台。它把老百姓日常生活当中的一切密切相关的服务信息聚合在平台上，实现服务业的电子商务化。

2.1.3 O2O 商业模式的产生

B2C、C2C 这些概念相信对大家来说已经不再陌生。电子商务在改变着人们的生活方式。对大众来说，作为 C（Customer）端，主要是在网上进行商品的筛选和购买，然后由 B（Business）端或者店主把商品通过物流公司送到消费者那里。不可否认，把商品塞到箱子里送到消费者面前，这个市场已经成熟，并且这个市场还有很大的潜力，但进入门槛已经很高了。

近些年，电子商务取得了飞速的发展，但其交易规模尚不足传统交易规模的 1/10。限制其发展的瓶颈主要是线上消费与线下消费缺乏有效的结合。调查发现，服务业的 GDP 占有率比那些能塞到箱子里的商品高，而且国家将进一步提升服务业的 GDP 占有量。同时，生活服务类商品在团购上更容易被消费者接受，事实也证明这种在线支付购买线下的商品和服务再到线下去享受服务的模式很容易被接受。

目前的情况是，许多企业的线上及线下业务或社区联系不紧密，甚至是割裂的，这对企业的线上及线下业务或社区发展都是不利的，显然也违背了整合营销传播的思路。酒吧、KTV、餐馆、加油站、理发店、健身房、干洗店等，这些服务是不可能被塞进箱子里，然后由物流公司送到我们面前的，而必须由消费者亲自去线下的实体店里去消费店家提供的服务。我们能否把电子商务与这些服务结合起来呢？答案是肯定的，于是一种新的电子商务模式——O2O 商业模式诞生。实际上，线上与线下分别发挥着不同的作用，如果相互打通可使线下与线上资源分别发挥各自的特点，双方形成协作关系，这样更有利于企业的全面发展，进而产生更多的效益。在电子商务最发达的美国，线上消费只占 8%，而中国只有 3%，那么 O2O 的使命，就是把电子商务的效力，引入目前消费中占比 90% 以上的部分中去。

2.1.4　O2O 商业模式

一位卖小吃的老板，在微信上开通了外卖预订的业务，生意比以前更加红火，收入大大增加了。这就是 O2O 将线上与线下结合的魅力。

提供非实体产品（即服务）的电子商务模式悄然而生，业内称之为 O2O，即线上至线下（Online To Offline）。这个概念侧重于服务交易方式，强调了服务的交接特性。传统的网上购物是"因为价格才导致的消费"，而 O2O 形成的销售则更侧重于"因为体验才导致的消费"。广义的 O2O，包括利用线上品牌带动线下销售，也包括利用线上渠道扩展线下渠道，以数据业务带动传统业务（如连锁经营、旅游等）。狭义的 O2O 模式，指深层次的线上线下融合，是战略层次的融合，是模式创新。用一句话简单定义 O2O，就是生活消费领域中虚实互动的新商业模式。

所谓的线上是指以互联网为平台，通过打折、提供信息、服务等方式，把线下商店的消息推送给互联网用户，从而将它们转换为自己的线下客户，消费者可以通过网络挑选商品或服务并进行支付；线下则是指消费者在实体店获取线上消费的商品或享受线上消费的服务。线上互联网是线下交易的前台。

O2O是一种商业模式，任何一种商业模式背后都有商业基础与商业要素。比如对于农业经济，是以土地为基础，以劳动力为核心；对于工业经济，是以机器为基础，以自动化为核心；对于传统经济，是以产品为基础，以品牌力为核心；那么对于PC时代的电子商务，是以互联网为基础，以降低交易成本为核心；对于O2O线上线下融合，是以移动互联网为基础，以商务电子化为核心。O2O商业模式是企业以本地化服务为中心，利用互联网和移动商务技术构建长期竞争优势的一种商业要素组合方式。

O2O商业活动的参与者都有哪些呢？

（1）商家

根据O2O商业模式来看，商家应该分为两种类型，一种是实体企业，具有实体店，比如餐馆、商场、溜冰场、干洗店等人们进行消费服务的本地场所；另一种是在线上进行营销活动的电商企业。

（2）消费者

消费者当然也要分为线上和线下两类。他们使用智能终端设备，善于了解商品和服务信息，有意愿享受生活，满足需求，乐于消费。

（3）O2O平台提供企业

提供整合服务或者提供一站式全方位服务的平台。

1. O2O交易过程

在电子商务的信息流、资金流、物流和商流中，O2O只把信息流、资金流放在线上，而把物流和商流放在线下。

O2O模式的交易流程如图2-1所示。

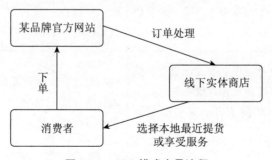

图2-1 O2O模式交易流程

这种模式将电子商务与传统消费有效地结合起来，充分发挥互联网信息量大、信息传递快的优势。表面来看，O2O好像只是在网络上为线下的商业伙伴进行信息的发布,但实际上,O2O营销模式的核心是在线预付,如果没有在线支付的功能,O2O中提供线上服务的互联网公司就无法统计自己的业绩。以团购为例,如果不能提供在线支付的功能,O2O企业就没有向商家收取佣金的依据,容易引发纠纷。在线支付一方面可以看作某次消费得以最终形成的唯一标志,另一方面可以看作消费数据唯一可靠的考核标准。对那些提供线上服务的互联网公司而言,当消费者在线支付费用后,就可以以此为依据向参与的商家收取佣金并提供准确的消费需求信息。

O2O模式重要的特点,对用户来说,是可以更加全面和科学地掌握不同商家的优惠和服务信息,同时能够迅速地完成相关商品咨询和预订流程,并且使用低于实体店消费的价格完成现场交易;对提供服务的商家来说,能够为自己营销的产品提供更多向外展示的机会,这有利于吸引更多的客户,并且推广效果可以查询,因为实际交易记录都是可以随时查询的,同时可以完善用户提出的建议和要求,这将开发新客户、维护老客户关系及对老客户的后续营销有机地贯穿并整合在了一起。

2. O2O 盈利模式

O2O商业模式根据盈利模式的不同可以分为广场模式、代理模式和商城模式。O2O的3种模式如表2-1所示。

表 2 - 1 O2O 商业模式分类

类型	模式	收益方式	负责人	典型网站
广场模式	网站为消费者提供信息服务(产品或服务的发现、导购、搜索和评论等)	通过向商家收取广告费获得收益	消费者有问题找线下商家	大众点评网、赶集网
代理模式	网站通过在线上发放优惠券、提供实体店消费预订服务等,把互联网上的浏览者引导到线下去消费	网站通过收取佣金分成来获得收益	消费者有问题找线下商家	拉手网、美团网、酒店达人、布丁优惠券
商城模式	由电子商务网站整合行业资源做渠道,用户可以直接在网站购买产品和服务	企业向网站收取佣金分成	消费者有问题找线上商城	到家美食会、易到用车

对于O2O的应用，有一点必须首先理清思路，即O2O面向的是同时包含线上与线下业务或社区的企业，其线下线上组合模式包括"线上社区＋线下消费/社区""线上消费/社区＋线下社区""线上消费/社区＋线下消费/社区"和"线上社区＋线下社区"。

（1）线上社区＋线下消费/社区

这是一种必须到线下进行消费的O2O模式，线上主要是在线交流互动，并开展一定的优惠或促销活动。这种模式适应于必须亲自到现场消费的宾馆、餐饮及其他领域。

（2）线上消费/社区＋线下社区

这是一种只在线上销售的O2O模式，线上还有在线交流或开展促销活动，线下主要是面对面的交流互动或现场展示。这种模式适应于无线下门店仅有线上网店的纯线上电商领域。

（3）线上消费/社区＋线下消费/社区

这是一种线上与线下同时进行销售的O2O模式，线上、线下都有交流互动的需求，线上与线下还可以分别开展优惠或促销活动。这种模式适应于线上有网店且线下有门店的领域。

（4）线上社区＋线下社区

这是一种无销售业务的O2O模式，适用于同时需要线上及线下交流互动的社交平台。

如果仔细分析线上消费/社区这块，其还可能分为多个阵地，如官方网站/网店、移动App/移动网店及各类社交网站上的官方账号，它们之间还有引流问题。

不论是以上哪种组合的O2O商业模式，都需要将新客户引流过来及留住老客户。只不过，引流可能发起于线上或线下。从线上发起的引流可能将新客户引至线下或线上，从线下发起的引流则将新客户引至线上。

当新客户被引至线下或线上平台后，需要有优化过的注册及服务流程，促使他们转化为真正的客户，并开始消费或融入社区。然后，目标的重点则转到让已经成为客户的人愿意长期消费或使用你的社区，并让他们愿意在线上与线下的闭环中往返。

3.O2O对消费行为的影响

O2O商业模式的出现，在很多方面改变了整个社会的消费者的消费行为，大致可以从以下这3方面来说。

（1）商品信息的获取方式

在传统的购买方式中，消费者往往通过考察实体店产品和服务、广告及朋友推荐等方式获得商品的信息。这些方式往往导致消费者获取商品信息的渠道单一、不全面。而 O2O 模式下，消费者能够通过互联网快速全面地获取商品的具体信息，多角度了解和比对。

（2）购买决策支持

在传统的购买决策过程中，消费者决定购买的原因不外乎两个方面，或是通过以往的购买经历，或是通过产品的品牌影响力和口碑。而在 O2O 模式中，产品的销量和大众评价在消费者的决策考虑中占据了很大比重。

（3）购买体验

传统的购买中，人们要出门去体验。有的消费者并非把买到商品当做唯一的目的。很多人，尤其是女性，把购物逛街当作一种乐趣，把亲身体验当作一种享受，所以在这点上来说，网购相比于外出购物，虽然快捷便利，但是对有些人来说，少了很多乐趣。

4. O2O 中的消费者体验

O2O 模式的消费体验，较以往的消费体验发生了很多变化，消费者从内心到行动上都有所改变。下面分 7 个角度进行总结阐述。

（1）体验需求的情感化

消费者逐渐开始寻求内心的想法，情感的变化要求商家的产品、服务要与消费者的心理产生共鸣。

（2）体验内容个性化

消费者已经不再一味追求品牌、追求优质了，而是更加希望彰显自己个性的一面，你可以不是知名品牌，但是一定要有个性，产品、服务个性化日趋增强。

（3）体验价值的过程化

从注重产品或服务本身转移到注重接受产品或者服务的体验过程，开始注意自己的消费过程，比如亲自体验、参与到一些商家的营销环节当中。

（4）体验方式的互动化

这点就比传统的电商有了很明显的改进，以往的电商互动很差，就是类似"亲，你好""亲，给好评哦"这些听到麻木的交流。O2O 模式下，用户开始注意产品、服务的体验。

（5）体验消费的绿色化

社会在不断发展，消费者的修养素质也在不断提高，随着大环境的改善，消费者在消费的同时，开始注重绿色环保，注重环境，注重生活质量。

（6）体验内涵的文化性

消费者开始自觉地接近与文化相关的产品或服务，以扩大自己的知识含量和提高文化修养，这使得各类培训、学习开始火爆起来。

（7）体验动机的美感性

消费者开始注重产品、服务的美感，注重心灵的感受。所以，如今的产品要想成功，要做的不是做多么领先的技术，而是抓住消费者的情感，苹果公司一直不是技术的领头羊，但是其在市场上独占鳌头，靠的就是高超的把握消费者情感的能力。

5. O2O 的经济价值

（1）降低企业与客户的沟通成本，并能按照不同产品所对应的不同群体实行差异化定向营销。

（2）加快流转，减少资源闲置和浪费，有效提高传统商业的运营效率。

（3）解决了推广效果量化的难题，让低成本乃至零成本推广成为可能。

（4）化解了利润中心与成本中心的矛盾，实现了渠道销售与品牌传播的同步，一举两得。

（5）基于整体营销的差异化方案设计，有效规避线上与线下的冲突。

（6）天然的营销助手特性让合作伙伴之间形成品牌联合体，实现多方组合营销，大幅度降低营销成本。

6. O2O 的社会价值

（1）倡导让利于民的商业理念，提高大众生活品质。

（2）有效解决青年创业、就业等一系列社会难题。

（3）减少物价虚高现象，有利于市场价格的合理化。

（4）盘活了闲置资源，减少了冗余和浪费，具有典型的低碳经济特征。

（5）服务性消费增进大众线下感情交流，有利于社会和谐。

（6）用市场化手段实现扩大消费、拉动内需的目标且效果显著。

（7）实现上下游以及关联资源的全产业链互利合作、多方共赢。

（8）解决了早期电子商务线上与线下的利益冲突问题，化敌为友，从竞争走向合作，由分食蛋糕变为做大蛋糕。

（9）根据"店多成市"理论，联合推广可以把实体店同行间的竞争转化为联合，促进市场空间的扩大和商业的和谐发展。

（10）让消费者享受到真正的物美价廉和方便快捷，促进社会经济的良性健康循环。

7. O2O 运作模式

（1）先线上后线下模式

所谓先线上后线下模式，就是企业先搭建起一个线上平台，以这个平台为依托和入口，将线下商业流导入线上进行营销和交易，同时，用户借此到线下享受相应的服务体验。这个平台是 O2O 运转的基础，应具有强大的资源流转化能力和促使其线上线下互动的能力。在现实中，很多本土生活服务性的企业都采用了这种模式。比如，腾讯凭借其积累的资源流聚集和转化能力以及经济基础，构建的 O2O 平台生态系统。

在 O2O 布局上，腾讯已经构建起腾讯系大平台，并搭建起 O2O 生态链条：以微信平台为大入口，后端有腾讯地图、微信支付等做支撑，中间整合本地生活服务，比如餐饮由大众点评承接，打车以滴滴打车为主，电影票以高朋网为主等，这样就构建起线上线下互动的闭环。

（2）先线下后线上模式

所谓先线下后线上模式，就是企业先搭建起线下平台，以这个平台为依托进行线下营销，让用户享受相应的服务体验，同时将线下商业流导入线上平台，在线上进行交易，由此促使线上线下互动并形成闭环。在这种 O2O 模式中，企业需自建两个平台，即线下实体平台和线上互联网平台。其基本结构是先开实体店铺，后自建网上商城，再实现线下实体店与线上网络商城的同步运行。在现实中，采用这种 O2O 模式的实体化企业居多，苏宁云商所构建的 O2O 平台生态系统即是如此。

在线下，目前苏宁云商拥有 1600 多家店面平台，还有收购和合作的其他领域的店面平台。在线上，其搭建的苏宁易购等网络平台，已覆盖传统家电、3C 电器、日用百货等品类。2011 年，苏宁易购强化虚拟网络与实体店面的同步发展。财报显示，2013 年苏宁云商的整体营业收入达 1052.92 亿元，同比增长 7.05%，同时实现了线上线下销售额的同步增长，其中苏宁易购实现销售收入 218.90 亿元，同比增长 43.86%，稳居国内 B2C 前三甲；线下业务亦实现 6.36% 的增长，稳居国内零售业第一名。苏宁云商提出"电商＋店商＋零售服务商"的运营模式，通过门店端、PC 端、手机端、电视端等将线下体验性和线上便利性多端无缝融合起来，建立起零售企业与消费者、供应商、商户共赢的良性发展模式。其制定的路线图是"一体两翼"：以互联网零售为主体，以O2O全渠道经营模式和线上线下开放平台为两翼的转型路径。

（3）先线上后线下再线上模式

所谓先线上后线下再线上模式，就是先搭建起线上平台进行营销，再将线上商业流导入线下让用户享受服务体验，然后让用户到线上进行交易或消费体验。在现实中，很多团购、电商等企业都采用了这种O2O模式，比如京东商城。

2013年12月，京东将O2O模式确定为其未来发展的重要战略之一。京东的O2O生态链条是先自建线上京东商城，以其为平台进行营销，线下自营物流系统与实体店企业合作，让用户享受其线下服务体验，再让用户到线上京东商城进行交易。

在线上，以自营为主的京东商城已成为B2C领域的一面旗帜，它是京东O2O的起点和依托平台。2012年上半年，京东让满座网、嘀嗒团、拉手网等团购网站入驻其平台。2013年9月，京东投资外卖订餐网站到家美食会。京东加大自营的京品惠（京东团购）运营力度，通过巨资买断形式，联合众多中高端生活服务品牌为用户提供低折扣的独家储值卡。除3C家电、图书等领域坚持自营外，其他品类大多做开放平台，比如与社交、地图、搜索、本地生活服务等主流平台合作，引入外部流量资源。此一系列举措进一步扩充了线上平台，夯实了其O2O布局基础。

在线下，一方面，多年来一直投入巨资自建物流网络，已拥有1400个配送站及超过1.5万名配送员，这成为京东O2O的后发优势；另一方面，与线下实体店企业合作，构建"1小时本地生活圈"，使京东O2O"接地气"。比如在家电领域，整合三、四、五级市场的终端门店，让用户在线上京东商城搜集订单，线下由合作门店完成配送服务。

为夯实线下服务基础，填补缺少自营线下门店的短板，京东加大了合作力度。2013年11月，与太原市颇具规模的唐久便利连锁店合作，唐久便利店在京东商城开设售卖专区，用户下单后后台系统自动匹配与用户所填地址最近的便利店进行送货。2014年3月，京东与快客、好邻居、良友、每日每夜、人本、美宜佳、中央红、一团火、今日便利、利客等连锁便利店品牌合作，涉及门店11000多家，涵盖全国众多城市。

京东将自身IT系统与线下便利店IT系统深度对接，与它们分享线上流量，并按地域将精准用户导入它们在京东商城的线上店铺，有效提升其销量，比如京东给唐久便利店每日带去上千单订单量。在此过程中，京东亦获取了线下流量，实现渠道下沉，并变相扩充了自身商品品类。

同时，京东通过技术不断改善用户体验。除了线下门店，京东还与 SAP、IBM、海鼎等 ERP 软件服务商合作，使零售业 ERP 系统和京东平台无缝对接，让交易、结算、物流和售后客服等环节可视化，并支持其电子会员卡和手机支付功能，实现线上线下会员体系共享。通过京东平台上便利店官网，用户亦可借助 LBS 定位，在其旗下所有门店中找寻最近的店面进行购物，享受便捷的网购生活体验。

（4）先线下后线上再线下模式

所谓先线下后线上再线下模式，就是先搭建起线下平台进行营销，再将线下商业流导入或借力全国布局的第三方网上平台进行线上交易，然后让用户到线下享受消费体验。这种 O2O 模式中，所选择的第三方平台一般是现成的、颇具影响面的社会化平台，比如微信、微淘、大众点评网等，且可同时借用多个第三方平台，这样就可以借力第三方平台进行引流，从而实现自己的商业目标。在现实中，餐饮、美容、娱乐等本地生活服务类 O2O 企业多采用这种模式，棒约翰就是如此。

作为连锁餐厅比萨品牌的棒约翰，通过 O2O 线上订餐模式获得了两位数的增长，其中外卖量占到 30%。其 O2O 生态链条是：用户通过线上 App 和第三方平台找到线下的棒约翰门店，通过线上支付，再到线下棒约翰门店享用其服务。具体来说，在线下，棒约翰目前在全球已开设了 4000 多家连锁餐厅，这是其起家和生存之本。在线上，一方面，棒约翰做了 App，开设有自己的网上订餐平台；另一方面，借助第三方平台引流，目前使用了微信平台和大众点评网平台等。

在完成了线下线上布局后，就将线上线下融合，打造 O2O 闭环。棒约翰的做法是，将订单平台、用户体验和供应链进行统一。①统一订单平台：商业流来自不同渠道，可能来自门店渠道、自有网上订餐平台，也可能来自不同的第三方平台的渠道，若各自为政，则容易造成信息混乱、效率低下。为此，棒约翰将来自线下门店、自有网络订餐平台、微信和大众点评网等第三方平台的订单信息流整合到自己的企业信息系统，使其订单平台保持统一，进而适时分配给相应的门店。②统一用户体验：服务中心或呼叫中心收到来自不同渠道的订单信息，如果对外服务不统一，则可能造成用户体验千差万别。因此，在订单平台统一的基础上，棒约翰将服务中心统一，以规范对外服务，使用户体验一致化。同时，为提升用户体验，棒约翰推出了电子会员卡，即手机二维码，其集合预存钱、预付款、充值等功能，用户扫描二维码，就可采用微信支付，之后就可与排队点餐的用户一样直接享用美餐。③统一供应链：餐饮外卖面临供应链尤其是价格数据的整合问题。因为对餐饮外卖O2O来说，如果不能适时掌握用户订单附近门店的产品价格、库存等信息，就可能无法在承诺的送餐时间内送达，因此订单与配送单必须集成化。棒约翰对数据链进行了整合，使整个供应链数据得到统一，这样配送单自动生成用户的送餐地址、产品信息甚至配送路线等，并在配送员手机上显示，每个环节按流程执行，就能将外卖及时送到用户手中。

8. O2O该怎么做

（1）重视线上内容

丰富、细致、吸引人的内容，计算机技术的互动性，检索的便利，认知的深刻，加上有策略的引导、传递，是可给线下实体和业务流程带来补充的重点。借助并充分发挥线上内容的优势是应该被首先重视的。假如线上内容枯燥、简单，就不存在O2O了。

（2）全覆盖

传统网址、移动网址、微信服务号、手机App，这些都应该覆盖。手机网址在人们常规认识中是一个M打头的二级域名，关键是网页内容布局更适合移动端设备显示和便于触摸操作。传统和移动端网址可以采用二维码方式传递信息，方便手机、Pad用户浏览。

（3）抓住重点

宣传推广永远是重点。无论是各种广告还是活动手段，推广线上内容入口永远是重点。

（4）即时展示

将线上内容即时展示给观者，比如用电脑或Pad展示线上内容，或通过人员的推介展示。这不仅可以起到对线下实体的补充，更可以促进人们对线上内容的了解。

（5）客户关系管理

客户关系管理是不断收集客户信息并与客户保持良性互动。

（6）组织活动

广告无疑是信息传递不可缺少的手段，但建立了O2O策略之后，活动式营销则成为非常重要的手段。打车补贴就是最生动的活动营销例子。移动互联网时代更有效的是活动式营销模式。活动营销与客户关系管理是相辅相成的。

9. 企业 O2O 营销的原则

（1）营销必须靠自己。

（2）与用户使用同样的在线工具。

（3）内容营销强于广告。

（4）服务也是营销环节。

（5）服务的结束并非营销的终点。

（6）对客户讲故事更有说服力。

（7）激发客户分享。

（8）在线营销就是互动。

（9）信任比价格重要。

（10）拉到线下是关键环节。

10. 传统电商 O2O 之思

O2O 的发展需要四方面的条件，有些是电商的既有优势，有些则是作为长期发展线上业务的传统电商难以迅速占据有利地位的方面。

（1）线上服务的体验

这一点是每个电商长期以来一直注意发展的。传统电商在此方面自然有着丰富经验。那些线上服务做得不好的，在电商行业发展的过程中，自然会被淘汰，而留下来的，无论是京东还是凡客，自然都在此领域有着良好的口碑。

（2）从产品订购到售后的整个服务体验

在传统电商发展过程中，饱受诟病的一点在于线下的服务跟不上。最典型的一个方面就是物流。在这一方面，中国有着先天不足的劣势——快递作为邮政系统的一部分，曾经长时间像电信、铁路一样作为"国家的孩子"被抱着长大，而民营资本进入过程中则由于缺少监督力度而产生了大量的问题。同时，自然形成的人与人的交流需要更多培训，因此也需要更多的人力投入。

（3）提供线下服务的场所

这或许是电商最为头痛的部分，也对传统电商构成威胁。特别是体验店，它不同于仓库，需要形象方面的装潢等，这也是以往不需要建筑设计人才的传统电商面临的全新问题。

同时，即使在既有场所里，服务的优良也需要具体保障。要想仍旧实现消费者的主动权，提供一个消费者和商家之间的支付平台不失为一个稳妥的办法。在传统电商中，有着这方面丰富经验的，也就是腾讯的财付通和淘宝的支付宝了。

通过第三方的支付平台，消费者的钱可以做到并不直接进入商家的腰包，这将促使商家为了最终实现交易而在服务中谨慎小心，真正体现服务业的价值。

（4）丰富的资金流

资金流对于销售额越滚越大的电商来说似乎不成问题，然而我们可以看到的是，需要不断地增加销售额和新用户以抚慰投资商不断砸钱带来的心灵创伤。这要求电商经营者在媒体广告和拉拢客户中付出更多。同样的事情也发生在电商的销售领域。B2C普遍的赔本赚吆喝换取销售额增加的模式中，价格战几乎成了唯一的竞争策略。消费者可以通过浏览器页面中类似有道购物的小工具进行价格比较，企业本身自然也可以根据销售中的差价随时进行调整，其结果就是毛利越来越小，规模越来越大，砸的钱越来越多，赚的钱越来越少。作为企业，却不能实现盈利的扩大，这注定不能长久维系。

电商要想重新建立自己的O2O产业链，难上加难，而在电商艰难开拓自己的线下业务的时候，其实另有一支生力军也在努力发展自己的线上业务，那就是传统行业的佼佼者们，如果电商能够通过与传统行业的合作，发挥自己在线上业务的资源优势，同时结合传统行业者的线下资源，则不失为传统电商在O2O上的一条出路。

改变固有思维，利用自己既有的网络资源，进行大量数据分析，充分实现网络的便利，实现合作，这需要线上的平台和线下的合作，这才是传统电商在O2O这一新领域的发展出路。

11. O2O 留住用户

支付宝无线事业部总经理刘乐君指出运营用户要分4个步骤来走。

（1）发现用户

这里的发现用户的概念是首先要有用户触达的方式。传统的行业触达用户常见的方式是短信、邮件，但是这个手段已经过时了，用户觉得这是骚扰，我们认为发现用户的概念背后的意思是需要有用户的ID。

传统的线下行业如果接入了支付宝，用户付钱的时候所有交易的行为和订单的行为就会关联到他的支付宝账户，也就是我们说的用户ID，你可以把他看作互联网上的一个身份证。有了这样的身份证，你的用户无论是在线上还是在线下，是在别的社区还是在自己的 App 里面，或者是在支付宝服务窗这样的工具里面，背后 ID 系统的打通是实现了解用户最基础的工作，这一点支付宝是有很强的基础的。

（2）持续地与用户互动

在能够识别出用户的数据之后，就要去跟他进行沟通和互动。过去传统行业和用户互动的方式，最多就是促销。现在很多传统企业也习惯用微博、微信、社区进行营销和沟通，但是这种沟通很缺乏用户的认知，因为你没有办法把你的企业属性和更广泛的概念联系起来，没有办法去扩大企业的营销边界和业务外延。而支付宝钱包会提供一系列持续与用户互动的工具，从而帮助大家解决这个问题。

（3）深入发展高端的会员用户

O2O 这个行业，也遵循二八定律，20％的高端用户贡献了 80％的利润，这部分人是需要重点挖掘和把握的。

（4）基于支付宝的数据能力去挖掘会员的价值

我们有开放数据的能力，可以提供大量的报表能力给传统的商家，这些对于互联网公司来说仅仅是一个基础的基础，如果没有这个，互联网公司是没有办法运营的，但这对于传统商家来说是一个不错的工具。

12. O2O 出现在中国

在中国电子商务发展中，O2O 并不是什么新鲜的东西，早期的携程网可以看作国内 O2O 模式的雏形：携程网有标准的线上、线下两部分业务，线上提供"目的地指南"，涵盖全球近 500 个景区、10000 多个景点的住、行、吃、乐、购等全方位旅行信息；线下向会员提供酒店预订、机票预订、度假预订等全方位旅行服务。

飞机订票也是一项相当普及的 O2O 订票方式。国内最早开发电子客票的是南航。现在这项服务已经普及，我们每个人都可以在网上订购飞机票，然后到现实的机场去接受航空旅行服务。

O2O 模式，早在团购网站兴起时就已经开始出现，只不过消费者更熟知团购的概念。目前传统的电商企业大多在发力 O2O，试图切入线下这一更为广阔的市场。美国方面，亚马逊有自己的团购业务 Amazon Local，同时还投资了第二大团购网站 Living Social，由实物网购向生活服务 O2O 扩张；eBay 采取和线下零售商合作的方式对抗亚马逊，推出 eBay Now，做本地商务 O2O。国内方面，腾讯的微信大受线下零售商的欢迎；阿里以天猫加支付宝拉拢线下商超及品牌商；百度则以地图为中心打造生活服务平台。

13. 典型O2O电子商务的商业模式比较

商业模式包含9个要素，分别是价值主张、目标客户、分销渠道、客户关系、资源配置、核心能力、合作伙伴、成本结构和盈利方式。下面，结合典型的具体企业，从这9个要素出发，对到喜啦、易到用车和美餐网的O2O电子商务商业模式进行更详细的了解和对比。内容如表2-2所示。

表2-2　　　　　　　　　　典型的O2O电子商务商业模式

网站\要素	到喜啦	易到用车	美餐网
价值主张	为结婚人群提供最全面的婚宴、喜宴酒店信息，灵活满足用户的需求；为酒店、餐厅、饭店带来稳定的婚宴客源	通过移动互联网技术和汽车分享理念提高汽车使用效率，让用户享受到真正便捷、轻松、舒适的出行	拓展"小服务半径"的外卖订餐服务，让每个半径圈内的用户都与其常去的商家建立一个稳固的信任和消费关系
目标客户	区隔化市场，结婚人群，22～36岁	利基市场（niche market），中高端商务人士	大众市场，企业和上班族、学生
分销渠道	网站、电话呼叫、无线服务	网站、手机App、电话、短信、社区工具（微博）	网站、手机App、电话、社区工具（博客、微博）
客户关系	顾问型服务满足差异化需求，个性化婚宴体验带来口碑传播	以"自助服务＋智能化车辆调度系统"应对随机需求	标准化服务吸引重复购买
资源配置	网站＋线下酒店（餐厅、婚庆公司）＋呼叫中心	网站＋车辆实时调度系统＋呼叫中心	网站＋手机App＋线下餐厅
核心能力	构建以用户需求为基础的服务供应链，通过模块化婚宴服务组合满足差异化需求	通过行车路径优化和快速响应改善顾客体验	对餐厅进行位置标注，保证用户可以在任何地点获得附近最完整的外卖信息

续　表

网站\要素	到喜啦	易到用车	美餐网
合作伙伴	酒店、高档餐厅、会所、珠宝店、婚纱店、婚庆公司	车主（汽车租赁公司）、驾驶员（劳动服务公司）	餐厅、餐馆、小型饮食店
成本结构	网站开发与运营成本、商务开发成本	开发成本、运营成本、人力成本	开发成本、运营成本、人力成本
盈利模式	婚宴预订佣金、婚礼策划	佣金（20%～25%）	佣金（10%～20%）

14. 四大电商 O2O 战略

（1）阿里 O2O 战略

阿里最大的优势在于平台，因为阿里的平台已经聚合了巨大的流量；同时，阿里也可以为客户提供良好的信息服务平台，能帮助商家解决入口和流量的问题。另外，阿里完善的金融支付体系，使得 O2O 的各种实现方式都可以便利地进行资金转账支付。但是阿里物流能力方面的欠缺使得阿里主导的 O2O 业务模式只能落地在服务类商品上，比如各种娱乐类的产品如 KTV、电影票、音乐会以及餐饮团购等，这些商品服务完全需要由消费者在主动亲自完成订单后交付执行。虽然阿里也有淘点点的订餐外卖之类的产品，但是由于外卖服务配送严格依赖于商家自身的物流交付能力，而很难大规模实施。因此，在物流交付上的能力欠缺决定了阿里当前的 O2O 战略依然走的是吃流量的老套路，对于阿里业务增长能力的贡献并不太明显。

（2）苏宁 O2O 战略

苏宁作为老牌的家电零售企业，在线上拥有强大的实体资源和消费群体。苏宁从事 O2O 战略是在电子商务大环境下的必然选择。因为苏宁不进行电子商务突破就意味着当传统的客户群体由于时间的流逝而逐步改变市场选择，苏宁最终只能随着实体的萎缩而走向消亡。但是，全面转向电子商务也是不现实的。而线上线下 O2O 的结合对苏宁而言就是最好的选择。在 O2O 实施初期，苏宁自然是以实物产品作为主要销售内容、以自建业务平台结合自身的实体业务资源作为 O2O 业务实现的基本支撑。另外，苏宁作为传统国内顶尖的零售企业，在供应链管理上的经验以及强大的物流资源和布点密集的门店资源都使得苏宁在 O2O 业务上具备很强的交付能力。

（3）京东 O2O 战略

京东 O2O 战略相对于阿里和苏宁有着明显的差异。京东的战略定位在于实物商品类，主要是帮助第三方的零售企业搭建可以通向 O2O 的业务平台，通过 O2O 将广大从事实体零售的企业带入电子商务的大势之中，扩大京东的电商平台运营能力和规模。京东在平台流量上不如阿里，因此还不足以吸引服务类的产品入驻，但是实物类的 O2O 平台在目前基本上是一个空白；在实体业务点（京东只有配送站点和自提点）上赶不上苏宁，但是京东却拥有强大的物流配送服务能力。所以京东的 O2O 战略充分利用了目前市场的空白和自身的能力优势，其切入的方式和点非常巧妙。京东只要能充分利用自身物流资源的优势协助商家解决商品的交付问题，自然就能形成 O2O 业务平台的持续滚动能力。

（4）顺丰 O2O 战略

顺丰的 O2O 战略是最有意思的 O2O 模式，前面 3 家从事 O2O 是因为有了相关业务资源，可以利用企业的这些资源很方便地进行 O2O 业务切入，通过对 O2O 的切入，可以很方便和低成本地扩大自己的业务规模，或者实现企业业务转型。当然，顺丰也可以说实施 O2O 是进行业务转型的必要。

O2O 的业务战略一般都是 Online To Offline 的模式，都是线上的电子商务平台或者新锐的电子商务创业者将电商与传统的商业资源进行整合营销，从而扩大企业的销售机会。而顺丰是反其道而行之，由 Offline To Online，以求将在线下实体门店兜售到的销售机会转移到线上由电子商务完成。

2.2　O2O 模式与团购

团购是 O2O 的先行军

我们一般说的团购（group purchase），大多指网络团购。根据薄利多销的原理，商家可以给出低于零售价格的团购折扣和单独购买得不到的优质服务，也就是让每个人都可以找到比较优惠的团购商品，让认识或者不认识的消费者能够一起享受到物美价廉的服务。

第一个团购网站出现在 2008 年，诞生于美国。美国团购网站 Groupon 发扬 "One deal a day"（每天优惠）的手法，以天为销售周期，采用团体购买的形式。这些项目中很少有具体的折扣商品，而是以服务业为主。用户们疯抢

Groupon 网站每天推出的诸如餐饮、SPA、跳伞以及高尔夫这样的商品或服务机会。它的独特之处在于，每天只推出一款折扣产品，每人每天限拍一次。

2010 年中国大陆出现了许多使用 Groupon 模式（我们一般把 Groupon 模式叫作"团购"）的网站，随着中国电子商务的繁荣发展，网络团购由此流行起来。2010 年 1 月，中国第一家团购网站"满座网"上线之后，美团网、拉手网、糯米网等团购网站相继上线，团购网站遍地开花。在 2010 年，中国网络团购经历了从无到有、从小到大、从弱到强的一个发展过程。

传统电子商务采用的模式是"电子市场＋物流配送"，而以团购网站为代表的 O2O 模式采用的模式则是"电子市场＋到店消费"。消费者在网上下订单并在线支付，获得优惠的订单凭证并到实体店进行消费行为。团购正是通过网络媒介来宣传服务，并吸引消费者通过电子结算来订购服务，再到指定地点来交接服务的。这种模式特别适合必须到店消费的商品和服务，同时让消费者获得双重实惠，一方面是线上订购的方便快捷，另一方面是线下消费的实惠体验。

创新工场董事长兼 CEO 李开复认为，团购模式的出现为 O2O 的发展奠定了基础："你如果不知道 O2O，至少知道团购。但团购只是冰山一角，只是第一步。"团购作为 O2O 模式的先行军，一开始发展得很好、很快，拉开了 O2O 商业模式的序幕，加速了 O2O 模式的演进，使得 O2O 模式得到了进一步的发展和完善。就像 eBay 开启了 C2C 时代，亚马逊开启了 B2C 时代一样，Groupon 的成功上市开启了 O2O 时代。

显而易见，团购诞生初期都是以本地生活服务为核心。这也是为何团购网站之间会掀起一场城市拓展竞赛，因为它不同于传统电子商务的一网覆盖天下，更加强调本地化服务。

团购从竞争战略上可以归类为成本领先型，是一种以打价格战为主的商业模式，其突出的优势体现在交易型销售中的打折销售上，适合当前国内行业中间环节不透明、存在暴利的领域。团购型的 O2O 通过打折、提供信息、服务预订等方式，把线下商店的消息推送给互联网用户，组织其抱团采购，从而将他们转换为线下顾客。

作为开启新型 O2O 商业模式的先行军，团购也存在一些不足，商家审核不到位，导致服务质量达不到保证和网站不完善。但 O2O 的发展前景不可忽视。众多有实体店的商家都可以通过 O2O 做线上推广并完成线上交易，做成本地化、标准化生活服务折扣商城。

做好 O2O，应提前排查避免线上和线下可能出现的不一致情况，统筹兼顾线上交易与线下服务，保证服务质量。

2.3 O2O商业模式对传统行业的冲击

O2O的火热，激活的不仅仅是像BAT（百度、阿里、腾讯）一样的巨头，更带起了全行业的转型热潮，在这一背景下，传统企业或主动或被动地投身到O2O浪潮中，很多传统服务业受到极大冲击，被迫卷入O2O的浪潮。O2O以及电商对传统连锁企业造成的冲击是一个逐渐发展的过程。第一波受到冲击的是卖标准化产品的线下连锁企业，尤其是保质期比较长，容易配送，竞争相对比较激烈，同质化比较严重的大众化产品，受的冲击比较大。第二波则可能会冲击到线下做服务的连锁企业。严格来说，这些企业在目前这个阶段还没有受到很大冲击。但冲击迟早会到来，并且会越来越大。虽然线下的连锁服务企业依然有发展机会，但从服务的流程、营销方式等方面积极拥抱移动互联网是必然的趋势。

以前，人们想乘坐出租车，就要站在路边等待。在人们活动稀疏的地方或者上下班高峰期，就很难打到车。而有的出租车却很闲，有时找不到乘客。而现在，用户可以在手机上选择下载一款打车软件，足不出户，就可以让出租车到达指定的地点，方便了用户的出行，也有利于出租车的合理分配。这个例子只是O2O改变人们的生活方式和消费方式、改变传统行业经营方式的一个缩影。

互联网、移动互联网凭借高效、便利的信息流通渠道，在催生电子商务、云服务、社交网络新兴领域的同时，也给传统行业的商业模式和营销方式带来了重大变革。O2O模式的引入，对电商和传统经销商来说绝对不是简单的一个产品线上线下销售引流的问题，而是一个商务电子化、一个产业革命的问题。互联网对传统产业的渗透、改变乃至颠覆，似乎是无处不在、无孔不入的。O2O在本质上来说，是一种模式，它通过互联网和传统行业的结合，衍生出更多的新的商业模式和消费方式。

作为传统企业，需要学习互联网企业的模式，但是互联网企业和传统企业的经营模式和经营思路完全不同，商业理论的基础也不同。互联网面对的是无穷大的市场，注重长尾经济，需要抓住每一个单一品类的长尾客户群。为了抓住长尾客户群，需要把产品的品类做得非常丰富。传统企业的线下经营不是抓长尾经济，也不可能做到电商平台那样丰富的品类，而是要抓住对自己价值贡献最高的客户群，符合二八原则（20％的客户贡献了80％的营收）。电商最具价值的 20％的客户可能覆盖全国各地，这是传统企业做不到的。因此，电商和传统企业是两个完全不同的商业模式，将传统行业融入O2O 中是一个极其复杂的过程。

2.3.1　O2O 涉及的行业

在线下端，O2O 覆盖了人们日常包括"吃、喝、玩、乐、住、用、行"在内的方方面面。涉及的行业如图 2-2 所示。

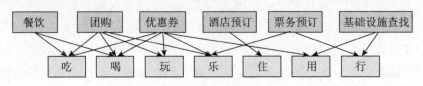

图 2-2　O2O 涉及的行业

实体巨头向线上"伸手"，网络巨头向线下蔓延，O2O 成了双方角逐的新战场，但是对各家巨头而言，尝试 O2O 绝非一马平川。从行业的角度来分析，消费者接受度、行业 IT 化水平、行业管理特点等原因使得 O2O 在不同行业的应用和成熟度实际上是不一样的。在某些行业有很成功的案例，比如酒店、餐饮等，它们很早就在 O2O 行业快速成长。而在诸如家政服务、教育培训、维修服务等行业，由于其 O2O 的概念和模式还不是很成熟，所以对 O2O 商业模式的运用相对滞后。这些行业在 O2O 方面的发展成熟度如图 2-3 所示。

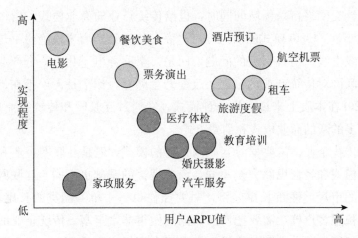

图 2-3　传统行业在 O2O 中的发展成熟度

随着各行业电商平台以及传统企业和经销商的介入，电商和传统企业都对这种将电商技术与传统渠道的协作、配合，线上订单、线下配送融合的模式予以关注，并积极去尝试这种新的模式带来的利益效果。

1. 餐饮业

餐饮类体验店需要注重体验店的选址、服务模式等因素。基于地图进行的O2O，其模式主要是把信息显示在地图上，同时还可以整合发布在互联网上的团购、座位预订、照片上传、在线评价等功能，从而实现筛选下单、预约预订、点评等流程。例如，仙踪林、厨子印象等餐饮企业，与用户过亿、市场份额最高的高德地图合作，推出优惠活动，线上与线下同时进行宣传推广。

在餐饮O2O的实践中，因为大多数是靠第三方平台，而不是公司自己来维护这个平台，所以后期的维护、网站的更新、消费者的信息查询等都会出现一些问题。同时，线上的一些优惠活动，会对线下造成一定的冲击和影响，成本方面就是一个很大的挑战。因为线上给予了消费者一个很大的折扣，所以如何在收入和成本之间找到一个平衡点很关键。中低端的餐饮可能能够较长时间地通过团购来获得新顾客，但是五星级酒店，则更多的是通过线上渠道让消费者理智地接受五星级的价格和品质，从而更多地获得客户黏性。

2. 酒店业

酒店业是中国传统行业中最早与互联网融合的领域，线上这端既有大名鼎鼎的携程、艺龙，也有后起之秀的芒果、同程、去哪儿网、酷讯。信息技术对传统产业的影响，在酒店这一领域显得尤为复杂和深入。

酒店的直销模式就是线下的酒店企业，建立自己的官网作为电商平台，把自己的线下资源通过线上进行销售，同时利用自己翔实的客户消费信息，进行精准分析，进而交叉营销。锦江国际集团的锦江电商于2012年正式上线，其三大产品"锦江旅行""锦江礼享"和"锦江e卡通"分别负责锦江国际集团下属酒店、旅游、汽车租赁等产业的展示与销售预订、会员服务和支付业务。锦江电商的会员交叉营销模式，正是基于先进的CRM系统和OBIEE（Oracle Business Intelligence Enterprise Edition，商业智能分析）技术。目前，锦江电商将这2000万客户中的800万转换成了会员。每个会员的历史消费数据都汇集到电商平台，形成一份准确、详细的分析报表，并根据客户以前的消费情况判断出其偏好，再将匹配的信息推送给客户。

3. 旅游业

旅游业早已和线上挂钩，中国的不少旅游公司已经推出自己的线上服务，并通过互联网进行推销服务，而更为个性化的个人旅游也在 O2O 模式中获得了更多便利。

针对旅游类公司发展 O2O 的盈利模式，分析人员指出，传统旅行社可以自行建立电商平台，也可以通过旅游平台进行运营。O2O 模式对旅行社信息透明化和创新的要求较高，只有形式新颖、性价比高的产品才能获得市场青睐。O2O 的盈利模式主要是"零售＋商业合作分成＋广告"，这与传统旅行社的业务相比盈利点更多。

目前旅游业内各种并购，在其现象之外，无不暴露出一个共同的问题：旅游产品的不确定性以及"携程""途牛"们垄断商业模式长久以来形成的"信息孤岛"（这种"信息孤岛"通过电子信息平台把旅游行程中的各种供应商和服务串联起来，同时封闭地为我所用，导致了今天稳固的供应体系区隔），造成在线旅游行业 Online 与 Offline 之间的脱节。信息的不对等，正是旅游电商无法百家争鸣的最大阻碍。

4. 出租车业

易到用车是租车业 O2O 的先行军，被称为租车业的携程。没有一辆车、没有一个司机为用户提供线上预订租车服务，并对线下的出租车服务实施有效的监管。这是一种租车业的 O2O 模式。易到用车的流程：当消费者需要订车时，可以通过网络、电话以及智能手机终端直接联系易到用车。易到用车在接收到消费者信息并接收付款之后，则通过自主开发的一套系统将信息派发给其他出租车公司的闲置车辆和司机，并且保证 1 个小时内准时出现在消费者的上车地点。与传统的出租车相比，易到用车的服务费大约是其的 2～3 倍，而易到用车的盈利则通过提取租金获得，一般扣点 20％～25％，每单的毛利在 100 元左右。

出租车业面临的挑战有，车辆的调度系统直接影响到车辆能否准时出现，对下游出租车公司的管控直接影响着消费者的体验，支付的便利性成为消费者最终是否会下单的决定性因素。出租车业 O2O 模式如图 2-4 所示。

5. 娱乐业

娱乐行业的潜力巨大，在城市中具有很高的人气。根据 2010 年北京市统计年鉴显示，服务业的利润巨大，以服务为主体的团购产品具有较高附加值。由于工作的忙碌，很多白领渴望通过周末的聚会来缓解工作压力。因此娱乐行业是团购网站 O2O 模式的拳头产品。娱乐项目具有 3 个特点：及时性、感知性、后续性。团购网站在开展此部分业务的时候，一定要注意消费者的消

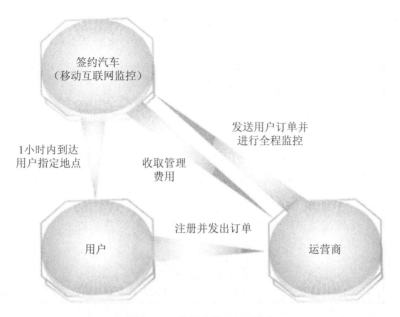

图 2-4 出租车业 O2O 模式

费区间，很多消费者对服务的时间要求很高，因此可以适当开展一些附加值较高的娱乐项目，满足消费者的感知要求，提高娱乐项目的吸引性。

6. 家政业

相对于餐饮、酒店等行业，家政的 O2O 还处于起步阶段。虽然近年来不少互联网行业、服务行业的高端人才陆续进入家政行业，并带来了线上先进的运作模式，但是由于家政行业的特殊性，效果甚微，在其浅尝辄止后，迅速撤离。尽管市场逐渐走热，但家政 O2O 行业依然存在着诸多问题，包括家政行业的统一标准化问题、平台的信任打造问题、家政行业的社会认同问题。家政业存在着雇用矛盾，即雇主和保姆之间的沟通相处问题，并且保姆是非标产品（服务），仅在线了解是十分不全面或者不真实的。所以很多线上运作模式在家政行业就对接不了。同时，家政行业的中坚力量——家政经营管理人员，也从某种程度上阻碍着家政行业的发展，因为要想做好家政业的 O2O，必须既拥有运用互联网的能力，又要擅长和家政保姆沟通。

2.3.2 传统行业 O2O 转型中存在的主要问题

当互联网真如洪水猛兽一般向传统企业渗透影响，一种莫名的恐惧将传统行业的"大哥"们冲击得晕头转向。于是，他们纷纷开始主动或被迫去学习了解"互联网思维""O2O",也开始研究"粉丝经济",参加各种冠名了O2O或微营销的会议,恶补各种概念。一时间,搞百货零售的,卖数码家电的,卖水果的等一大批深耕传统线下市场的企业都在谈论、探索与实践O2O了。但在这其中也不缺乏盲目性,阻力重重。在这个过程中,主要存在以下问题。

1. 盲目跟风,隔靴搔痒

传统企业里转型成功的电商有京东,2003年"非典"让其痛定思痛放弃线下转入线上,证明了3C网店的可行性。近几年国美与苏宁正在进行转型,尤其是苏宁,更是拿出了壮士断腕般的魄力与勇气,义无反顾,线上与线下同价,即便企业利润率大幅下降也一往直前,就当作战略性亏损了,是自我革命。

但是,反观其他传统零售企业,如广州的天虹百货,在O2O转型的过程中只是选择了与微信合作,共建微信微商城,打通线上与线下交易。一方面,这些零售百货商强烈地感受到了电商对他们的冲击,很想去尝试突破;另一方面,由于自身经验与知识体系的束缚,传统的他们根本不知道互联网的运作思维与经营方式。于是,在这种左右为难的情况下,他们采取了相对保守的方式。对他们而言也许叫"摸着石头过河",但是实际是盲目跟风,根本没有搞清楚什么样的"触网"形式适合自己,意图通过一个简单的微信账号承载起O2O转型的业务模型肯定是不可能的。但是,他们肯定觉得,这就是一次小小的试验,风险可控,跟风也无妨。

2. 思维落后,阻力重重

传统企业转型中不可避免地会遇到互联网新势力与传统利益集团之间的意识形态之争或利益之争。发展线上能力势必会在短期内挤压线下利润空间,这对传统企业来说需要有包容之心。

另外,传统企业在转型O2O的过程中,即便决心十足,但是受限于自身的经验以及对互联网的理解程度,在实际的转型过程中,这种落后的思维,加上对互联网有了片面理解之后,也忍不住要对项目指点江山,侃侃而谈。这时候,高薪挖过来的互联网"大神"们就开始摇摆不定,纠结痛苦了。在据理力争与妥协平衡中,原本不确定性很高的一个产品更是会变得不确定性极高。所以,在利益之争与意识之争的双重挤压下,传统企业转型O2O会变得压力重重。

3. 人才陷阱,赔了夫人又折兵

传统企业想要成功转型,首要解决的问题就是引进优秀的互联网人才。这时候,我们会看到诸如万达、银泰、苏宁、国美等传统企业在转型过程中都会先大量的招兵买马,而且是高薪聘请,阵容豪华。但是,豪华的背后也会有风险，那就是"向钱而动"，而非"因事而聚"。传统企业疯狂揽才的背后，所暴露出来的还有高度的人员流失，或者走马换帅。如此，朝令夕改，这对转型而言在时间上、在投入上都是大大的浪费。

O2O的发展正在颠覆传统的商业模式，也正在对社会各行业进行渗透。企业如何在O2O的浪潮中占领先机？

就行业管理而言，O2O模式的出现使得传统行业的经营出现了互联网环境下的新问题，这些问题可能是以往传统行业管理部门未曾遇到、未曾考虑过的。O2O模式带来的不仅仅是一种消费思维和服务模式的改变，更对传统电商提出了新的挑战，运营者们要及时改变固有思维模式，利用自己已经积累的网络资源，进行大量数据分析，从引导和规范的角度，统筹技术、产业和行业管理等手段，充分实现移动互联网的便利，融合线上和线下的资源，最大化地实现信息和实物、线上和线下、实体店与实体店之间的无缝衔接，使传统行业管理适应信息时代的变化，与时俱进，从而创建一个全新的、共赢的商业模式。但不要为了O2O而O2O，设立官网、开设微信、发布App仅仅是第一步，只有当互联网思维真正实现了对企业价值链的重构，传统企业的O2O转型才算最终完成。O2O是实现传统企业新模式再造的利器，但远不是结果。希望O2O的引入能促进企业服务的升级。

互联网思维下的O2O是：用全新的视角发现消费者的消费需求，吸引消费者产生购买行为，利用线上或线下的渠道满足消费者的需求，然后通过服务提升消费者的体验，并且追踪消费者获得产品后的分享途径，依此再次刺激消费者的欲望，循环消费流程，形成消费者的购买闭环；用新的意识来改变与消费者建立联系的途径和方法，这里新的意识包括用户获取信息的渠道、消费购买的途径、使用的习惯、交互的方式、分享的渠道等。对于一家传统企业，互联网思维就是需要"触电化"。触电化，就是传统线下企业需要利用互联网工具建立线上线下关系，利用互联网工具进行客户管理、资源配置，并且收集客户数据，建立数据库，由此而产生的消费趋势和需求才是真正有价值的。

2.3.3 传统企业转型O2O需遵循的三大法则

传统企业做O2O需要遵循三大法则。

1. 不要违背消费趋势去构建所谓的O2O闭环

任何一种商业模式的创新都是对产业链原有流程、结构的一次更新破坏，使之更能响应消费端的需求。例如，B2C 是一种新商业模式，它是对原有销售渠道的革命，企业通过互联网链接至终端，打掉了中间渠道商环节，这是一次极大的商业模式创新。再比如，C2B 也是一种新商业模式，它是从消费者需求出发，对原有供应链模式进行再造。而 O2O，只是对互联网与部分实体产业的交易过程进行了重新定义，并没有涉及流程的变革。

可能有人会说，将原来线上的用户引流到线下不就是流程再造了吗？这其实是逆历史潮流的做法，B2C 模式成功的根本原因就在于互联网使消费者消费场景发生了逆转，从线下转移到了线上，而目前线上消费场景占整体消费的比例正在随着移动互联网的渗入加速提升，把原来在线上就能成交的用户赶到线下去，这是倒行逆施的做法。而有些行业如家装、汽车、房产、餐饮等行业，消费者必须到线下消费，这是由产品属性决定的，它并未涉及流程再造，我们可以给它们取个好听的名字叫 O2O，但并不代表着它是一种新商业模式，实际上，它更像是 B2C 的延伸或者说就是 B2C。这给传统企业的启发是不要违背消费趋势去构建所谓的 O2O 闭环，你的用户在哪里，你的营销就应该在哪里。如果你的用户消费场景已经开始往互联网迁移，那企业要做的不是把用户往线下引，而是学会如何在互联网截流。

2. 做 O2O 要有自己的节奏

新概念的成功一定是基于市场本身的需求，它是存在于市场当中，一定不是能被设计出来的。这给传统企业的启发是做 O2O 不能被人牵着鼻子走，行业巨头做 O2O 的终极目的还是希望线下用户能在线上转化，不要以为他们会站在企业的立场去设计 O2O。O2O 的实践要有自己的节奏、自己的方法。

3. 不要为了 O2O 而去做 O2O

很多企业都有互联网焦虑症，担心被颠覆，只要某种概念制造出来了就跟风追逐，却没有根据企业自身的情况去考量制定自己的互联网生长行径。如果说 O2O 概念对于传统企业还有价值的话，至少它承认了消费体验是其中的核心要素，通过 O2O 提升消费体验感既是 O2O 的核心价值，也满足了消费者不断变化的快速需求。从这点意义上来说，O2O 是基于服务层面的消费创新。实际上，除了消费层面的创新，在互联网时代，创新还可以是产品层面的、供应链层面的、营销层面的。企业是否需要做 O2O，要考量的是自身产品的消费属性是否符合、消费情景是否合理，企业完全没有必要为了 O2O 而去做 O2O。对绝大多数电商转型中的企业来说，提升自己的电商运营水平远比做 O2O 更重要。

目前来看，传统线下连锁企业向O2O转型要注意以下几点。

1. 团队要有快速学习的能力

有些团队成员跟不上行业发展的进程，只能被淘汰。有些团队则要引进一些新鲜血液，向年轻人学习，或者把有互联网经验的人挖过来，提高整个系统的运作效率。

2. 组织架构要更移动互联网化，更扁平化

移动互联网时代的消费者需求在发生变化，首先他们等不及，要更快，其次他们更多变。要针对消费者的消费习惯调整组织机构，形成对消费者的快速反应能力，迅速满足消费者需求。另外，O2O的模式带来的服务流程的变化，也导致组织架构要发生变化。以前，总经理只管线下的配货、送货、开店，现在还要关注线上部分，可能更多的是店长、店员去面对消费者。现在消费者首先会通过微信的服务团队预约服务、反馈信息，微信服务团队成为跟消费者交流对接的第一通道。

3. 合理分配，不要过分倾注线上资源

很多连锁企业老板被O2O吓住了，觉得没有线上，线下就没法做了，因此过分抬高了线上部分的地位。要针对企业本身的服务流程、业务模式和资源情况来决定线上线下的资源分配。不同的行业，O2O的具体方式不一样。很多连锁企业的业务特点决定了是线下为主、线上为辅，那就要对线下做合理的资源倾斜。

4. 选址发生变化

O2O模式下，连锁企业对黄金地段的依赖性没有那么强了。传统线下连锁，选址非常重要。店铺的位置决定了生意的客流量，一般来说在十字路口或者好的商业区，生意就会好些。可能大家提供的服务差别不是很大，区别就在于谁的位置更好。而O2O抓取客户的方式发生了改变，不再仅仅依赖自然客流，而是可以由线上向线下导流。这样对线下的位置要求就不是那么高了。有些连锁品牌把店铺从租金比较贵的一楼搬到上面的写字楼，租金会便宜一些。

几乎所有的行业都在往O2O的路线发展。线上与线下的结合，创造了许多新的消费方式和商业模式，为传统行业带来了新的春天。相信随着电子商务和移动终端的快速发展，在中国快速实现城市化的大环境下，O2O对于大部分行业，既不是幻想，也不是梦想，而将是越来越常见的一种模式。

2.4 O2O 模式的发展趋势

未来 O2O 可以在以下几个方面深入发展。

1. 建立诚信体系

一方面，本地工商部门或者消费者协会等要切实起到监督作用，对商家的经营资质和经营行为进行严格审核，约束商家的不诚信行为；另一方面，可以加强和完善诚信机制，如引入第三方机构对 O2O 经营者进行监管，对其进行诚信评级，并且将评级结果及时展现给消费者，促使其注重自身信誉的维护。

2. 进一步细分市场

具体的消费领域可以进一步细分。除了关注传统的美食、小额消费领域之外，更应该关注一些大宗消费领域，如房产、家居、婚嫁、汽车、亲子、教育等。但是需要注意，随着行业细分的深化，消费者对于 O2O 平台的服务质量有更高的要求。

3. 更多传统行业的参与

O2O 模式让一直徘徊在电子商务之外的传统行业，尤其是服务业抓住了互联网的机会。服务性企业可以充分利用 O2O 模式积极参与电子商务，让更多的消费者来店中消费。

4. 抓住移动商务的发展机遇

移动商务是指以移动通信技术为支撑，利用移动数字终端进行的商务活动。与传统的电子商务相比，移动商务具有用户基础更庞大、更贴近市场和消费者的显著优势，其广泛存在性可以使消费者不受时间和地点的限制进行电子商务活动；移动终端一般都是个人手机，所以有利于满足用户的个性化体验等。App 应用如此受到用户欢迎，是因为它可以把用户大量的碎片时间利用起来，并且让用户能够随时随地实现自己各方面的需要。例如，在下班的路上，可以玩手机游戏，也可以在团购 App 上找到自己喜欢的美食，临时邀请几个好友一起见面。

一家国内知名市场研究公司的数据显示，中国手机用户为 10 亿人，其中 3.6 亿人用手机上网。巨大的市场容量已经形成，蕴含着前所未有的商机。移动 O2O 以移动互联网为基础，通过用户身份和优惠消费的凭证识别，可以实现高效、互动和本地化服务。

移动互联网正处于高速发展期，而 O2O 商业模式的应用，将推动用户日常生活网络化和线下商家网络化的新浪潮，发展潜力巨大。相信未来随着用户消费习惯的形成，移动支付的成熟，更多商家营销意识的增强，O2O 平台会逐渐成熟，届时，移动商务将成为推动 O2O 模式融入更广泛的商业生活的主导力量。

5. 探索更好的盈利模式，服务内容多元化

未来 O2O 网站应该着眼于挖掘更具潜力、更具竞争力的业务模式，借助自身的媒体优势，帮助商家挖掘一些增值业务，根据具体的情况因地制宜地确定经营策略，互惠共赢，而不应仅限于提供一些表层次、低技术的服务，还应考虑挖掘更具潜力、更具竞争力的业务模式，进行多元化业务的开发。

未来 O2O 的竞争，虽然可能不会再像团购这样低的门槛从而导致出现一些无序的竞争，但这么有前景的一个市场它的竞争无疑是激烈的、具有挑战性的。O2O 时代，将有数百万拥有线下实体的实力商家走到线上来。O2O 电子商务模式越来越受到消费者的青睐，今后的发展趋势必定朝着生活化、本地化、用户至上化的方向发展，作为 O2O 模式的网络平台，必须将线下服务的质量作为 O2O 发展的基本线与生命线，这也是 O2O 模式获得成功的必要条件。

3 O2O 与二维码

二维码已经渗透在人们生活的方方面面，生活中随处可见二维码。随着移动互联网的高速发展、智能终端和 3G/4G 网络的日益普及，人们上网的时间更加碎片化，地点更加多元化，有效的二维码应用成为 O2O 电子商务模式发展的关键。二维码作为信息载体的一种形式与手机相结合，所形成的手机二维码技术在移动商务中得到了广泛的应用，推动了移动电子商务的发展。

3.1 二维码定义

3.1.1 认识二维码

二维码起源于日本，最初是 1994 年日本 Denso Wave 公司为了追踪汽车零部件而设计的一种条码。目前日本是使用二维码最多的国家，其次是美国。

二维码，又称二维条码，它是某种特定的几何图形按照一定规律在平面（二维方向）上分布的黑白相间的图形，用于记录数据符号信息。在代码编制上巧妙地利用构成计算机内部逻辑基础的比特流（由 0、1 构成）的概念，使用若干个与二进制相对应的几何形体来表示文字数值信息，通过图像输入设备或光电扫描设备自动识读以实现信息自动处理。它具有条码技术的一些共性：每种码制有其特定的字符集；每个字符占有一定的宽度；具有一定的校验功能等，同时能够对不同行的信息自动识别以及处理图形旋转变化等。二维码如图 3-1 所示。

二维码可以分为堆叠式/行排式二维条码和矩阵式二维条码。堆叠式/行排式二维条码形态上是由多行短截的一维条码堆叠而成，它在编码设计、校验原理、识读方式等方面继承了一维条码的一些特点，识读设备及条码印刷与一维条码技术兼容。

图 3-1 二维码

但由于行数的增加，需要对行进行判定，其译码算法与软件也不完全相同于一维条码。代表性的行排式二维条码主要有 Code 16K、Code 49、PDF417等；矩阵式二维条码以矩阵的形式组成，在矩阵相应元素位置上用"点"表示二进制"1"，用"空"表示二进制"0"，"点"和"空"排列组成代码。矩阵式二维条码是建立在计算机图像处理技术、组合编码原理等基础上的一种新型图形符号自动识读处理码制。具有代表性的矩阵式二维条码有 Code One、Maxi Code、QR Code、Data Matrix 等。

在目前几十种二维码中，常用的码制有 PDF417 二维条码、Data Matrix 二维条码、Maxi Code 二维条码、QR Code、Code 49、Code 16K、Code One 等，除了这些常见的二维条码之外，还有 Vericode 条码、CP 条码、Codablock F 条码、田字码、Ultracode 条码、Aztec 条码。目前，市场上被微信、支付宝、微博等公司采用并"火"起来的二维码是 QR Code。

3.1.2　二维码的优势

二维码的特点有以下几点：

（1）高密度编码，信息容量大。可容纳多达 1850 个大写字母或 2710 个数字或 1108 个字节，或 500 多个汉字，比普通条码信息容量约高几十倍。

（2）编码范围广。该条码可以把图片、声音、文字、签字、指纹等可以数字化的信息进行编码，用条码表示出来；可以表示多种语言文字；可表示图像数据。

（3）容错能力强，具有纠错功能。这使得二维条码因穿孔、污损等引起局部损坏时，依旧能得到正确识读，损毁面积达 50％仍可恢复信息。

（4）译码可靠性高，它比普通条码译码错误率百万分之二还要低得多，误码率不超过千万分之一。

（5）可引入加密措施，保密性、防伪性好。

（6）成本低，易制作，持久耐用。

（7）条码符号形状、尺寸大小比例可变。

（8）二维条码可以使用激光或 CCD 阅读器识读。

二维码是一种比一维码更高级、更先进的条码格式。一维码只能在一个方向（一般是水平方向）上表达信息，只能由数字和字母组成；而二维码在水平方向和垂直方向都可以存储信息，能够存储汉字、数字和图片等信息，因此二维码可以应用的领域更为广泛。二维码与一维码的比较如表 3-1 所示。

表 3 - 1   二维码与一维码的技术比较

比较内容	信息容量	编码范围	保密防伪	译码质量	空间利用率	制作成本	形状是否可变	垂直方向是否携带信息	用途	对数据库和通信网络的依赖	识别设备
二维码	大	广	好	很高	高	低	可变	不携带	对物品的标识	依赖	线扫描器
一维码	小	小	差	较高	低	低	不可变	携带	对物品的描述	不依赖	线扫描器多次识别、图像扫描器识别

3.1.3　二维码的研究现状

二维码是目前国内外正在迅速发展的技术，从 1994 年日本最先出现的二维码相关技术的发展到现在，二维码目前已经广泛地被应用在各个领域。日本 90% 的手机都兼有二维码识别技术，几乎所有的报刊都印有二维码，用户只需要对二维码图像进行微距拍照，就可以上网获得所需的信息。手机二维码相关的业务在日本的增值服务市场已经发展得很成熟，主要是在电子凭证类业务上的应用，在日本应用非常广泛。

近来，我国的手机二维码相关业务经过长时间的市场孕育，尽管取得了一定的进展，但距离其高速发展还有很远的距离。尤其是相关的产业链各方，还需要共同努力，但是手机二维码的广泛应用将成为必然。

中国原有的二维码国家标准是从美国 PDF417 码和日本的 QR 码（QuicklyResponse，快速响应）翻译过来的。随着国内技术的不断创新，自主二维码技术开始出现，并得到了国家的认同和推荐。

3.1.4　二维码的应用

无论是在报纸、电视、互联网上，还是在咖啡厅、超市、地铁、商场里，随处可见二维码的身影，我们已经生活在二维码的"汪洋大海"中。随着移动互联网和智能终端的普及和快速发展，二维码作为信息承载的工具，可以广泛应用在媒体、产品质量、仓储物流、海关安检、证件管理、医疗医药、国防军事等诸多领域。虽然我国的二维码应用广泛，但与日、韩等国相比，商用时间较短，使用率低，发展还远远不够。制约因素除了运营商的支持度外，还有技术、终端适配、盈利模式等方面。做得比较火热的是二维码与O2O模式的结合，即利用二维码的读取将线上的用户引流给线下的商家，马化腾称"二维码是线上线下的一个关键入口"，不可否认，二维码将成为连接现实与虚拟最得力的工具之一。

1. 二维码在O2O中的作用

二维码在O2O模式中有哪些作用？可以从以下两个方面说明。

（1）二维码是O2O的关键入口

智能手机和二维码的结合，进一步拓展了二维码的应用价值。二维码在产业链上涉及众多行业，规模巨大。因此，二维码作为O2O的关键入口，成为连接线上和线下的重要手段。

（2）二维码是O2O的营销新模式

二维码营销平台是一个以电子优惠券为核心的协助企业促销推广的平台。以二维码为纽带，融合移动互联网、自动识别技术，精准投放优惠券，用电子化手段促进和帮助企业实现精准营销，二维码营销成为企业一种新的营销方式。

2. 二维码在生活中的应用

二维码在生活应用中具有什么样的功能呢？

（1）可以信息获取

扫描可以获取名片、地图、WiFi密码或其他资料。

（2）网站的跳转

可以跳转链接到微博、手机端网站或者PC端网站。

（3）广告推送

用户扫码，可以直接浏览商家推送的视频、音频广告。

（4）手机电商

可以通过手机直接下单购物。

（5）防伪溯源

扫描后即可查看到产品的生产地；同时后台也可以获取产品的最终消费地。全程跟踪产品的流通过程，防止产品假冒，保障安全。

（6）优惠促销

扫码即可下载电子优惠券使用，相比传统纸质凭证更加安全、环保，还可以进行抽奖等活动。

（7）会员管理

用户在手机上获取电子会员信息、VIP 服务。

（8）手机支付

通过扫描商品二维码，并通过银行或者第三方支付平台提供的手机端通道就可以完成支付。

3.1.5 二维码的使用

目前电商企业使用二维码，通常有以下几种形式。

1. 商业信息传播

现在媒体、商品信息，只要用户用手机轻轻扫一扫二维码，就可以进入它对应的地址，获得完整的数据。供应商通过发送电子凭证和铺设扫码硬件设备到本地商户来建立一个完整的商业模式。二维码商业信息传播流程如图 3-2 所示。

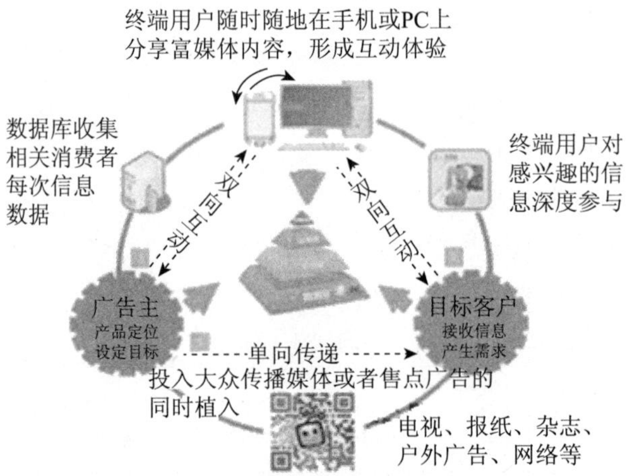

图 3-2　二维码商业信息传播流程

2. 用扫码优惠提高用户活跃度

可以通过扫描二维码来进行优惠券领取、投票报名、参加调研等，通过在手机上的可操作形式，向企业回传客户信息，企业就能将广告投放效应最大化，从而获得宝贵的用户互动数据。这样的互动购买模式已经在电影、电视、杂志、宣传册、广告等领域开始运用。扫码优惠提高用户活跃度的情况如图 3-3 所示。

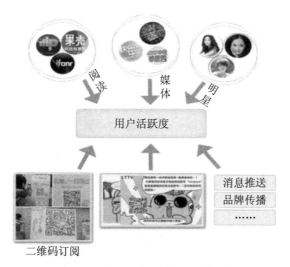

图3-3 扫码优惠提高用户活跃度

3. 移动端在线销售

原来需要进实体店或在网上购买的流程，现在可以通过扫拍二维码实现，在手机上完成购物支付流程。这样的方式可以弥补在原来无法涉足的空间进行消费的需求。用户只要扫拍相中的物品的二维码，就可以在手机上实现购物和支付，既方便又快捷。

4. 微信公众账号的推广

微信在较早的版本中已经开始提供扫二维码服务，用户可以通过扫拍他人二维码而直接建立微信关系，微信还提供了直接通过扫拍二维码而实现手机和电脑微信同步的功能，非常巧妙地结合了二维码和验证的特性。此外，微信还提供扫二维码后关注微博等功能。微信公众账号的推广示例如图3-4所示。

图3-4 微信公众账号的推广

5. 品牌推广营销，二维码制作名片

现在很多企业用二维码进行企业品牌推广营销，有许多B2B网站，如阿里巴巴、世界工厂会、商宝网站等，添加二维码名片，开始提供扫二维码服务，用户用手机轻轻一扫就可以将名片的信息加载到手机上，可以方便地将电子名片、电话号码、文本、短信、电子邮件、网址等信息转化为二维码，很方便地录入手机中。二维码名片如图3-5所示。

图 3-5 二维码名片

3.2 手机二维码

3.2.1 什么是手机二维码

手机二维码是二维码技术在手机上的应用，具有信息量大、纠错能力强、识读速度快、全方位识读等特点。将手机需要访问、使用的信息编码到二维码中，利用手机的摄像头识读，这就是手机二维码。手机二维码可以印刷在报纸、杂志、图书、包装、广告以及个人名片等多种载体上，用户通过手机摄像头扫描二维码或输入二维码下面的号码、关键字即可实现快速上网，获取信息。手机二维码对客户而言，不需要更换手机设备，不需要进行任何操作，只要手机可以正常接收短信、彩信，或者能正常显示图片，就可以享受手机二维码带来的便利，大大节省了用户的服务使用成本。

手机二维码的识别应用过程：下载二维码的识读软件（专门的软件或者微信、QQ 等带有的二维码识别功能）到手机，用户可以利用手机的摄像头对出现在包装袋、宣传照或者报刊、书籍上的二维码进行扫描，或者输入二维码下面的号码或关键字，并通过手机内置的识读系统进行二维码图像的识读处理，识别出二维码中包含的数据信息，然后就可以链接上网，从而可以浏览到网页，查看到商品折扣信息、活动宣传信息、下载优惠券等。这样就省去了在手机上输入 URL（统一资源定位符）的烦琐过程，实现了一键上网。

手机二维码如图 3-6 所示。

图 3-6　手机二维码

　　根据业务形态的不同，可以将二维码的应用分为被读类和主读类两大类。所谓主读，就是使用者使用手机主动扫描识别在手机外的二维码，获取二维码所存储的内容并触发相关应用。用户利用手机拍摄包含特定信息的二维码图像，通过手机客户端软件进行解码后触发手机上网、名片识读、拨打电话等多种关联操作，以此为用户提供各类信息服务，如腾讯推出的"微信二维码"；被读，就是指应用方将业务信息加密、编织成二维码图像后，通过短信或彩信的方式将二维码发送到用户的移动终端上，用户使用时通过设在服务网点的专用识读设备对移动终端上的二维码图像进行识读认证，作为交易或身份识别的凭证来支撑各种应用，例如，中国南航和中国移动联合推出的"手机电子登机牌"业务。

　　目前的手机二维码多是手机上网，属于主动式的，对手机终端要求较高，既需要能拍照又要有识读软件的功能；而现在提供的条码凭证服务属于被动式的服务，只需要手机能够接收彩信（甚至是短信）即可，代替以往纸质票证，省去物流费用，时尚环保。

　　手机二维码在我国的主要应用模式有 3 种，分别为解码识读信息、解码链接上网、解码验证真伪。

1. 解码识读信息

　　解码识读信息模式是利用手机摄像头扫描二维码，解码软件解码后显示数据信息，以减少用户的输入，方便用户获取信息。最常见的应用有电子名片、电子会员卡、产品信息的直接读取等。在制作名片时，可以将姓名、电话等信息用二维条码编码，打印在名片的一角。人们交换名片时，用手机拍摄二维条码图案，解码后就可将对方信息储存在自己手机的电话簿里，省略了传统的手工录入过程，也克服了目前使用名片识别软件对名片识别不准确的难题，即可实现电子数据交换，非常方便。而在超市等大型零售业，通过手机二维码直接读取产品信息是一种比较普遍的现象。

该类应用的案例如下。

（1）电子工牌、名片类应用

以 Kudu（酷读）公司为例，为了节省公司成本并给客户留下深刻的印象，他们将常用的便利贴作为名片的材料。给客户发名片的时候，只要对折一下就成了一个名片。名片背面有专门的二维码，只要扫描一下二维码即可在手机里保存该名片提供的信息，并可以在手机通讯录里生成联系人。

（2）零售类应用

目前国内的电商"1号店"已在一些地铁、公交车站里设置虚拟商店，通过产品的图片展示，鼓励等车的人们用智能手机扫描产品的二维码，完成下订单的过程。

（3）签到类应用

会务方提前将二维码发送至参会人员手中（手机、纸质邀请函或代表证等），参会人员在签到时只要刷一下二维码即可，在起到防伪效果的同时，会务方可以大幅提升组织效率，实时掌握到场人员数量等信息。

（4）提供附加个性化信息服务

杰西潘尼（JCPenney）公司基于二维码技术新推出了一项业务，消费者在购买产品作为礼品时，可获得一个相应的标签，消费者可以为接收人录制一段个性化的语音信息，编制成二维码后将该标签像礼品卡一样贴在包装上，受赠人拍摄该二维码即可获得该语音信息。

2. 解码链接上网

解码链接上网模式指的是通过手机扫描二维码，显示相关 URL（统一资源定位符）链接，用户可以点击这一链接，访问相关网站进行数据浏览或数据下载。最为基本的模式是网络信息浏览，比如电子广告、商场特价区信息、网站信息查询，电子图书、电子地图查询等。在这种应用中，一般的商品、名片甚至报纸、杂志上的广告都会附有相应的二维码，把网站链接录入二维码中，人们用内置二维条码阅读引擎的手机扫描二维条码后，解析网址 IP，就可以自动链接到相应的网站上。

该类应用的案例如下。

（1）互动营销类应用

以往企业在进行广告宣传时，如果需要消费者打开某个链接去参加某项活动或了解某些产品或活动的详情时，往往需要列出一个较长的网络地址。现在消费者只要拍摄该二维码就可以打开链接。

（2）为用户提供信息类应用

机场可以通过二维码为旅客提供机场的航班信息、旅游信息、餐饮、购物、位置及 WiFi 登录方法、特别活动等信息的二维码链接。各类办公建筑可以通过二维码为员工提供大厦的餐饮、联系电话、本层地图等实用信息的二维码链接。

（3）社交类应用

健力士黑啤推出一款印有二维码的啤酒杯，当杯子里装满黑啤时就能显示出二维码，用户通过扫描它，可以自动关联到社交网络平台，告诉别人你在哪儿喝酒，还能召集朋友一起喝酒。

3. 解码验证真伪

用手机扫描二维码之后将数据提交给验证服务器，服务器来核实产品或服务的有效性。最基本的应用在于产品防伪信息的识别、电子回执和身份识别。衍生模式多应用于物流或渠道管理中，也有应用于支付领域，用于支付凭证的核实等的。二维条码具有多重防伪特性，它可以采用密码防伪、软件加密及利用所包含的信息如指纹、照片等进行防伪，因此，具有极强的保密防伪性能。

该类应用的案例如下。

（1）移动支付应用

移动支付已成为全球市场快速发展的主流趋势，以支付宝的移动支付为例，商家登录到支付宝的支付页面，输入金额产生交易订单，然后用户在手机上打开支付宝客户端，选择条码支付，这时候手机会生成一个二维码。商家将二维码扫描识别之后，可以确认手机用户的支付宝账号和身份，然后用户确认就可以完成付款。整个支付流程均基于支付宝的网络支付，亮点在于其中手机用户身份的确认，支付宝采用二维码被读技术，使用手机客户端生成一个含有用户支付宝账户信息的二维码，这样就能完成用户与商家之间面对面的网络交易支付关系确认。

（2）优惠券的电子回执

商家将优惠券以二维码的形式发给消费者，消费者持该二维码到指定的店，由该店扫描确认之后，消费者即可从该店获得相应的产品或服务。

（3）身份验证/产品防伪信息识别

二维码可以作为防伪码打在产品外包装上，消费者在扫描二维码之后，将数据提交至验证服务器，验证服务器返回数据验证该产品真伪。

（4）电子票服务

消费者通过手机或网络购买电影票、机票等，在付款成功后，系统会自动发送二维码电子票到消费者的手机，消费者到电影院或机场刷二维码验证后即可。2009 年，我国的南方航空、国际航空公司也开始提供这一服务。

3.2.2　手机二维码商业价值驱动

1. 促进跨媒体营销发展

手机二维码促进了媒体、通信和互联网的融合，带来了一个全新的跨媒体营销平台，使得平面媒体、移动运营商可以充分发挥各自的媒体优势，为企业开辟了新营销服务；对于平面媒体，延伸了媒体空间，带来了新的广告形式；对于广大企业，利用该平台，可开创新的营销模式，增进与客户的互动，提升客户服务。二维码作为一种全新的沟通方式，在时间、空间、媒介 3 个维度上实现了企业与消费者的沟通。比如，一个简单的商品广告，消费者通过扫描旁边的二维码就可以获得产品详细介绍、经销商名录、成功案例、其他产品系列等信息，甚至通过二维码登录广告商的 WAP（无线应用通讯协议）网站。

2. 促进社会和企业资源的节约，提升社会和经济效益

手机二维码应用到电子票务上，可降低票据制作成本，减少配送成本，提升票务防伪和检验能力，提升客户服务质量，有利于开展针对性的营销；应用到电子折扣上，可提升促销效果，增进与客户的互动，降低折扣券制作成本等；应用在防伪盗版上，可以有效打击防伪盗版，保护消费者利益，为企业创造效益，应用于交通违章处理上，可以大大提高工作效率。

3. 为手机用户带来精彩体验

手机二维码的发展简化了手机用户信息输入，提升了用户获取信息的能力，拓展了手机上网入口，带给我们更多精彩体验。

4. 促进运营商和服务提供商的增值业务发展

移动运营以二维码作为增值业务引擎，促进了基础通信和增值业务的发展。虽然增值业务得到比较快的发展，但是目前还是有非常多的手机用户不知道增值业务如何使用或者由于使用不方便而不愿使用，通过二维码可以建立移动增值业务引擎，可大大促进增值业务的发展。

3.2.3　手机二维码与 O2O

在以科技进步、技术创新为基础推动的经济发展过程中，与移动互联网

相结合的二维码应用顺应了时代发展的潮流，并能够为用户提供更好的消费体验，可以有效助力企业提升运营效率。由于二维码的市场门槛不高，现在绝大多数大型公司都把二维码作为信息承载的工具，根据对二维码的市场运作方式不同，其商业模式可以分为3类。

（1）巨型互联网公司自行开发。如腾讯就自己开发相应的二维码应用，并把二维码当作微信的标配工具和移动入口，这样二维码和微信就构成统一的商业模式闭环，能够共同分享微信发展带来的商业价值。

（2）二维码公司为其客户提供硬件和认证，形成从发码、列数据到认证的商业闭环，但绝大多数消费数据流入客户的数据平台。例如，上海翼码就和聚划算网站进行合作，其收入来源主要依靠客户支付的服务费用。

（3）二维码公司免费提供平台，允许用户完成从手机二维码扫描 App 到生成、制作、统计一系列工作，但是用户的数据流入公司的平台，其实质是数据挖掘和分析公司。

O2O 的本质是商务在虚拟世界和现实生活之间的互动行为。随着移动互联网时代的真正到来，不管是 App 还是网页内容的链接入口，都发生了根本改变，商家需要更直接的接入，传统的"线上到线下"的"O2O"模式亟须转型为"线上到线下有机整合"的移动式的"O2O"模式，而要实现线上和线下的整合，就必须有一个独特的集合点，而二维码技术就能很好地完成这个任务，二维码能有效地将线下的流量转到线上，这更符合移动互联网时代随时随地获取信息的要求。

O2O 作为一种非常态下的电子商务形式，一定会趋向于商品服务多样化，在整个 O2O 领域，不仅仅是优惠券单一品种，未来可能还有很多类型的凭证，例如，会员卡、代金券等。手机二维码 O2O 商务模式凭其技术简单、入口门槛低、价格便宜等优势，将吸引各行各业数以万计的个体消费者、产品和服务的全国性厂家和企业。生活服务领域与天然位置相关商务垂直化、本地化服务，更容易借助手机二维码 O2O 商务模式在激烈竞争中脱颖而出。

无论是二维码应用推广还是 O2O 商务模式应用，都经历了艰难的起步及不断探索的过程，直到两者结合，才步入应用爆发式发展阶段，究其原因，主要有以下几点。

（1）智能手机的普及

截至 2012 年第二季度，中国智能手机用户数达到 2.9 亿人，环比增长15.1%，智能终端正在由中国的高端消费群体转向中端消费群体，并且智能操作系统的推广，为层出不穷的 App 应用提供了开发创新平台。

（2）二维码具有天然优势

二维码容量大，可以处理多种类型的信息数据，且制作成本低廉，适合商家在多种场景下推广自己的商品。而且，二维码能够提供的信息的移动性、便捷性及全面性，是目前其他软件无法比拟的。

（3）O2O 模式的发展

O2O 未来的发展方向正是移动电子商务，二维码将人与人、人与物、物与物之间的联系变得更加迅速和直接，成为电商平台连接线上与线下的一个新通路。

二维码正在深刻影响并改变着人们的生活及企业和商家的营销方式。手机二维码技术的日趋成熟和普及，给移动电子商务带来新的契机。目前，通过手机二维码扫描软件扫描二维码获得产品信息已被广泛应用。它在从线下到线上的移动购物、手机应用程序的推广、二维码优惠券以及移动支付等方面，推动着我国移动商务的快速发展。只需一扫，就能进入购物网站，它提供了一个低成本、快捷的入口，提高了接入电商网站的速度；同时，二维码将线上与线下连接得更加紧密，将媒体间的转换和联系变得更加简单，为电商企业提供了新的营销方式。在这个过程中，它也改变了整个社会上人们的生活方式和消费习惯。

移动电子商务最大的特点是用户的移动性，这不但促使移动电子商务的应用要满足用户在任何时间、任何地点使用任何业务的需求，同时还要满足商家在任何时间、任何地点发布任何商品的需求。手机二维码使这种要求成为了可能。在移动电子商务到来的时代，只要把握好移动电子商务二维码应用价值链上的各个环节，并适时地予以推动，扬长避短，就会提升企业的核心竞争力。

尽管手机二维码的市场日趋成熟，但是手机二维码的应用仍然存在着一些问题。第一，码制标准的不统一。我国使用的码制各有优劣，版权分离，标准不一，识别设备和编码翻译软件存在兼容问题，应用推广比较困难，发展比较缓慢。第二，手机终端的支持能力不高。目前我国大多数手机上没有内置的二维码读取软件，用户需要额外下载，并且因为二维码的识别对手机摄像头的要求比较高，所以二维码的识别效果不一而同，有些手机还不能够准确地识别二维码。第三，用户习惯。很多用户对二维码的认知度不高，也没有养成使用手机识别二维码的习惯。

近几年，智能手机和平板电脑逐渐普及，许多互联网企业逐渐认识到了二维码的重要地位，二维码在 2012 年全面爆发。从报纸推出二维码延伸阅读开始，到刊物的实体宣传册、产品促销、团购优惠，再到互联网上视频媒体的二维码用户交互，尤其是在 2013 年跨年期间，各大卫视几乎同时在跨年晚会直播中推出了二维码扫描应用，加强了用户的互动。

下面我们就来详细看看几个手机二维码的应用实例。

（1）快拍二维码

2011 年 6 月左右，中国领先的 B2C 电子商务企业 1 号店，率先在广东、上海、北京地铁投入二维码虚拟商店，乘客在换乘地铁的时候，看中什么商品，只要用手机扫描商品下的二维码，经过手机在线支付，即可把要购买的物品通过物流送货上门。中国最大的电子商务平台淘宝网在所有的淘宝店铺商品页面也都添加了二维码，涉及淘宝上千万家店铺，通过使用"快拍二维码"扫描后，可以用手机直接登录店铺，进行下单购物，方便店主的线下宣传。

（2）手机条码支付（支付宝）

支付宝在 2011 年 7 月 1 日推出了能为小卖铺、便利店等微型商户提供收银服务的支付产品——手机条码支付，交易的过程如图 3-7 所示。

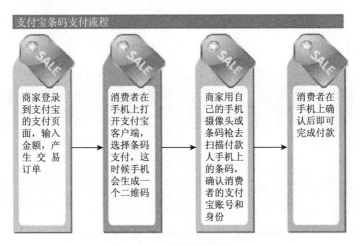

图 3-7　手机条码支付流程

手机二维码将纸质媒体、网站、户外广告等各种传统媒体联动起来，为手机与外部媒体之间的互动提供了一种方便、安全的途径。除了获取产品信息外，还可将线下推广活动与线上下单结合起来，实现 O2O 的移动购物活动，为消费者带来全新的消费体验。同时，二维码优惠券作为新型的商品促销方式，为商家节约了成本，也为用户提供了优惠活动。另外，二维码作为新型的移动支付方式，帮助小微商家实现了方便快捷的线下支付活动。随着3G/4G 网络的发展和移动终端的普及及性能的提升，手机二维码业务在移动商务上将有更大的应用。

3.3 二维码电子标签

3.3.1 主流电子标签简介

目前，比较流行的电子标签技术包括 RFID（Radio Frequency Identification，射频识别）技术、ZigBee（紫蜂）技术、NFC（Near Field Communication，近距离无线通信）技术和条码技术等。

1. RFID 技术

RFID 技术，即射频识别技术，又称无线射频识别技术，是一种通信技术，可通过无线电信号识别特定目标并读写相关数据，而无须识别系统与特定目标之间建立机械或光学接触。RFID 技术由应答器、阅读器和应用软件系统组成。目前，RFID 技术广泛应用在图书馆门禁系统、食品安全溯源等方面。

2. ZigBee 技术

ZigBee 技术，是一种短距离、低功耗的无线通信技术，主要适合用于家庭和楼宇网络、工业控制、商业、公共场所、农业控制和医疗等自动控制和远程控制领域，可以嵌入各种设备。

3. NFC 技术

NFC 技术，由非接触式射频识别（RFID）演变而来，其基础是 RFID 技术及互联技术。NFC 技术是一种短距高频的无线电技术，在单一芯片上结合感应式读卡器、感应式卡片和点对点的功能，能在短距离内与兼容设备进行识别和数据交换。目前这项技术在日、韩被广泛应用。

4. 条码技术

条码技术包括一维条码技术和二维条码技术。一维条码技术已经相当成熟，二维条码技术在日趋成熟和普及。条码技术广泛应用于商业、邮政、图书管理、仓储、工业生产过程控制、交通等领域。

一直以来，RFID 技术被认为是物联网的代名词，但是近几年来，RFID

技术从喧嚣走向冷静，二维码浮出水面。作为一维码的替代型技术，RFID 技术与二维码的博弈长期存在，两种不同的技术路线背后是不同的商业模式之争。与 RFID 技术相比，二维码的优势在于用户推广成本与更新成本较低，制作工艺相对简单，易于大面积部署等。

3.3.2　二维码电子标签

电子标签的最大特点是无须同物体接触便可自动识别物体，而且可以同时识别多个物体。同时，电子标签具有抗污染能力强、安全性高、信息存储容量大等诸多优点。二维码标签以标签为载体，利用二维码高密度编码、信息容量大、范围广、容错纠错、译码可靠性高、保密防伪性好及成本低、持久耐用等特性，将二维码与标签相结合，一旦被印刷，其中的信息就是固定的。标签类的二维码业务应用范围十分广泛，门槛也较低，目前广泛应用于网络资源下载、产品溯源应用、景点门票/火车票应用、车辆管理应用等，具有一套比较成熟的配套体系。

以食品溯源为例，食品生产源为食品分配溯源二维码，食品生产商与质量认证机构分别为每种食品录入详细信息、认证状况等，并与分配的二维码进行关联。消费者购买食品时，只需手机扫码或发短信，即可随时随地对产品认证状况等信息进行查询，并可及时举报虚假、错误信息。

随着智能手机的发展和移动电子商务的进步，二维码电子标签成为人机交互过程中线下到线上的桥梁之一，且被逐渐关注。根据线上的商务规则，通过编码手段将商品等信息编成一个二维码图形，在线下结合营销环境和手段，用户利用手机摄像头和二维码识别软件识别二维码，读取数据信息，就可以快速地实现线下到线上的互动。可以说，二维码无疑将成为未来人们生活中的另一个继门户网站、搜索引擎的重要"入口"。

3.4　二维码电子凭证

3.4.1　基于手机的电子凭证

虚实整合的 O2O 时代会使社会走向何处？现代人喜欢穿越，只是中国人喜欢穿越过去，而老外喜欢穿越未来。不管是穿越过去还是穿越未来，都符合"知其所来，方知其所在；知其所在，方知其所往"的道理。

就像生活在农业社会的人永远无法清晰描述工业社会情况一样，人们很难清晰描述 O2O 给未来社会带来的变化。O2O 的本源在于商务行为在虚实世界的互动，那么我们来展开承载商务行为的信息，这些信息在虚拟世界和真实世界一起被创造、被传递、被存储和被管理，这些记录商务行为（企业对企业，企业对政府，企业对个人，个人对个人等）的信息，我们叫作什么？凭证！在会计里称为原始凭证（相对于会计的记账凭证），原始凭证是在经济业务事项发生或者完成时填写的，用来证明经济业务事项已经发生或者完成，以明确经济责任并用作记账原始依据的一种凭证，它是进行会计核算的重要资料。

在以前，我们看到原始凭证很多都是纸质类的，随着互联网技术和智能手机的发展，人们商务行为中发生的原始凭证让智能手机来承载，已成为共识。目前，常见的基于手机的电子凭证有 3 种，分别是手机数字串、二维码和 NFC 方式。

数字串方式是最原始、最传统的电子凭证方式，通常采用短信的方式传递，短信内容中包含一串字符或数字。无论是发送方发送这种电子凭证到接收方，还是接收方使用电子凭证，都免不了烦琐的人工操作。并且，这一串数字很容易被人记住、复制和挪用，所以数字串方式的电子凭证既不方便，又存在着安全问题。

二维码电子凭证方式，是利用二维码作为电子凭证。二维码比数字串具有的容量大得多，容错率也强，且其内容不能被一眼识破，具有较高的安全性。当使用凭证时，也无须人工输入，只需轻轻一扫，就可以进行识别，方便快捷。手机二维码做电子凭证时，在识别之前，并不知道业务是怎样的，也就是说业务具有多样性，所以二维码电子凭证适合于多业务的电子凭证应用。

目前基于手机 NFC 的应用，多用于实际交易双方（线下商务的营业员和个人用户）已经知道是什么类型的业务的情况。其实质就是单一 ID 作为凭证和手机技术发展的结合。目前很多人看好 NFC，认为 NFC 的成本降低到和二维码一样，手机 NFC 方式取代手机二维码成为电子凭证的主流是有可能的。

作为承载到线下输出的电子凭证，应该符合以下 7 个特点：

（1）目前最好是基于手机；

（2）低成本数据通道传递；

（3）安全和标准；

（4）快速识别；

（5）商务多样性的平等；

（6）低成本生成；

（7）个人用户能够快速通过眼、耳、身三识感知。

基于此，我们总结出这3种技术手段符合凭证7个特点的强弱关系，如表3-2所示。

表3-2   三大电子凭证技术手段

	数字串	二维码	NFC
基于手机	实现	实现	实现
低成本数据通道	最强	强	一般
安全和标准	弱	强	强
快速识别	弱	强	最强
平等的多样性商务	弱	最强	一般
低成本生成	最强	强	弱
个人体验	弱	强	强

3.4.2 二维码电子凭证

线上到线下的输出论，就是常说的电子凭证。我们在实施基于电子凭证构建O2O业务的过程中，电子凭证的技术，实际上是支持数字串电子凭证、二维码电子凭证的，而识别电子凭证的设备，是支持数字串、二维码和NFC3种技术手段的。目前来说，作为电子凭证的发展，条码的应用已经走进了电子凭证的领域，二维码由于其方便、信息量大、安全、抗损毁，走进了大家的视线中，市场越来越多地选择了手机二维码作为电子凭证的主要技术手段。

随着信息化的进程，传统的纸质凭证，如纸质门票、优惠券、会员卡等已经不能满足人们的消费理念，人们对消费的便捷、效率、环保、时尚有了更高的要求，因此，电子凭证应时而生，而其中二维码电子凭证以其保密、便捷等特性受到人们的推崇。

二维码电子凭证将现代移动通信技术和二维码编码技术有机结合，把传统凭证的内容及持有者信息编码成为一个二维码图形，并通过短信、彩信等方式发送至用户的手机上，使用时，通过专用的读码设备对手机上显示的二维码图形进行识读验证。它最大的特点是唯一性和安全性，不仅节约了成本，更重要的是节省时间、提高效率、方便使用，同时还非常环保和时尚。

二维码电子凭证的流程如图3-8所示。

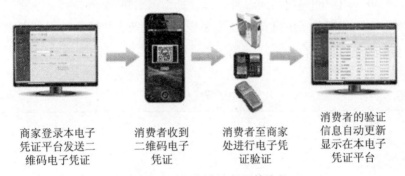

商家登录本电子   消费者收到   消费者至商家   消费者的验证
凭证平台发送二   二维码电子   处进行电子凭   信息自动更新
维码电子凭证   凭证   证验证   显示在本电子
                                            凭证平台

图3-8　二维码电子凭证的流程

二维码电子凭证广泛应用在电子支付凭证和个人身份鉴别两大业务领域，用作各种电子化票据、证据，如电子票（电影票、演出票、火车票、飞机票等）、电子优惠券、电子提货券、电子VIP、积分兑换凭证等。现在比较成熟的应用有电子票务、电子VIP、积分兑换、电子优惠券。

凭证类的二维码业务目前在国内已经发展了几年的时间，其应用范围也十分广泛，而且盈利模式已经得到市场的良好验证。在凭证类的二维码应用场景中，二维码主要用于替代产品或服务的使用凭证或者优惠凭证。以目前的团购为例，团购作为O2O模式的典型代表之一，也需要借助购物凭证的依托才能实现线下消费。尤其是当今生活服务类商品的团购比实物商品更受欢迎，实物商品可以通过物流实现，而生活服务类商品在线下消费的实现就必须依靠以二维码电子凭证为基础构建的O2O通道了。

3.5　手机二维码安全

随着智能手机的普及，眼下有这样一群人，他们有着一个新潮的名字——"扫码族"，不时地拿起手机随处拍摄，利用智能手机提供的条码扫描功能扫描着形形色色的二维条码，活跃于各大中城市的商场超市。外出吃饭，扫一下餐桌宣传纸上的二维码就可以获取店家的优惠信息或菜单详情；买一瓶饮料，扫一下瓶身上印有的二维码就可以加关注、参与抽奖活动……不知不觉，手机二维码电子标签业务已经渗透到人们的生活中了。当前二维码不仅被应用在车票、名片等日常生活中，在手机购物中也扮演重要角色。特别是在移动互联网时代，越来越多的线下商务机会与互联网结合在一起，二维码成为O2O的重要入口。这样的扫码活动让他们获取了很多生活乐趣。但是在大家享受便捷的同时，二维码信息被解码造成个人隐私泄露、财产损失的情况时有发生。二维码在为用户带来便利的同时，也存在信息安全方面的漏洞。

据腾讯移动安全实验室《2014年上半年手机安全报告》显示，二维码的病毒传播比例已达到9％，而2013年全年报告中二维码的病毒传播比例还只有7.42％。2013年上半年该渠道占比为6％，2012年全年只有3％，2年翻了3倍，呈现加速上升趋势。二维码传播病毒占比情况如图3-9所示。

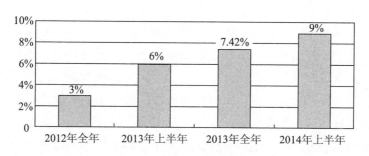

图3-9　二维码传播病毒占比

资料来源：腾讯移动安全实验室。

据央视财经报道，武汉一名网民在网购时，被店主告知可以扫描一个二维码领取100元红包。她扫描该二维码之后，并没有收到红包，而且支付宝长时间无法登录。等她再登录上支付宝的时候，发现余额宝中4万元已被转走。

浙江嘉兴汪女士在扫二维码时遭遇了陷阱。在淘宝交易过程中，对方发来一个二维码，称必须扫描二维码才能显示商品信息。汪女士没多想，用手机扫了一下，点了一下链接，可网页一直没有显示出来，再登录支付宝账户时，发现密码已被修改，随后，支付宝、余额宝中的18万元被对方转走。

福州市民周小姐是一位网购达人，以前她总是掏出手机，对着宣传海报一阵乱拍，最近却不敢了。原因正是这些宣传海报或广告上的小黑白方块，也就是二维码，让她的手机多次中毒，不仅丢失了手机内保存的资料，还泄露了个人信息，经常收到乱七八糟的短信与骚扰电话。

类似的案例层出不穷，二维码成了新的网络欺诈工具。二维码编制了大量数字信息，比通常的欺诈网站和软件更具有隐蔽性。而且，智能手机中人们的私密资料更多，与话费、账户的关联性比PC更紧密，因此，诈骗性的二维码带来的危害不容小觑。

　　手机二维码与手机菜单、搜索引擎并称为手机上网三大入口，方便用户上网获取信息，但同时安全性问题不容忽视。智能手机在网络连接通畅的情况下，只要用户扫描有问题的二维条形码，手机就会自动实现信息交换，用户无任何操作的情况下，手机会自行连接网络，打开用户通讯录，收集银行卡号、密码、照片视频等私密信息。所有操作基本都在后台运行，在用户不知情的情况下，通过网络源源不断地上传至指定服务器以供他人调取。

　　随着二维码应用的普及，致使如手机病毒、恶意程序、钓鱼网站等通过二维码扩散和传播的潜在风险也在加大。实际上，二维码本身是不带病毒的，它只是一个介质，一个编码。也就是说，二维码本身是一串文本，不会含有病毒、木马和恶意扣费软件。专门针对手机上网用户的诈骗手段，多是采用强制下载、安装应用软件方式来达到获取广告费、恶意扣费、强制产生流量费等以非法获取为目的的诈骗犯罪活动的。用户扫码后点击网址链接、下载App等都有可能中毒。一些网站可能有流氓插件，App可能是吸费木马病毒的伪装。这种病毒的传播模式，其实是PC互联网和移动互联网上的变种，只不过改头换面通过二维码这一载体表现出来。因为扫描来源不明的二维码而遭受经济损失的信息屡见报端，二维码技术已经成为手机病毒、钓鱼网站的传播新渠道。

　　此外，还有一点不能忽视，即有些二维码扫码软件是有问题的，当使用这个扫码软件时，病毒就会自动嵌入，由此看来，并不是所有的扫码软件都是可信的。

　　目前市场上关于二维码的制作软件层出不穷，软件生成二维码技术门槛低，不需要任何专业知识，在网上搜索一款二维码生成器，就可以按照自己的意愿制作二维码，人人皆可制作、印刷和发布。而且，与短信诈骗等不同，对于二维码，用户的熟悉性不足，警惕性也不高，用户非常容易遭到诱导。小小的正方形二维码已经遍布我们生活空间的每一个角落。理论上讲，如果二维码扫描后得到的是单纯文本信息，就一般不会中招，但如果解码后得到的是一条网址链接，或者运行程序，那么就要警惕了。一旦中毒，就可能泄露手机通讯录、银行卡号等一切与手机绑定的隐私，甚至被乱扣电话费。

　　很多人在分享安卓App的时候，常常会以QR Code（二维码的一种）的方式来分享。虽然QR Code读取方便，但是我们知道，二维码是以几何图形的形式存在的，其中涵盖的信息可以是一个应用下载链接、一个电子名片，也可以是一个图片，这也是其缺陷所在，二维码藏病毒，外观无法辨认，也就是人们无法直接阅读其中的信息，从而存在某些不法言论或不法网站的隐患。正是因为二维码的保密防伪能力强，才使得监管部门很难对二维码中包含的信息进行监管。

要实现二维码的安全应用，需要保证以下几点。

（1）可用性

可用性指的是二维码标签可以被授权者无障碍地使用，使用的过程应该能完成身份验证、访问控制等功能。

（2）机密性

保证二维码标签是被合法授权者使用，需要对敏感的、有价值的信息进行加密，这样即使数据被截获，接收者也无法得到实际的内容。

（3）完整性

条码在被解析时，解码者需要对条码数据进行检验，杜绝数据出现被删减、修改、伪造和乱序等错误，保证应用的安全。

可借助数字加密的安全机制来解决上述 3 个要求，运用数字加密技术建立起一套严密的身份认证系统，能够保证：信息除发送方和接收方外不被其他人窃取；信息在传输过程中不被篡改；发送方能够通过数字证书来确认接收方的身份；发送方对于自己的信息不能抵赖。

同时，公安机关应当严厉打击利用二维码犯罪的行为；信息技术管理部门也要加强应对，鼓励手机安全软件企业，完善恶意网址云端数据库，研发推广带有安全扫描技术的扫码软件，以遏制信息摘片等行为；出台二维码的使用标准，完善针对移动互联网安全的法律法规；对二维码企业资质、认证、备案等予以明确规定，促进这一行业的健康发展。

那么，手机用户应如何在享受二维码快捷便利的同时，防止因二维码造成的安全问题呢？

第一，广大手机用户不要见到二维码就扫，应该读取来自安全可靠渠道的二维码，对来历不明的二维码，特别是路边广告、电梯内广告、广告宣传单、不明网站的二维码，不要盲目扫描。

第二，通过使用可靠的手机管家的安全扫码功能或者二维码检测工具，可有效降低因扫描二维码感染病毒的概率，防止恶意网站的病毒入侵。同时，配合手机管家病毒查杀、钓鱼网站识别功能等，可以基本上彻底远离扫码风险，避免信息泄露，最大限度地保障资金账户安全。

4 O2O 与 LBS

智能移动终端的普及为移动电子商务的兴起奠定了基础，移动终端的迅猛普及和 3G/4G 网络的高速建设为移动互联网的发展做好了前期准备，而传统行业要想从线下走到线上最好的合作方式就是采用移动电子商务平台，也就是通过用户的移动终端完成交易，从线上的营销到线下的交易，智能移动终端都是最好的媒介。随着互联网的发展，传统的中小企业已经失去了原有优势，如何让传统企业能够享受互联网带来的巨大市场，是现在移动互联网平台需要解决的问题，而 O2O 平台的出现恰好能够为传统中小企业提供网上营销平台。

传统企业不同于网络公司，简单的网络营销不能够让实体企业得到明显的收益，实体企业必须充分利用 LBS（Location Based Service，基于位置的服务），才能够真正发掘有效用户，实现用户群的精准营销。LBS 的引入能够实现个性化的服务，使信息更加趣味化、生活化、精准化。O2O 与 LBS 的融合将是移动互联网的发展趋势。

4.1 LBS 定义

LBS 是通过电信移动运营商的无线电通信网络（如 GSM、CDMA）或外部定位方式（如 GPS）获取移动终端用户的位置信息（地理坐标或大地坐标），在 GIS（Geographic Information System，地理信息系统）平台的支持下，为用户提供相应服务的一种增值业务。

LBS 的应用模式近几年发展很快，大多数应用是通过移动智能终端来定位用户的地理位置，然后根据用户的地理位置为用户提供实时的个性化服务。目前主要的形式是在 LBS 应用上签到，然后检索自己需求的信息或者软件服务器通过计算进行个性化推荐。LBS 的好处就在于可以准确地把握用户的生活圈，能够充分利用用户的地理位置和消费习惯。

LBS 包括两层含义：一是确定移动设备或用户所在的地理位置；二是提

供与位置相关的各类信息服务，意指与定位相关的各类服务系统，简称"定位服务"，另外一种叫法为 MPS（Mobile Position Services），也被称为"移动定位服务"系统。例如，找到手机用户的当前地理位置，然后在上海市 6340平方千米范围内寻找手机用户当前位置处 1 千米范围内的宾馆、影院、图书馆、加油站等的名称和地址。LBS 就是要借助互联网或无线网络，在固定用户或移动用户之间，完成定位和服务两大功能。

　　总体上看，LBS 由移动通信网络和计算机网络结合而成，两个网络之间通过网关实现交互。移动终端通过移动通信网络发出请求，经过网关传递给LBS 服务平台；服务平台根据用户请求和用户当前位置进行处理，并将结果通过网关返回给用户。

4.1.1　LBS 系统的构成

　　一个完整的 LBS 系统通常由 4 个部分构成：定位系统、位置服务平台、移动互联网以及移动智能终端。其结构如图 4-1 所示。

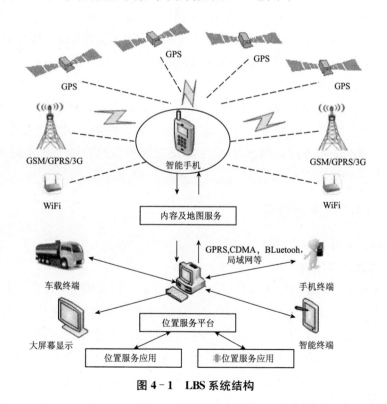

图 4-1　LBS 系统结构

1. 定位系统

定位系统包括 GPS 定位、A－GPS（辅助 GPS 技术）定位、基于 WiFi 热点定位、基于通信基站的网络定位等方式。空间定位技术是用来获取移动终端的位置信息（经纬度、速度、时间）的，是整个 LBS 系统能够实现的关键。定位平台在实际应用中将上面几种技术进行组合，实现混合定位，以弥补技术方面的不足。

2. 位置服务平台

位置服务平台负责与移动智能终端进行信息交互，与各个分中心（SP、CP 等服务于内容提供商）进行网络连接，完成信息分类、记录、转发以及监控中心同分中心之间业务信息的传输，提供各种基于 LBS 应用的地理信息分析服务，包括地图服务、路径搜索、POI 查询、公交线路、导航、位置监控、路况信息查询等。

3. 移动互联网

移动互联网提供用户呼叫与应答的信息能够实时准确地传送到服务中心的通道。通常可选用 GSM、CDMA、GPRS、CDPD、蓝牙、WiFi 技术、红外线通信、超短波无线电、卫星通信以及 3G 等无线通信手段，也可接入 Internet 网络，传输更大容量的数据或下载地图数据。

4. 移动智能终端

用户使用终端设备，智能手机、PDA、GPS 对讲机均可作为 LBS 的用户终端。这些终端要求有完善的图形显示能力、良好的通信端口、友好的用户界面、完善的输入方式，因此，PDA 以及某些型号的智能手机将成为个人 LBS 终端的首选。

4.1.2 LBS 的业务特点

LBS 的业务特点主要如下。

1. 要求覆盖率高

一方面，要求覆盖的范围足够大；另一方面，要求覆盖的范围包括室内。用户大部分时间是在室内使用该功能，从高层建筑到地下设施，必须保证覆盖到每个角落。根据覆盖率的范围，可以分为 3 种覆盖率的定位服务：覆盖整个本地网、覆盖部分本地网和提供漫游网络服务。除了考虑覆盖率外，网络结构和动态变化的环境因素也可能使一个电信运营商无法保证在本地网络或漫游网络中的服务。

2. 定位精度依用户需求不同而不同

手机定位应该根据用户服务需求的不同提供不同的精度服务，并可以提供给用户选择精度的权利。例如，美国 FCC（Federal Communications Commission，美国联邦通讯委员会）推出的定位精度在 50 米以内的概率为 67%，定位精度在 150 米以内的概率为 95%。定位精度一方面与采用的定位技术有关，另外还取决于提供业务的外部环境，包括无线电传播环境、基站的密度和地理位置以及定位所用的设备等。

移动位置服务被认为是继短信之后的"杀手级"业务之一，有着巨大的市场规模和良好的盈利前景，但实际进展比较缓慢。随着产业链的完善，移动位置和位置服务市场有望日益壮大。自 2008 年开始，全球 LBS 运营市场开始加速成长，在开展业务的同时要非常注意业务和网络性能的平衡点，应该在保障网络性能的同时尽最大可能地保证业务的开展。

LBS 对网络数据传输能力要求较高，二代移动网络数据传输能力较低，因此其所能提供的定位服务类型也受到限制。3G 和 4G 系统在数据传输能力方面比 2G 系统有很大提高，为向用户提供更丰富的信息提供了网络带宽的保证，使一些信息量较大的定位业务通过无线网络实现成为可能。随着 4G 网络建设的不断扩大和完善，LBS 业务必将得到快速的发展。

4.2 LBS 市场细分

将 LBS 与 O2O 平台模式结合到一起，是实体企业尤其是中小企业最好的商业模式，首先，LBS 可以为用户定位商圈，所以商家能够通过数据库获取自己的有效用户，同时商家能够通过数据挖掘发现潜在用户，这样能够更加精准地定位自己的客户群，更加有效地做营销，这就充分体现了实体商家的优势，能够为用户提供体验。LBS 的市场又可细分为四大模式：传统应用、社交分享、生活服务和娱乐休闲。

4.2.1 传统应用

主要功能就是地图查询与导航，实现了人们最基本的 LBS 服务需求，那就是"我在哪？我要去哪？怎么走"。

中国 LBS 市场如图 4-2 所示。

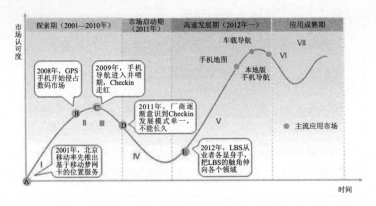

图 4-2　中国 LBS 市场

中国 LBS 市场原本早已迈入成熟期，但由于 2014 年的免费政策，开始面临商业模式的考验，市场呈现颓势。以往的本地版导航属离线应用，盈利方式为用户下载付费以及终端厂商预装付费，然而免费之后需重构商业模式：从产品定位层面，未来本地版手机导航市场将由工具型应用向车主生活服务提供平台演进，并且手机导航与手机地图将实现无缝对接，因为移动互联网内容及服务走向云端是必然趋势；从业务层面，其市场机会将与手机地图一样，即为用户提供增值服务，在产品中融入汽车相关服务，比如汽车美容、洗车、保险等，这样除了要在线上开发相应模块或开放接口外，还需要与线下商家建立商务联系；从盈利模式层面，导航免费使得该市场一年上亿元的收入凭空消失，商业模式也不得不从零开始，未来手机导航也将实现平台化，通过为商家提供营销服务甚至服务分成等方式获利。

车载导航市场的发展主要依赖于汽车制造业，各地限购令以及季节性波动对乘用车销量会造成一定影响，而未来车载导航市场的增长主要在于装配率的提升以及车联网的发展。目前各汽车厂商越来越注重汽车电子信息系统的发展与搭建，作为可为车主提供便捷、智能出行服务的重要工具，车载导航将成为车联网时代汽车的标配功能之一，同时，一站式汽车体验消费将成为一种趋势。整体来说，目前已处于发展成熟期的车载导航市场仍然前景广阔，即将迎来又一发展高潮。

手机地图仍处于高速发展阶段，2013 年手机地图市场规模增长迅猛，在大众生活服务方面得到用户广泛认可，这得益于网民的出行及生活社交习惯的改变和需求，使得手机地图成为基于 LBS 的 O2O 领域的最基本的应用工具，导致互联网厂商和互联网巨头纷纷对手机地图加大投入。

4.2.2　社交分享

社交分享主要以签到、SNS（Social Networking Services，社会性网络服务）为主。

签到模式主要是以 Foursquare 为主，Foursquare 是一家基于用户地理位置信息（LBS）的手机服务网站，它鼓励手机用户同他人分享自己当前所在的地理位置等信息。一些国外同类服务有 Gowalla 等，而国内则有嘀咕、玩转四方、街旁、开开点评等几十家。

签到应用如图 4-3 所示。

图 4-3　签到应用

该模式的基本特点如下。

（1）用户需要主动签到，以记录自己所在的位置。

（2）通过积分、勋章以及领主等荣誉激励用户签到，满足用户的虚荣心。

（3）通过与商家合作，对获得的特定积分或勋章的用户提供优惠或折扣的奖励，同时也是对商家品牌的营销。

（4）通过绑定用户的其他社会化工具，以同步分享用户的地理位置信息。

（5）通过鼓励用户对地点（商店、餐厅等）进行评价，以产生优质内容。

该模式的最大挑战在于要培养用户每到一个地点就会签到的习惯。而它的商业模式也是比较明显的，可以很好地为商户或品牌进行各种形式的营销与推广。

SNS，即社会性网络服务，专指帮助人们建立社会性网络的互联网应用服务。社会性网络服务是一个平台，旨在建立人与人之间的社会网络或社会关系的连接。例如，利益共享、活动、背景或现实生活中的连接。一个社会性网络服务，包括表示每个用户（通常是一个配置文件）的社会联系和各种附加服务。大多数社会性网络服务是基于网络的在线社区服务，并提供用户在互联网互动的手段，如电子邮件和即时消息。有时被认为是一个社交网络服务，但在更广泛的意义上，社会性网络服务通常是指以个人为中心的服务，并以网上社区服务组为中心。社交网站允许用户在他们的网络共享他们的想法、图片、文章、活动、事件等。2013 年皮尤研究中心（Pew Research Center）的调查发现，73％的美国成年人使用社交网络服务。

　　微信是 SNS＋的代表应用，一对一的互动交流方式具有良好的互动性，精准推送信息的同时更能形成一种朋友关系。基于微信的种种优势，借助微信平台开展客户服务营销也成为继微博之后的又一新兴营销渠道。微信丰富的功能当中最能体现网络营销价值的便是融入 LBS 元素的服务。LBS 精准定位作用对于某些行业在投放促销消息时可谓事半功倍，且效果奇妙。

4.2.3　生活服务

　　生活服务类包括团购优惠、美食、电影、旅行和健康等，满足了人们日常生活的需要。

1. 周边生活服务的搜索

　　以点评网或者生活信息类网站与地理位置服务相结合的模式，代表有大众点评网、台湾的折扣王等。主要体验在于工具性的实用特质，问题在于信息量的积累和覆盖面需要比较广泛。基于 LBS 的团购应用如图 4－4 所示。

图 4－4　基于 LBS 的团购应用

2. 与旅游的结合

旅游具有明显的移动特性和地理属性，网友可通过 LBS 应用分享旅游攻略、旅游心得，并能够上传旅游景区图片，以及进行旅游景区签到，分享攻略和心得体现了一定的社交性质。LBS 旅游模式如图 4－5 所示。

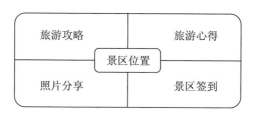

图 4－5　LBS 旅游模式

3. 会员卡与票务模式

该模式实现一卡制，捆绑多种会员卡的信息，同时电子化的会员卡能记录消费习惯和信息，能充分地使用户感受到简捷的形式和大量的优惠信息的聚合。代表是国内的"Mokard（么卡）"及票务类型的 Eventbee。这些移动互联网化的应用正在慢慢渗透到生活服务的方方面面，使我们的生活更加便利与时尚。

4.2.4　娱乐休闲

主要包括打着游戏旗号的社交模式和基于真实位置的游戏模式。

社交游戏是一种运行在 SNS 社区内，通过趣味性游戏方式增强人与人之间社交游戏交流的互动网络软件。说起社交游戏，很多网民似乎会感觉很陌生。但如果说到"偷菜"，几乎家喻户晓。在 2009 年，"种菜""偷菜"等在网上大行其道，而上网"偷菜"更是让很多网民"夜不能寐"。众多网民的参与使得社交游戏在这一年获得了极大的发展。

随着互联网的普及，社交游戏也慢慢走进了人们的网络生活，社交网络中的社交游戏更重视人与人之间的互动。经典的棋牌游戏在互联网上被快速地普及，在互联网发展初期已经形成了相当大的市场规模。社交游戏的成长加速了社交网络的规模化，虚拟礼品、虚拟宠物、恶搞、投票等在社交网络上得到快速的普及。

基于真实位置的游戏模式的发展还处在初期，比较经典的就是 Google（谷歌）的口袋妖怪。趁着愚人节的大好时机，Google 推出了捕捉口袋妖怪的节目！用户只需一部安装了 Google 地图的手机，就可以行走各地捕获各种精灵了！用户进入相应功能后，即可使用虚拟现实技术，在 Google 地图标注的地点捕获精灵，如图 4-6 所示。

图 4-6 基于真实位置的口袋妖怪游戏

随着市场的不断发展，国内行业领域的 LBS 得到了一定的发展，逐渐涌现出越来越多的服务提供商。在某些领域，服务商服务品质和服务水平参差不齐，且产品服务同质化严重，这就导致市场竞争恶化，市场服务水平不高严重影响消费者对行业产品的信任和再次消费热情。随着新一轮市场发展机遇的到来，行业市场的发展速度将不断提高，市场整合力度加大，市场细分不再那么明显，彼此直接相互促进，最终为市场推出的产品服务将更具价值。

4.3 LBS 产业链

一般来说，互联网产业的主要收入是广告服务，服务商在考虑向个人用户收费时都会慎之又慎，因为盈利的基础是流量，而流量的贡献者是普通个人用户。可以想见，移动互联网服务提供商也必须走这个路线。目前，整个行业的盈利模式还在探索中，但主要收入来自以下几个方面。

1. 商户服务

这是针对签约商户的有偿服务。主要包括两类：①消费返点，当用户通过 LBS 平台签到、预订产品或服务并发生线下的消费行为之后，商户根据双方事先的商定，向服务提供商返点；②商户在 LBS 平台上发布广告、优惠券信息等，向 LBS 服务提供商支付费用。

2. 品牌页面

这也是互联网服务提供商最常用的盈利模式。首先是在移动互联网页面位置的品牌广告展示；其次是徽章广告，这个可以作为彰显个性化的例子，百事、可口可乐等国际性饮品生产商都曾采取这种方式进行营销。

3. 用户的增值服务

正如之前提到的，这是服务提供商最谨慎思考的模式，因为它涉及的是前向收费，这和互联网所倡导的后向收费是相悖的。比较现实和可行的方向是在 LBS 的游戏方面实现该项收费。比如，对装备的收费，就像网络游戏所做的那样。

针对商户服务的收费将是 LBS 服务提供商的主要收入来源，但是在目前的阶段，针对商户的收费还处于起步阶段，并没有对 LBS 服务提供商形成坚固支撑。

市场上绝大部分 LBS 服务提供商都处于亏损状态。究其原因，线下的转化率还比较低。为了克服这个问题，LBS 服务提供商需要在数据挖掘上做更多工作，可以将用户签到的具体信息，比如说每天签到了多少次，什么时候来到这个地方等，提供给商户。后者可以根据这些数据，进行分析，并对自己的经营模式进行更好的规划，以实现更好的有针对性的服务。

LBS 民用领域发展的鼻祖 Foursquare 也在盈利模式上做了很多比较成功的尝试。例如，对以前免费向商家提供的本地化广告服务以及实时分析工具进行收费。

针对 LBS 产业链，基础定位服务在行业应用领域仍有不错的前景，但在个人领域，定位服务免费是大势所趋。商业模式的变化对电子地图企业和 GIS 服务企业来说是机会也是挑战，部分企业转型或不可避免。在个人服务领域，LBS 增值服务的机会在于和社区、游戏以及电子商务的结合。专注的移动互联网企业和大型互联网公司均有发展机会。LBS 应用平台之争将在运营商、互联网企业以及终端企业之间展开。

日本是目前手机 LBS 服务开展最好的国家之一，其 2008 年的 LBS 市场规模达 20 亿美元。美国的 E911 紧急定位业务已经覆盖了 90％以上的手机用户。而目前我国手机 LBS 在移动用户中的渗透率还比较低，根据 In - Stat（全球著名的行业研究机构）的统计不到 4％，主要原因包括以下方面。用户对 LBS 业务了解程度不够，对个人隐私问题有担心；POI（Point of Interest）地理信息尚不完善，能够为用户提供的服务程度不高；GPS 手机的成本决定了价格较高，市场普及率较低等。

虽然国内的手机 LBS 业务尚处于发展初期，但根据 CCID 预测，手机 LBS 的用户数和市场规模在未来 3 年会保持 50％以上的年增长率。中国手机 LBS 的发展将主要受以下因素推动。

1. 用户对 LBS 业务的需求增加

在城市规模扩大和交通路线延长的背景下，人们驾车出行或者搭乘公交/地铁时对定位/导航的需求不断增长。更重要的是，基于 LBS 的社交、电子商务、游戏等增值服务层出不穷，这让广告商、商家和用户有了更多使用 LBS 的理由。

2. LBS 的使用成本降低

免费导航地图（如 Google/百度地图）和内置 GPS 芯片的智能手机价格下调（低至千元左右），使得搭载电子地图的 GPS 手机出货量和普及率不断提高。

3. 定位技术/设备上的进步

4G 网络的高精度定位技术 A‑GPS，还有基于 WiFi、小区 ID 的定位等方法得到广泛应用；手机上采用的新装置也使得 LBS 可应用的场景得以增加，如 iPhone 上的陀螺仪。

LBS 产业链上游包括的电子地图、GNSS（Global Navigation Satellite System，全球导航卫星系统）定位芯片厂商，中游包括的地理信息系统（GIS）软件厂商，它们共同向下游的 LBS 应用提供服务。手机 LBS 产业链如图 4‑7 所示。

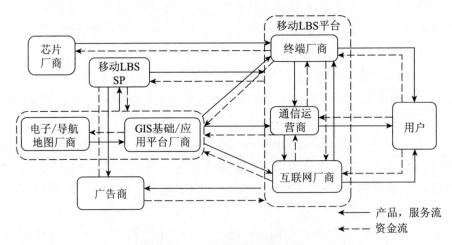

图 4‑7　手机 LBS 产业链

（1）电子地图厂商享受政策优势

据赛迪顾问统计，2014年中国卫星导航产业规模为1827.6亿元，同比增长15.8%。国内GNSS芯片发展将依托于北斗系统。目前GPS芯片的使用范围最为广泛，但生产企业主要来自国外，出于国家安全考虑，我国自主研发的北斗二代定位系统已正式投入使用。因此，基于北斗系统的芯片将是国内芯片厂商长期发展的保证。例如，北斗星通正在开发的北斗＋GPS的双模芯片。但短期内北斗芯片还很难取代GPS的市场地位。

LBS应用平台的发展需要包括运营商、终端厂商和互联网厂商在内的各方形成合力，关键是要理清各自的业务边界。

（2）运营商

优势在于：①对LBS产业链的整合能力比较强；②有能力提供精确和完备的定位平台，并在行业应用领域有相当的积累。劣势在于：①面向个人用户LBS服务的前向收费模式受到免费模式的挑战；②缺少业务创新和个性化产品开发能力。运营商应当将重点放在基础定位平台，向更多的行业应用提供服务。

（3）终端厂商

以Apple为代表的终端厂商推出免费LBS服务的主要目的是吸引用户在应用商店下载更多其他应用。优势在于：①免费提供74个国家/地区的地图及导航服务；②Apple占国内手机市场份额最高（30%以上）。劣势在于：用户覆盖太窄，仅支持Apple自己的几款机型。终端厂商应当将重点放在提高终端对电子地图、导航软件的适配能力上。

（4）互联网厂商

优势在于：①LBS服务对用户免费，广告盈利模式比较成熟；②强大的业务创新能力有助于其从基础的LBS服务向增值LBS服务拓展，如LBS＋SNS＋GAME＋E-Commerce；③获得手机地图业务开展资质。互联网厂商的重点是提升本土化增值业务创新能力和拓展更丰富的盈利模式。

4.4 LBS商业模式

4.4.1 国外流行的LBS服务

目前，国外流行的LBS服务有五大类。

1. 以 Latitude 为代表的纯位置信息分享模式

Google 的 LBS 应用谷歌纵横（Google Latitude）于 2009 年 2 月推出，提供和熟人、好友之间的地理位置信息以及相关服务的分享。Google Latitude 可以在手机后台自动执行，系统每隔几分钟自动记录用户所在的地理位置，及时通过手机告知系统自己当前所在的位置，并可以在网页端查看，同时用户还可以随时查看好友上报的所在位置，查询历史位置信息等。

2. 以 Foursquare 为代表的签到模式

作为 LBS 商用的开辟者，Foursquare 提供结合签到模式的地理位置应用，这也是目前的主流应用，国内的街旁、玩转四方、冒泡等都是效仿 Foursquare 而来。

3. 以 MyTown 为代表的"签到＋网游"模式

通过社交游戏的方式，将虚拟和现实有机结合，带给用户不同的体验，是现实版的"大富翁"。游戏主人公来到某个地方，可以花钱买下这个地方，别人再来，需要向你付费，一切都可花钱买到。

4. 以 GroupTabs 为代表的"签到＋团购"模式

将地理位置与团购网整合在一起，基本的玩法是，客户去一些本地的签约商家，比如一间餐厅，到达后使用带 GroupTabs 的手机应用进行签到。当签到的数量达到一定级别后，所有进行过签到的用户就可以共同得到一定的折扣，比如 10 元钱一盘的菜品。

5. 以 Getyowa 和 Ping 4 为代表的推送服务

实现基于地理位置信息的精准商业消费信息推动。2013 年，Ping 4 获得了 400 万美元的风险投资。

4.4.2　国内市场的 LBS 商业模式

在中国市场的 LBS 商业模式，可以分为以下几类。

1. 签到

这是较为普遍的 LBS 服务模式。签到的意思是指用户将自己的位置告知其他使用者，一方面能和其他用户形成即时互动；另一方面能对活动本身或者商家起到推广作用。

现阶段，LBS 服务提供商还能够在用户签到后向用户发送附近位置的相关信息。

这类模式可以细分为以下两类。

（1）交际活动、推广活动签到

这类签到活动包括音乐会、品牌推广、公益活动等。用户之间可以形成很好的交流互动，同时，能大大提高活动本身的关注度。

（2）商家优惠活动签到

这种签到的目的是借助 LBS 平台快速聚集消费者，而平台提供商也能够借助活动与商家分享收益，实现商家、用户和 LBS 服务提供商的共赢。国外的代表是 Foursquare，另外还有包括 MyTown、WhiTl（2011 年 4 月 9 日被 Groupon 收购）等在内的同类服务提供商。国内的典型服务提供商有街旁、玩转四方、在哪等。

2. LBS＋SNS

基于 LBS 位置信息的纯粹交友服务。

国内的典型代表是 2009 年 11 月推出的兜兜友。该服务基于实时位置，实现用户之间的邂逅、即时分享、即时聊天等。用户可以即时查找位置周边的朋友，查看其个人信息和位置，加为好友后进行即时互动。2010 年年底人人网推出的"人人报到"和盛大推出的"切客"也一样是提供基于位置的交友服务的。

3. LBS＋游戏

这类服务提供商主要基于位置信息向用户提供在线游戏功能。

国外的标志性公司是成立于 2007 年的 Gowalla（已经于 2011 年 12 月 6 日并入 Facebook）。在该模式中，用户能够体验一种类似于"寻宝"的乐趣。用户可以随时随地收集各种虚拟"道具"，并可以选择在任何地点"丢弃"。这样，当其他登录用户经过该地点时，则会找到被丢弃的道具。国内则是 16 Fun。这是一款基于地理位置的社群游戏。用户可以通过虚拟报到、消费、买卖房产等游戏方式与在现实生活中的商家、热门地点、好友进行互动。

4. LBS＋信息服务

这类服务提供商以向用户提供门类齐全的生活服务信息为主。生活服务信息囊括用户生活中可能涉及的所有方面，包括交通、旅游、购物、餐饮、娱乐及公共事务等。典型代表包括大众点评网、爱帮网、百度身边等。在本质上来说，这类服务满足了互联网用户信息查询和获取的需求，属于 LBS 服务的基础类型。

5. LBS＋团购

在这个模式下，通过 LBS 签到的用户将能够享受和团购用户一样的消费优惠。传统团购发展到今天，已经是完全竞争的市场，服务商引入 LBS 是必然的趋势。美国的 GroupTabs 用户到服务提供商签约商家签到。当用户签到数量累积到一定规模后，所有签到过的用户都能得到一定的折扣或优惠。国内传统团购服务商也陆续推出 LBS 团购。拉手网在传统团购的基础上，于2010 年下半年推出了基于位置签到的团购服务，并在 2011 年 6 月对 LBS 服务进行了升级，推出了能自动定位的"拉手秒杀"，主要针对移动终端，适用于 ios 以及安卓系统。用户打开"拉手秒杀"软件后，系统会自动定位用户所处的地理位置，即时显示周边正在参与秒杀的商家。这些商家不单提供午餐服务，而是包含吃、喝、玩、乐各个方面。另一家团购网站糯米网也在 2011年 6 月上线 LBS 团购。包括美团、58 团购在内的其他团购网站也已经推出了LBS 团购服务。

6. LBS 服务推送

该模式是目前阶段 LBS 商业模式中盈利模式较为清晰的一种。LBS 服务提供商可以和商家共同分享收益。美国的 Getyowza 是目前最为成功的服务推送提供商，为用户提供基于地理位置的优惠信息推送服务。用户使用时，可以选择推送距离，查看距离范围内的商家优惠信息，同时，也可以收藏喜欢的商家。在 2013 年获得融资的 Ping 4 目前在苹果的在线商店中也表现抢眼。商家、政府机构、学校都可以通过 Ping 4 向特定区域投放消息，以实现精准营销。

7. LBS＋O2O

严格来讲，团购就是 O2O 模式的一个范例。将其单列，是因为 O2O 已经广泛渗透入移动互联领域，同样也是 LBS 发展的重要方向。

必须指出的是，除了以上领域外，LBS 还可以与其他许多领域结合，例如，LBS 儿童及老人定位、LBS＋点评等，LBS 服务提供商必须不断地思考业务创新举措及商业模式。

4.5 基于 LBS 的 O2O 典型平台分析——手机地图

地图是互联网上最早提供的信息服务之一，与人们的生活息息相关，也一直是搜索巨头的标配。例如，谷歌有谷歌地图，百度有百度地图，搜狗有搜狗地图。但过去的这些年，互联网地图厂商并未赚到真金白银，反而一直处于盈利探索的阶段。

　　如今移动互联网爆发式发展，地图服务的移动化使得地图厂商终于看到了盈利的希望。地图厂商们纷纷布局O2O，希望借助O2O模式，实现互联网地图的规模化盈利之路。手机地图业务快速发展，用户智能手机通过3G/4G等网络或者客户端软件方式，查找自己、好友的位置信息，查询周边信息，规划交通路线和休闲娱乐。

　　地图导航的产业链如图4-8所示。

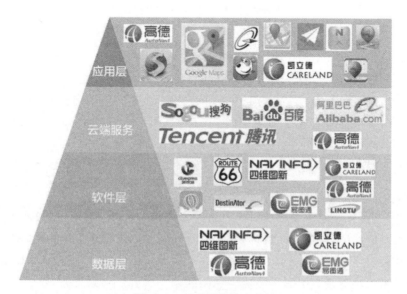

图4-8　地图导航的产业链

　　手机地图具有以下特点。

　　（1）覆盖面广

　　在全国各地的主要城市都可以使用。

　　（2）交通服务

　　通过手机地图可以了解全国各大城市的位置情况，并获得到达目的地的路线图、交通状况、路线选择等信息。

　　（3）查询广泛

　　可以通过手机地图随时查询到自己所处的位置和好友的位置，附近的餐饮娱乐、加油站、移动营业点、停车场等场所信息。

　　手机地图的这些特点促使它成为基于LBS最理想的O2O平台。目前国内份额最大的手机地图包括百度地图、高德地图和腾讯地图。

4.5.1　百度地图：与搜索、应用分发和本地生活服务齐平的入口

百度地图在各个图层上已经有不少积累，其将底图数据收集的工作交给第三方来做，如四维图新和灵图，自身专注于 POI 数据的收集，例如，鼓励连锁店和中小企业去百度地图标注。百度已拥有超过 500 万家商户信息。

作为在移动端重点部署的产品，百度地图自然获得不少资源支持，已积攒 2 亿个用户。在对用户的吸引上，百度并没有模仿谷歌一步步推出地球、月球、火星、星空、街景甚至宇宙等"酷"产品，而是将实用性功能一步步做精，例如，极度依赖算法的路径规划。

在开放策略上，百度地图拥有超过十五大类免费 API，涵盖定位、搜索、数据和地图 4 个方面，在室内定位、3D 全景上也有一些前沿探索。作为百度开放平台的一部分，百度地图 API 可以与其他百度云如 BAE（百度应用引擎）、云存储、移动云等结合，已经吸引近 40 万名开发者。开发者作为实体企业与互联网的中间角色，帮助百度收集了更丰富的数据。百度迁徙能够成功，正是得益于百度地图贡献的 LBS 数据。

2014 年 1 月 24 日，百度和人人公司签署协议，根据协议，百度将收购人人所持有的全部糯米网股份，交易完成后百度将成为糯米网的单一全资大股东。2014 年 3 月 6 日，糯米网更名为百度糯米，是百度三大 O2O 产品之一。百度糯米汇集美食、电影、酒店、休闲娱乐、旅游、到家服务等众多生活服务的相关产品，并先后接入百度外卖、去哪儿网资源，一站式解决吃、喝、玩、乐相关的所有问题，逐渐完善了百度糯米 O2O 的生态布局。百度导航免费剑指高德，可以看出其正在 O2O 领域进行重点布局。百度地图已经成为与搜索、应用分发齐平的本地生活服务入口，在用户数、市场份额等指标上已经呈现领先趋势。

当然，百度地图只是打好了基础，在本地生活服务方面百度还有很多事情要做，例如，移动支付。百度高调进入互联网金融，就是为了做支付。

4.5.2　高德地图：互联网自我革命待续，与阿里整合空间极大

纳斯达克上市公司高德地图作为老牌地图运营商，与四维图新一起占据了中国 90% 的地图数据市场，数据也是其核心资产。起步于企业市场的高德在企业地图数据服务、定位服务及车载导航市场均具备显著优势。

相比四维图新等更老牌的地图公司，高德地图是较早觉悟并拥抱移动互

联网的。在 2010 年第四季度高德便决定向普通消费者转型，2011 年便推出免费版高德地图。

一方面，因为高德在 2010 年上市，其依赖的企业市场如车载导航当时并不景气，高德需要寻找新的增长点；另一方面，移动互联网对传统行业的侵袭显而易见，几年后的导航免费战便是佐证。

高德在普通消费者市场取得不菲成绩。除了面向普通消费者的产品如高德导航后期成为其重要收入来源外，易观国际统计数据显示，2013 年第一季度，高德地图占据中国手机客户端市场 29.8％的份额，位居第一。此外，根据高德公布的截至 3 月 31 日的 2013 财年第一季度财报，高德软件的免费移动地图应用的用户总数达到了 1.61 亿人，每月活跃用户超过 5600 万人。

更能证明其价值的莫过于三大中国互联网巨头之一的阿里巴巴在 2013 年 5 月对其控股后，干脆全资收购它。如果高德只做面向企业的市场，恐怕永远不会成为阿里收购的对象。阿里给高德带来的不仅仅是现金和 50％的溢价，更带来资源和未来，阿里控股可以加快它的互联网转型，并且成为阿里在移动端不可或缺的一环。

在移动端，本地生活服务是阿里的重点。此前阿里已投资丁丁地图、美团网、陌陌、快的打车和新浪微博等 O2O 相关产品，自己还有聚划算、口碑网等本地生活服务产品，现在还搞了一个卖菜的"淘点点"，但所有这些都缺少一个有效的整合点。而最合适的莫过于地图。在阿里入股高德后，"双十一"线下促销，阿里的本地化、移动化战略实施，高德地图均起到了一定的作用。高德与新浪微博、陌陌、美团、聚划算中任何一个产品，或者几个产品之间均存在具备想象力的整合空间。

4.5.3　腾讯：地图和支付奋起直追，最大变数

腾讯与高德还有不小的渊源，2010 年腾讯推出的搜搜地图数据便使用了高德地图。已经成为历史的搜搜没做起来，搜搜地图的份额也很低迷。

搜搜街景一度是腾讯地图的重点。马化腾曾经说过街景服务也将开放给开发者。搜搜街景 SLOGAN 为"足不出户看天下"，这显然已经无法满足移动互联网时代的需求。"走出去，移动起来"才是地图的未来。

搜搜与搜狗合并内容不包括地图业务，地图成为腾讯 MIG（移动业务事业群）的重点业务。现在阿里收购高德后，地图地位恐怕还得提升。腾讯移动端商业化两条腿走路，线上是游戏和广告，线下则是本地生活服务。而

O2O 的左手和右手分别是地图和支付。苹果、Google、百度和阿里都有自己的地图和钱包业务。

微信 5.0 商业化起步，推出了微信支付。一些公众号在收到用户位置信息后便可推送周边门店。微信还与深圳天虹商场合作，入股华南城开展商超 O2O 探索。腾讯其他部门还有微生活、微购物等。在本地生活服务方面不可谓布局不全，微信支付用新年红包等方式取得的不俗成绩显示了移动社交的威力。

腾讯地图除了需丰富底层和 POI 层数据外，还要利用社交优势充实最上层 LBS 应用数据建设，例如，照片分享、签到、位置微博等。微信目前已经推出的"微信路况"，便是一种社会化的地图数据。在对开发者的吸引上，腾讯云已经推出并开始发力，后期地图 API 可能会成为其一部分。

上面国内份额最大的 3 家手机地图厂商虽然都占有一定份额，但在盈利模式上依然在探索，不过很明显的是，做 LBS 肯定是重中之重，百度如今已经明确了移动互联网的产品重心，支撑整个 LBS 业务的百度手机地图就是其中之一。不过，地图厂商们想要打开盈利之门至少需要再过 3 道关。

1. "日活跃率"关

众所周知，受限于屏幕和流量，目前除了游戏、娱乐类 App 外，其他 App 产品在手机上的打开频率并不高。地图 App 作为一款介于刚性与非刚性需求之间的产品，目前来看，用户的打开率并不高。尽管高德地图和百度地图都声称装机量过亿，但两者却从未公布过日活跃的数据。来自高德软件 2012 年第三季度的财报数据显示，高德软件的免费地图移动应用拥有 8500 万用户，月活跃用户超过 4500 万，简单换算一下，即高德地图的日活跃仅为 150 万，日活跃率仅为 1.8％。这个活跃度要远低于其他刚性应用，如微信日活跃率能达到 20％以上，新浪微博的日活跃率能达到 10％左右。

显而易见，地图 App 虽然已经作为智能手机的标配成功占领用户的桌面，但如果地图 App 想作为手机上一个重要的 O2O 入口，最大的瓶颈在于如何提升日活跃率。因为目前阶段用户并没有形成通过手机地图获得生活周边信息并线上购买的习惯，大多时候地图在网民手中的作用还仅仅停留在找地点和查路线以及导航等地图的基础运用上。因此，作为一个 O2O 的入口，地图厂商还需要一段时间对用户进行教育，地图 O2O 市场尚待培育。

不过，诸如高德地图、百度地图、搜狗地图等一线地图厂商，显然已经开始在提高用户黏性上发力。据了解，各个地图厂商已经对 KPI 的指标进行了重新划分，告别了原来只重安装数不重活跃度的野蛮生长模式。据透露，搜狗地图在2013年年初就已经将活跃度作为第一重要的运营考核指标。而其他如高德地图和百度地图，在战略上也非常明确，其大做广告提升品牌知名度的背后也是希望能够提升地图活跃度。

2. 数据关

地图数据是地图服务的命脉所在，一切服务都建立在数据上。因此，一流的地图服务首先必须有真实和可靠的数据，其次还要精准、丰富、翔实。谁能提供一流的地图数据，谁就能占领先机。这里说的地图数据绝不仅仅是原始的数据供应商提供的数据，地图数据基本上每个互联网地图厂商都是一样的。最重要的差距在地图数据优化和UGC（User Generated Content，用户原创内容）数据的采集应用上。

显然，地图摆脱单纯工具的属性，转化为生活服务平台后，最大的挑战在于生活数据是否足够丰富且真实有效。用户进入地图后，是否能够得到真实有效的数据，并且能够从中获得足够便利的服务，这就考验地图厂商的数据扩展能力，是否能够将数据充分地完善和及时地更新，这一切都决定了地图厂商服务质量的高低，也是用户会否将你作为一个入口的关键。

3. 支付关

如果说前两关只是为实现地图O2O打基础的话，那第三关才是最为重要的，是真正实现O2O模式的必经之路。O2O将线下商务的机会与互联网结合在了一起，让互联网成为线下交易的前台。这样，线下服务就可以用线上来揽客，消费者就可以用线上来筛选服务，如果成交可以在线结算，就能很快达到规模。

显而易见，做O2O可以直接实现线上支付是必备的条件，比如已经开始深入探索商业化的盈利的微信，就在5.0版本中利用财付通实现了微信的在线支付，这为实现O2O创造了便利条件。

我们不难想象，用户有了通过手机地图进行生活消费的习惯，而地图厂商拥有海量而丰富的真实地图数据，再加上便捷的在线支付方式，地图的O2O模式成功就会水到渠成，规模化盈利也才能变得真正可行。

4.6　基于LBS的O2O垂直领域案例分析

互联网的快速普及、智能手机的爆发、社交媒体的盛行……各种因素交织在一起，打造了人人都是互联网，人人都是自媒体的网络生态环境。互联网无孔不入地改变了人们的消费方式，创新了企业的商业模式，也催生了O2O 商业模式的诞生、发展。

庞大的用户群体以及各行业企业的参与，使得 O2O 使用场景得到快速扩张。然而，在人们对 O2O 的到来欢呼雀跃的时候，在 O2O 的实践中也遇到各种问题：转化率太低，成本与收入难以平衡，部分行业的特性使其难以渗透……

然而，不管怎样，O2O 的滚滚浪潮已经来了，并且势不可当。

过去，我们去电影院现场买票观影，去餐馆成为座上宾后再点菜消费，去演出现场排队抢大腕的票，去火车站排队买票……这些场景，在今天已经或者正在成为过去式。互联网凭借高效、便利的信息流通渠道，进入了传统行业的日常运营，催生了 O2O 的产生。而移动互联网浪潮的到来，又进一步加快了 O2O 使用场景的快速扩张，为 O2O 未来的井喷奠定了环境基础。

4.6.1 酒店 O2O

互联网带给酒店业的是更为智慧的数字革命。通过线上方式，酒店得到更多目标消费群有价值的数据，并利用这些信息打造出更能吸引用户的个性化产品。

旅游业是中国传统行业中最早与互联网融合的领域，线上这端既有大名鼎鼎的携程、艺龙，也有后起之秀的芒果网、同程网、去哪儿网、酷讯，竞争日益激烈。信息技术对传统产业的影响，在旅游这一领域显得尤为复杂和深入。各大酒店布局 O2O 策略主要有两种。

1. 分销式 O2O：B2C＋C2C

酒店借助 B2C 性质的 OTA 平台（Online Travel Agent，在线旅游代理）来推销自己的服务。目前 B2C 性质的 OTA 主要有两大类：以携程、艺龙为代表的传统 OTA；以淘宝旅行、去哪儿、快捷酒店管家为代表的垂直搜索类应用。二者均提供机票、酒店、景区门票、火车票相关的查询及预订服务。

从高端的五星级酒店丽思卡尔顿、君悦、威斯汀、希尔顿等，到经济型酒店如家、汉庭、7 天、橘子等，甚至路边小旅馆，都在两大类 OTA 中有所涉足，发布客房信息，吸引来自线上的客户。在线上与线下融合的过程中，还创造性地开发了很多种线上独有的定价方式：惠选 C2B 定价、酒店夜销、反向定价等。丰富、灵活、接触到大量客户的线上销售方式，给传统的酒店行业带来了海量的商机。

而短租市场的兴起，则把酒店行业的 C2C 推向了高潮。目前很火热的短租网站或者 App，如小猪短租、蚂蚁短租等，都是很典型的 C2C 模式。

2. 直销式酒店 O2O：官网＋App

酒店的直销模式就是线下的酒店企业建立自己的官网作为电商平台，把自己的 offline 资源通过 online 进行销售，同时利用自己翔实的客户消费信息，进行精准分析，进而交叉营销。

锦江国际集团的锦江电商于 2012 年正式上线，其三大产品"锦江旅行＋""锦江礼享＋""锦江 e 卡通"分别负责锦江国际集团下属酒店、旅游、汽车租赁等产业的展示与销售预订、会员服务和支付业务。锦江电商的会员交叉营销模式，正是基于先进的 CRM 系统和 OBIEE（商业智能分析）技术。目前，锦江电商将这 2000 万客户中的 800 万转换成了会员。每个会员的历史消费数据都汇集到电商平台，形成一份准确、详细的分析报表，并根据客户以前的消费情况判断出其偏好，再将匹配的信息推送给客户。

锦江电商的交叉营销取得了良好的效果。自上线以来，锦江电商的销售额每月增长超过 100％，会员的交叉消费率达到了 30％，这在行业内是一个了不起的数字。另外，除了建设官网，锦江集团还开发了自己的移动客户端（App），在各种场景下为客户提供服务。

值得一提的是，7 天连锁酒店在线上会员获取和线下服务提供上有不少独特之处，其 O2O 的大致思路：用技术构建强大的会员体系，优化线下服务；探索低成本高效获取会员的方式；最终线上线下结合，实现对 OTA（如携程艺龙）的反攻。

（1）7 天战略：重视直销＋会员＋互联网

在中国酒店企业里面，7 天连锁有自己非常独特的一点：它采取的是会员制直销模式。一般的酒店，采取分销＋直销是最常见的做法。所谓分销，典型的是将酒店挂靠在各大在线旅游网站（如携程艺龙等）上，此外，传统旅行社也算一种分销渠道，而直销则是通过酒店自营的渠道进行销售。两者的区别在于前者需要给分销商超过 10％的佣金（携程艺龙一般在 15％以上），这对利润单薄的酒店业来说并不低。

7 天连锁酒店是直销模式的拥趸，其创始人郑南雁曾在携程旅行网担任高管，但在 2005 年创立 7 天连锁酒店后他用减薪 1/3 做保证，说服董事会同意逐渐划清和携程网的生意关系。7 天连锁酒店因此创造了 99％客源来源于自销的神话，2010 年其甚至宣布今后拟 100％直销。

直销模式要顺利运行的关键是打造会员体系。受益于创始人郑南雁的 IT 背景，7 天连锁酒店刚成立没多久，就于 2005 年 7 月基于 IT 技术优势建立了会员体系。到 2008 年 11 月，其会员总数已接近 800 万人；其官网显示，7 天连锁酒店拥有会员达 7000 万人，是中国经济型酒店中规模最大的会员体系。这个数字即便和全球最大的几家酒店集团相比也毫不逊色，洲际酒店集团的优悦会在全球有 4000 万名左右的会员，希尔顿酒店忠诚计划是 3000 万名左右的会员，万豪酒店集团的"万豪礼赏"也是 4000 万名会员的规模。

7 天连锁酒店的订单来自会员，而会员又主要通过网络订房。早在 2010 年时，7 天连锁酒店的客房订单中就有超过 80％以上来自 7 天官网。可以说，7 天连锁酒店的会员体系从一开始就有浓烈的互联网属性。实际上，7 天连锁对互联网的重视程度也是业内少有的。2005 年 4 月 7 天连锁酒店刚成立不久就开通了网站，2007 年开通手机 WAP 预订服务，到 2009 年 1 月时其网站在 Alexa 上排名遥遥领先同行。

（2）7 天实践：线下服务好会员

7 天连锁酒店在线上固然做得不错，但它毕竟不是纯线上公司，如果线下给会员的体验不好，那线上的一切努力都会是泡影。在 O2O 的两个环里面，起最终决定作用的还是线下。

业界很多人给 7 天连锁酒店冠上了"价格杀手"的称号，在同类型酒店里面，7 天连锁能给会员更实惠的价格：它的逻辑是把携程艺龙这样的分销砍掉后，省下的佣金转给会员；并且在酒店设计配置上，砍掉不必要的需求（如没有宽敞的大堂，只有一个前台；没有设置报刊和饮水机，也没有等候区），节省成本使会员能享受到更低的价格。

如果仅仅是价格上优惠，服务上太差也不会得到会员们的支持。7 天连锁酒店不设宽敞的大堂，原因是它的任何一家门店都能做到让客户 3 分钟内入住，客户不需要在大堂等待。房间里面的东西都按照最优原则设计摆放；在房间里面不放置大柜子以节省空间，因为大柜子能被用到的机会极少。但在关乎睡眠质量的问题上，7 天连锁酒店毫不吝啬，它的被褥枕头都达到了五星级酒店的标准。作为 7 天连锁的会员，提前优先订房、延时退房等服务都能轻松享有。

为提升服务，7 天连锁酒店在管理理念上做了相应调整。2007 年开始，原先"自上而下"的指令式管理方式被"放羊式"的管理理念替代。7 天连锁酒店赋予分店店长更大的自主权后，店长的积极主动性变大，为提升会员服务的做法也更为灵活，这一点和海底捞授予服务员权限以提升服务质量有类似之处。

（3）7天策略：低成本高效获取会员

7天连锁酒店有中国酒店行业最大的会员规模，要做到这一点并不容易，这是其10多年下来积累的核心财富之一。创始人郑南雁IT背景出身，重视会员管理，7天连锁酒店发展会员有内在的驱动力。而在具体的策略层面，如何低成本高效获取会员十分关键。

一般情况下，主要是通过以下几种方式获取会员：线下门店吸引新客登记成为会员；官方网站吸引用户注册成会员（往往伴随有新会员优惠的促销活动）；联合其他网站进行营销，吸引会员。自成立后，7天连锁酒店和主流的网站在获取会员方面进行了相关合作，部分效果还不错。7天连锁酒店值得称赞的一点是，它能随时适应变化，一直在寻求获取会员的最优方式。

从门户网站到垂直细分网站，7天连锁酒店都做过广告尝试；社交化时代后，7天酒店先是门店＋领导人集体入驻新浪微博；微信兴起后，7天酒店又大力利用微信管理客户关系和沉淀用户。

4.6.2 餐饮O2O

食色，性也，而孔子则在《礼记》里讲："饮食男女，人之大欲存焉。"而吃货们最常挂在嘴边的一句话则是："人是铁饭是钢，一顿不吃饿得慌。"这些或文或白的话，深刻反映了一个客观事实，无论你是在学校苦读的学生，还是CBD的时尚白领，又或是家财万贯的富豪，吃饭都是必须要解决的问题。

中国历来有"百业以餐饮为王"之说，不过，现在那些餐饮企业已经将比拼的平台从厨房和门店转移到键盘、电话线和车轮上了。年轻的白领、大学生们坐在寝室里、家中甚至是办公室里，敲打几下键盘，不久后就有一份美食送到自己的门口。

餐饮O2O大概可分为3种模式。

1. 地图式O2O：在线导航＋消费

基于地图进行的O2O，其模式主要是把信息显示在地图上，同时还可以接入团购、订座、上传照片、在线评价等功能，直接在地图上实现从查找到下单、订座、点评的全流程。

例如，仙踪林、厨子印象等餐饮企业，与用户过亿的高德地图合作，通过优惠活动，线上、线下同时进行推广，短短几天覆盖率便达到了几十万用户的级别。其基本形式：高德地图在其 App 开设了优惠活动专区，并在高德地图上进行标注，在具体地点的详情页实现了团购和订座功能，用户可以通过高德地图的 Web 端和手机端在活动页面直接下单参与活动，还能直接打电话给店面咨询，在用户参与活动后到商家用餐，结账时 POS 机自动辨识，完成消费。同时，商家也在线下通过水牌、海报、二维码信息等，来进一步推广此次活动。

2. 全渠道 O2O：社交媒体＋电商平台

从最初的大众点评网到后来的微博、微信、团购、点餐网等，都是中小餐饮企业有效的线上手段。

例如，"香草香草"云南原生态火锅通过大众点评网、微博、团购、订餐网等线上的组合拳，抓住多渠道获得了海量的新客源，并影响用户消费决策。香草香草凭借自身出色的产品和过硬的服务，在大众点评网上开展了一系列激励用户评价的活动。点评网上积极口碑的推广，迅速为其打开了市场。同时，香草香草也利用团购带来人气，并通过哗啦啦等网上日常订餐来弥补团购的临时性促销而导致的预约集中、套餐固定等体验的不足。而香草香草通过微博搜索，对于相关评价内容保持互动，遇到消费者抱怨，及时沟通并进行安抚。微博逐渐成为维护老客户的平台。

3. 会员式 O2O：电子会员卡

营销分为交易型营销和关系型营销，到了最高阶段，就是关系型营销。互联网的出现，无疑大大降低了建立 CRM 数据库、与客户互动的成本，所以微信电子会员卡的模式，无疑是 O2O 未来的方向之一。

例如，江边城外烤鱼店推出电子会员卡后，通过折扣、免费、消费送礼等多种模式，在半年内增加了 9 万名新会员。据统计，凭借电子会员卡，每天每家门店到店会员平均有 30 桌，周末接近 90 桌。零成本的电子会员卡不仅给江边城外带来了客流，还为其精细化营销奠定了基础。江边城外通过对电子会员性别、年龄等信息进行分析后发现，会员中的 70％都是女性，这个数据能使其为消费者提供更有针对性的产品。比如门店在做赠送活动时，会赠送甜品而不是啤酒，因为占比 70％的女会员会更喜欢甜品。

O2O 能增强用户黏性，提高品牌知名度，促进二次消费。对于餐饮行业，

O2O 模式具体能带来以下好处。

（1）O2O 模式有助于餐饮行业的创新发展

O2O 模式有助于餐饮企业寻找新的客户，开发新的产品以满足客户需求；线上客户信息能被精准、及时、低成本地搜索和收集，也方便了企业对客户资源进行主动的、积极的开发。可以说，O2O 模式将促进餐饮业线上和线下业务的结合，加速行业创新。

（2）O2O 模式将有助于餐饮行业降低成本

在线上发布服务信息的成本显然要比线下低很多，传播面也要广得多。通过线上平台对客户进行管理也要方便许多，与客户之间的沟通也会更加通畅。这些都将帮助餐饮企业降低成本。

（3）O2O 模式有助于餐饮企业的品牌塑造

餐饮企业自身 O2O 平台的建设除了能降低成本外，还能促进品牌的塑造和推广。通过网站或者手机 App 开展宣传、预订、咨询、投诉等服务，能将企业的服务和营销方式提升至一个新的层次。通过互联网与客户形成良好的互动并引流至线下，也能帮助餐饮企业聚集人气、塑造口碑。

（4）O2O 有助于建立良好的管理机制和服务体系

O2O 模式要求线上和线下打通，需要建立一套高效、标准化的服务体系、订单体系以及支付体系，O2O 有助于餐饮企业管理机制和服务体系的整体提升。

（5）O2O 有助于公司处理公关事件

在食品安全问题频出，用户对食品安全不信任感日渐增强的年代，餐饮企业借由 O2O 平台能与用户进行及时、有效的沟通，即时获取危机处理的最新进展与效果，并迅速做出各种应对措施，可以有效地减少甚至规避此类问题引发的信任危机。

但是对宏观的餐饮业或者微观的餐厅而言，互联网、互联网思维、O2O 这 3 个主体到底能起到什么样的影响和作用呢？尤其是 O2O 对于连接线上与线下来说是否真的名副其实？

（1）互联网颠覆不了餐饮业，但互联网思维能够改造餐饮业

只有深入线下，与餐厅老板促膝长谈，你才能真正明白餐饮的本质是什么。狭义的理解，餐饮也许就是吃饭喝茶，餐厅就是通过四处招揽顾客来创造利润的。但实际上，真正的餐饮人做的餐厅是有文化与传承的，重视的是口碑与品牌，载体就是菜品和服务。

如果对餐饮业进行狭义的解读，无论是路边夫妻店、小餐馆，还是中高端餐厅，互联网企业都会一视同仁地打着从线上导流到线下的旗号，说服餐厅合作，当然也能收到成效。如果从餐厅本质需求角度进行广义的解读，人们会惊讶地发现，这样的餐厅，这样的餐饮人，他们梦想实现的，以及正在做的，正是以互联网思维的方式做餐饮，满足用户需求，二者本质上是目标一致、殊途同归的。

这时候，作为餐饮 O2O 行业线上的那一环，应该去思考如何采用差异化的服务去满足不同餐厅老板的需求，而不仅仅是团购遍地飞，这不是用互联网思维或者想要用互联网思维去做餐饮的老板们的需求。同样的，外卖也不是，预订仅仅只能满足一部分。如果希望的是用互联网的思维去改造餐饮业，那么我们的对市场的分析框架也应该在这一基本前提之下。尤其，当互联网思维在餐饮业普及之后，我们的服务定位该如何摆正，这是一个动态的面向未来的思考。

只要某个餐厅拥有用户至上的意识，并能落实到执行，专注产品和服务品质，一心满足用户体验，那么即便没有互联网这个工具，餐厅也能做到口口相传，门庭若市。"互联网思维"只是传统行业优秀经验的提炼、升华和总结，它是在应用到互联网产品领域后才大放异彩的，并不算新生事物，从古至今皆有之，不能把其过度妖魔化。

（2）互联网思维只能帮助优质餐厅，"先有鸡后有蛋"

用互联网思维做餐饮的雕爷牛腩和黄太吉在 2013 年引爆了餐饮 O2O，前者估值 4 亿元，后者估值 1 亿元。雕爷牛腩和黄太吉的成功固然都是互联网思维改造餐饮业的典型案例，也为传统餐饮行业的升级与转型注入了新的理念，提供了新的动力，但是，回归到餐饮的本质上来说，它们依旧以线下餐厅为主要载体，以餐厅的口味、环境和服务为核心，然后去带动餐厅口碑的传播。以上这些，都是基于互联网思维的指导而实现的。雕爷牛腩和黄太吉的口碑引爆，一方面是由于其产品和服务策略的成功，这是核心基础；另一方面才是得益于互联网这一强有力的工具，让各自的产品口碑以核聚变的方式快速传播，强烈震撼到规模最大化的受众面前，从而使得品牌知名度获得质的飞跃，并且几乎免费，这在以前可是要付出巨大的投入成本的。这是互联网对传统品牌传播方式的颠覆，所以才能以极低的成本让菜品和服务好的餐厅大放异彩，声名远扬。

因此，用互联网思维去做餐饮，餐厅应专注在菜谱口味和顾客服务上，甚至需要提供超出顾客预期的惊喜，不断地优化提升用户体验，这是互联网思维的价值所在。互联网作为信息传播、口碑传播的最高效工具和渠道，能帮助餐厅实现口碑的裂变式传播、用户的规模化增长、品牌的快速升值。这是"先有鸡后有蛋"的演化逻辑。

（3）降级论先行，进化论后上，餐饮O2O模式会有新变化

雕爷牛腩和黄太吉的创始人在餐饮业所取得的成绩可以说是降级论的成功实践，证明降级论行之有效。只要你真心以产品经理的眼光与执行力去发现传统行业里的问题与用户需求，专注于产品和服务，不断优化、提升用户体验，并以互联网营销的方式去进行产品传播，那就绝对会有很大的把握去获得成功。

就当前的餐饮市场来说，海底捞绝对是由顶级产品经理打造的完全具有并且深刻领悟互联网思维的一家餐厅，并且具有足够的市场影响力与知名度，是绝对的行业标杆。黄太吉也好，海底捞也好，它们在产品与服务标准上都做出了非凡的成绩，并且博得了满堂喝彩。这将大大刺激有志于想做口碑、做品牌的餐厅转变观念，模仿学习，从而从传统餐饮业的思维习惯与做法中摆脱出来，实现转身。

但是，在这个过程中，线上的互联网企业必须接受一个事实，那就是：不同的餐厅是有不同的定位的，高、中、低端必定同时存在；也肯定会有如海底捞这样一开始就做到极致的餐厅，还会有路边那种低端小餐厅；更会每隔一段时间就出现一波餐厅倒闭，另一波餐厅开张的情况。

所以，从餐饮行业的现实情况来看，餐饮O2O模式肯定会发生新的变化。

从前，我们都把关注的重心放在了线上的互联网企业如何为线下餐厅引流上，并且努力切进餐厅的交易环节，实现变现（当然，这在当前来说，对于大部分的餐饮企业其实都是有效的）。但是，随着互联网对餐饮业影响的加大，肯定会有一些传统的餐饮人提前启蒙觉醒，并用互联网的方式去改造自身，如肯德基和星巴克就已经上线了自己的App产品，用来发放优惠券，提供订餐服务等。同时，也有还处在沉睡期而不自知的，但这是一个动态发展的过程，要承认这种差异性，但也要清楚认知演化趋势背后的机遇和危机。

餐饮O2O的业务模式与服务方式将会向更加垂直、细分、专业、个性的方向演化。如果说团购是餐饮O2O的1.0版，那么外卖和预订就是2.0版，而对餐厅更有价值的餐饮O2O 3.0版将更具魅力，那便是顾客与餐厅之间自

连接与自管理的形态。

4.6.3 电影O2O

电影是本地生活服务中O2O应用程度比较高的一个行业，电影行业O2O市场按照商业模式可以分为电影团购和电影在线选座两大类。

1. 在线选座模式

在线选座模式相比于传统的到影院购票模式，可以在移动端随时随地获取影院排片、座位信息，让消费者可以在到达影院前决定观看的场次、座位，只需到电影院自助取票即可完成电影票的购买，极大地方便了消费者。在线选座模式由于网站可以获取消费者的消费信息，消费者的消费信息经过数据处理后，可以对影院、院线的排片、营销起到帮助作用。电影在线选座模式业务模式如图4-9所示。

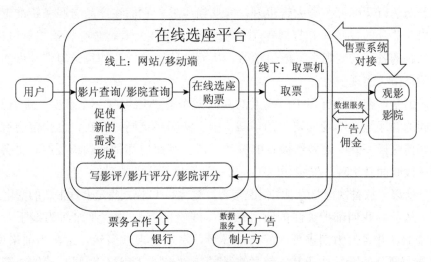

图4-9 电影在线选座模式业务模式

当前专注于电影O2O在线选座的企业主要有时光网、豆瓣电影、格瓦拉生活网以及猫眼电影等。

（1）时光网

专注于电影领域的时光网，经过多年的用户和信息积累，已经形成了忠诚的用户群和行业影响力，而且其在线选座业务已经完成对全国大多数地区的覆盖，并在多数地区居于领先地位，显示了其强大的运营能力，因此，短期内时光网仍将保持竞争优势。

（2）豆瓣电影

与时光网类似，依托于豆瓣网广大的用户基础、社区支持以及电影信息积累，豆瓣电影已经形成了庞大的忠诚用户群，积累了大量的电影点评信息。而且，其在线选座接入影院数量仅次于时光网，在竞争力上与时光网一起处于第一阵营。作为电影传统"两强"，其需要保持自己线上的信息优势，进一步优化移动端，给消费者更好的消费体验；在线下则需要加大电影院接入量，铺设更多的终端机。同时，做好线上线下的互动、融合、营销。

（3）猫眼电影

猫眼电影依托于拥有较强线下推广与谈判能力的美团获得了快速发展，在此基础上，其开展在线选座业务也有线下团队的优势。在全国范围内来看，与影院的合作不仅仅只有在线选座，其团购市场规模更大，市场前景良好。但是与时光网和豆瓣电影相比，猫眼电影缺少社区支持和电影信息积累来培育忠诚用户，需要进一步加深用户黏性，优化电影的点评系统，形成自己的电影社区，提高用户黏性，否则这些问题将在一定程度上限制其竞争力的提升。

（4）格瓦拉电影

格瓦拉在长三角地区处于领先优势，其电影点评信息也较丰富，但目前与豆瓣电影和时光网相比还有一定差距。其用户群主要集中在长三角地区，但在其他地区较为弱势，业务覆盖范围有限，需要加快全国的布局，否则外区域市场一旦被高度占领，其再想进入会面临极大困难。

（5）高朋网

可以在用户基础方面得到腾讯（微信、QQ等）支持的高朋网转型时间较晚，作为后来者，其需要利用微信大入口的优势，投入精力进行更多的线下影院接入，提高自身的运营能力，扩大自己的市场，否则其市场竞争力将较为有限。

（6）网票网、蜘蛛网

从全国范围内来看，网票网、蜘蛛网地面终端铺设力量较弱，又缺乏社区支持和电影信息沉淀，因此其竞争力在各个环节都较为薄弱，短期内无法跟领先者竞争。

截至2014年4月21日，电影O2O平台的App下载量如图4-10所示。可见，2004年成立的时光网经过10年的发展，领先优势非常明显，远远超过其后的猫眼电影和豆瓣电影，在移动终端成为核心的O2O线上入口的趋势下，时光网在移动端的用户基础优势将会继续支持其在电影在线选座领域的领先优势。依托于美团的猫眼电影及依托于豆瓣网的豆瓣电影的App下载量紧随其后，处于第二阶梯队伍。新起的格瓦拉电影 App 由于推进时间相对较短，目前还无法与前三者抗衡，但在长三角地区也有一定优势。而相比之下，蜘蛛网和网票网的自有 App 下载量非常有限，其在移动端薄弱的用户基础将难以支持其在移动互联网时代的发展和成长。

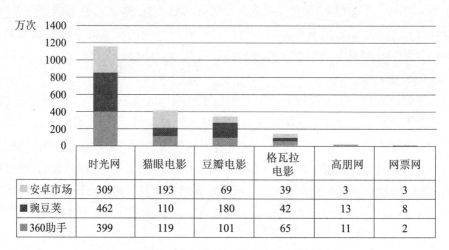

	时光网	猫眼电影	豆瓣电影	格瓦拉电影	高朋网	网票网
安卓市场	309	193	69	39	3	3
豌豆荚	462	110	180	42	13	8
360助手	399	119	101	65	11	2

图 4-10　电影 O2O 平台 App 下载量

注：数据截至 2014 年 4 月 21 日。

2. 团购商业模式

电影团购模式业务模式如图 4-11 所示。

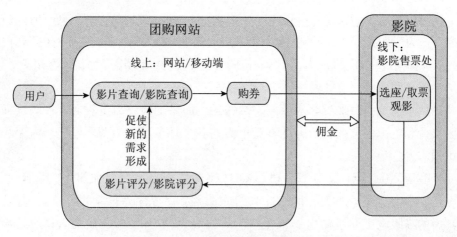

图 4-11　电影团购模式业务模式

　　团购票只是一个兑票凭证，有观影不可控性（如场次、座位），相比于在线选座模式，无法准确获取消费者的观影时间、场次，因此，无法进行精准的消费者数据分析。但因为其价格更低，目前仍占有电影O2O市场的大部分份额。在团购业务上，根据艺恩咨询数据，2013年电影团购交易额为36.4亿元，国内电影总票房为217.69亿元，团购电影为国内票房贡献了16.7%的市场份额。

　　根据美团网提供的数据，2013年美团电影团购交易额为15.04亿元，约占电影团购市场的41.3%。在线选座与团购的购票占比情况如图4-12所示。

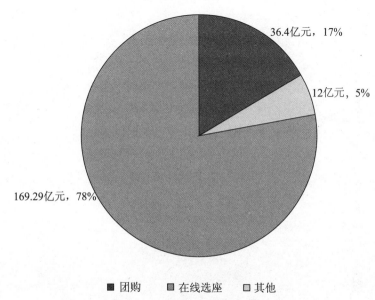

图4-12　在线选座与团购的购票占比

电影O2O在未来预计将有以下几方面的发展。

（1）在线选座模式市场份额将迅速提升

2013年已经开通在线选座功能的影院数接近国内总影院数的30%。在未来2—3年，在线选座将在电影院推广普及，向三、四线城市迅速渗透，未来市场份额将迅速提升。

（2）团购模式电影票由于低价特质仍将稳定增长

伴随着团购网站在三、四线城市的渗透，电影院接入量稳定提升，越来越多的消费者会选择在线上进行电影票团购交易。电影票团购由于其低价特性，容易被消费者接受，因此，不会在短期内被在线选座模式取代，二者份额或会达到接近状态，但从长期来看，在线选座模式由于其商业模式优点而具有更大的市场潜力。

（3）电影在线 O2O 市场份额比重逐渐增大

伴随着智能手机的普及，便捷的移动端交易在未来的市场中将逐渐取代 PC 端交易，传统的线下购票模式将逐渐被 O2O 模式取代。

5 O2O 与移动支付

5.1 O2O 的交易行为

交易（Transactions）是指双方以货币为媒介的价值的交换，它是以货币为媒介的，物物交换不能算在内。交易和购买环节，是 O2O 整个商业模式得以存在的一个非常核心的环节。在 O2O 的线上和线下完成交易的过程，基本上包括以下 3 个步骤：①商品上架。在线上的网店中发布商品信息，在线下的实体店完成商品排列。②下订单。用户将商品加入购物车。③支付。用户完成支付的行为，在线上，可以选择货到付款或者先在网上付款等方式；在线下，基本上就是当场支付（不管是现金、刷卡，还是最新的移动远程支付手段等）。

在最后一个环节中存在的一个交易行为本质问题，就是消费者如何在整个移动互联网体验链条中完成交易和购买动作。这涉及 O2O 平台需不需要用户去支付，这里的含义是，O2O 平台是定位于一个纯营销媒体平台还是一个交易平台。如果是一个纯营销媒体平台，那么也就意味着它只在信息流方面与用户进行交互，提供相应的信息，但并不介入交易；如果是一个交易平台，则就要介入交易中去，完成交易和购买动作。

交易行为中的支付行为，是商品和货币的交换行为。而货币本身是从商品中分离出来固定地充当一般等价物的商品，也就是特殊商品。货币是商品交换发展到一定阶段的产物。货币的本质就是一般等价物，具有价值尺度、流通手段、支付手段、贮藏手段、世界货币的职能。历史上不同地区曾有过不同的商品交换充当过货币，后来货币商品逐渐过渡为金、银等贵金属。随着商品生产的发展和交换的扩大，商品货币（金银）的供应越来越不能满足对货币日益增长的需求，又逐渐出现了代用货币、信用货币，以弥补流通手段的不足。进入 20 世纪，金、银慢慢地退出货币舞台，纸币和银行支票成为各国主要的流通手段和支付手续。在中国人还没有完全适应从纸制货币进化到"塑胶货币"(信用卡)的今天,网络银行、手机钱包等第三方支付工具已经悄然地改变着我们的生活。

目前很多人关注 O2O 的支付行为,主要关注点有两个:一是通过智能手机完成购物支付的整个环节,目前在智能手机上进行购物支付所面临的障碍排名为:①倾向于使用台式计算机、笔记本电脑;②觉得不安全;③付款过于复杂;④太昂贵;⑤未听说过这些服务。二是第三方支付工具。所谓第三方支付,就是一些和产品所在国家以及国内外各大银行签约并具备一定实力和信誉保障的第三方独立机构提供的交易支持平台。在通过第三方支付平台的交易中,买方选购商品后,使用第三方平台提供的账户进行货款支付,由第三方通知卖家货款到达,进行发货;买方检验物品后,就可以通知付款给卖家了,第三方再将款项转至卖家账户。对于"第三方支付"的付款模式,中国人民银行的定义有 3 种模式:第一种是网关型,根据指令即刻付款到对方账号;第二种是虚拟账户,款项存入网上的账号,用账户中的余额付款;第三种是信用担保模式,支付平台与商家签订协议为交易进行货款监管,买家付款到支付平台后卖家发货,买家确认收货可以付款后,支付平台将款项转到卖家账户。

因此,人们在选择第三方支付工具的时候,不要以为都像"支付宝"那样,这 3 种功能都支持,具备货款监管、信用担保等功能,其实很多第三方支付公司是不具备信用担保功能的。

在 O2O 互动的商务行为,最重要的是与商品相关的行为,所以支付方式也应该和商品相关属性结合在一起分析,什么远程支付和现场支付,什么中国移动和银行的现场支付标准之争,什么支付宝现场支付和银联无卡支付之争,这些纯以支付谈支付,它们与 O2O 虽有一定联系,但不是唯一性。如果从 O2O 商品相关行为互动来看,支付就变成了一种状态。O2O 互动中的支付状态商品,主要分为 3 种:已完成支付,再享受商品的状态——简称支付后的商品;要求支付行为和享受商品实时相关的状态——简称支付中的商品;先享受商品,再与交易前端结算和清算的状态——简称支付前的商品。

5.2 移动支付的多种方式

移动支付也称为手机支付,即允许用户使用其移动终端(通常是手机)

对所消费的商品或服务进行账务支付的一种服务方式。单位或个人通过移动设备、互联网或者近距离传感直接或间接向银行金融机构发送支付指令，产生货币支付与资金转移行为，从而实现移动支付功能。移动支付将终端设备、互联网、应用提供商以及金融机构相融合，为用户提供货币支付、缴费等金融业务。

为了更好地理解移动支付的方式，下面从 5 个角度来讨论移动支付。

1. 按用户支付的额度，可以分为微支付和宏支付

（1）微支付

根据移动支付论坛的定义，微支付的交易额少于 10 美元，通常是指购买移动内容业务，例如，游戏、视频下载等。

（2）宏支付

宏支付是指交易金额较大的支付行为，例如，在线购物或者近距离支付（微支付方式同样包括近距离支付，例如，交停车费等）。

2. 按完成支付所依托的技术条件，可以分为近场支付和远程支付

（1）远程支付

通过移动网络，利用短信、GPRS 等空中接口，与后台支付系统建立连接，实现转账、消费等各种支付功能。

（2）近场支付

近场支付通过具有近距离无线通信技术的移动终端实现本地化通信，进行货币资金转移的支付方式，比如扫二维码支付、声波支付。

3. 按支付账户的性质，可以分为银行卡支付、第三方支付账户支付、通信代收费账户支付

（1）银行卡支付就是直接采用银行的借记卡或贷记卡账户进行支付。

（2）第三方支付账户支付是指为用户提供与银行或金融机构支付结算系统接口的通道服务，实现资金转移和支付结算功能的一种支付服务。第三方支付机构作为双方交易的支付结算服务的中间商，需要提供支付服务通道，并通过第三方支付平台实现交易和资金转移结算安排的功能。

（3）通信代收费账户是移动运营商为其用户提供的一种小额支付账户，用户在互联网上购买电子书、歌曲、视频、软件、游戏等虚拟产品时，用手机发送短信等方式进行后台认证，并将账单记录在用户的通信费账单中，月底进行合单收取。

4. 按支付的结算模式，可以分为即时支付和担保支付

（1）即时支付是指支付服务提供商将交易资金从买家的账户即时划拨到卖家账户的支付行为。一般应用于"一手交钱一手交货"的业务场景（如商场购物），或信誉度很高的 B2C 以及 B2B 电子商务，如首信、云网等。

（2）担保支付是指支付服务提供商先接收买家的货款，但并不马上支付给卖家，而是通知卖家货款已冻结，卖家发货；买家收到货物并确认后，支付服务提供商将货款划拨到卖家账户。支付服务商不仅负责资本的划拨，同时还要为不信任的买卖双方提供信用担保。担保支付业务为开展基于互联网的电子商务特别是对于没有信誉度的 C2C 交易以及信誉度不高的 B2C 交易提供了基础。担保支付做得比较成功的是支付宝。

5. 按用户账户的存放模式，可分为在线支付和离线支付

（1）在线支付中，用户账户存放在支付提供商的支付平台，用户消费时，直接在支付平台的用户账户中扣款。

（2）离线支付，用户账户存放在智能卡中，用户消费时，直接通过 POS 机在用户智能卡的账户中扣款。

5.3　O2O 的支付之战

随着 O2O 模式的快速发展，越来越多的移动互联网应用对于移动支付的需求是非常迫切的。大到百度＋糯米、支付宝＋滴滴、微信＋扫一扫，小到街边卖烧饼的小贩，无论什么方式的 O2O，都想在线上引流到线下的流转体系内建立起闭环，而一般所谓的闭环指的就是支付结算的环节。只有支付结算环节形成闭环，才能够建立起良好的用户体验，并完成收益的分配。

目前，无论是原先专注于 B2C 的第三方支付企业，还是专注于 B2B 的第三方支付公司，都将下一步业务拓展的重点瞄准了移动支付。前者通过用户去影响商户，而后者则是通过商户去影响用户。

5.3.1　移动支付竞争激烈，迎来爆发期

移动支付比互联网有着更广泛的想象空间。

杭州出租车司机袁师傅成为 2012 年移动支付领域里的知名人物，这是缘于他最先尝试通过支付宝收取乘客的车费。袁师傅的尝试也引发了杭州出租

车行业的支付变革。目前，在杭州，已经有越来越多的出租车上贴着付款二维码。乘客只需调取自己的支付宝拍照功能，扫一下条码就能完成支付。既免去了找零的麻烦，也避免了出租车司机携带大量现金的安全隐患。杭州出租车的创新也引来了青岛、郑州等多地出租车的效仿。

出租车行业是个窗口行业，当移动支付的应用在这个领域开始生根并普及，说明移动支付的春天真正来临了。艾瑞咨询集团研究院院长曹军波在一场支付技术峰会上指出，自 2011 年移动互联网兴起以来，支付在这场移动浪潮中显现出极强的势头。据艾瑞对移动支付的统计显示，最近几年中，移动购物的同比增速达到 400%。越来越多的用户希望通过手机下订单，并用手机完成支付，这样的意识在不断地强化。

另外，移动支付并非仅仅是 PC 在线支付的延伸，其所涵盖的领域更广。支付宝无线事业部总经理许吉指出，手机的渗透率高于 PC，一些农村用户或者打工者群体，他们没有电脑，但是却可以通过手机上网甚至完成支付、转账。

5.3.2　切入点殊途同归

移动支付市场是一个巨大的蛋糕，从什么样的角度切入，不同的支付企业有不同的优势和策略。

"最强大的支付是什么样的？"在快钱 CEO 关国光与百度 CEO 李彦宏的一次交谈中，李彦宏这样问。关国光描绘了这样一个场景：你去一个咖啡馆喝咖啡，或者去一个餐馆吃饭，消费完成后，不需要拿出任何东西来，就直接完成了账单支付。在美国，Square 已经实现了这样的场景。

然而在中国，支付环境远比美国复杂，也比美国蕴含了更多的机会。依托于强大的网络及电商平台，拥有庞大个人用户群的支付宝、财付通，主要是通过个人用户端切入，拓展手机支付应用。比如，支付宝相继推出二维码、声波支付等花样繁多的产品；而财付通则与微信捆绑，依托微信的摇一摇、二维码扫描等功能，实现 O2O 线上支付与线下商务的整合。支付宝、财付通这些有用户优势的企业，通过互联网累积了大量的用户，其拓展线下移动支付的路径是通过用户的使用去推动商户的使用，以完成支付企业对线下市场的渗透。

快钱则是利用以往行业客户积累的资源，致力于从商户端切入，用商户需求来撬动移动支付业务。其着眼点就是希望解决商户的综合收款现金管理问题。以航空代理人为例，它们有移动收款也有 PC 端的线上收款，还有 POS 机刷卡收款，首先，需要解决的问题是如何将这些收款整合在一起，让航空公司能够看到所有款项流动的过程；其次，商户最大的需求是如何带来更多的用户，如何通过一个收款工具发现和获得更多潜在的用户。

无论是从用户角度切入还是从商户角度切入，第三方支付发布的产品形态都主要是智能手机上的客户端，而客户端所能实现的功能力求宽泛但使用却力求简单。比如，在支付宝声波支付中，双方打开手机上安装的支付宝钱包，收款人点开自身头像显示个人名片；另外，付款人单击客户端上的"付钱"按钮，随后，付款人的手机将发出一段声波，此后便可识别收款人账号，再经过支付宝平台完成转账。而"超级转账"，除了支付宝用户之间进行的转账外，还有短信转账。而快钱的"手机钱包"除了包括目前市场上主流手机钱包所具备的个人银行卡管理、信用卡还款、手机充值等外，还有一些非平台类支付企业所推出的手机钱包中不能实现的订单类功能，比如订单推送（电脑上下单，手机上支付）、订单合并（多家电商购物，合并订单一次完成支付），以期大大简化消费者的付款操作，提高支付便利性。

5.3.3　企业应恪守"基因"

每个企业都有其 DNA，围绕着自己的 DNA，各个企业都能在这个足够大的市场中有所作为。

艾瑞咨询的统计数据显示，2014 年中国第三方移动支付市场交易规模达59924.7 亿元，同比上涨 391.3％，第三方移动支付交易规模继续呈现超高速增长状态，未来的增长更是不可估量。正因为如此，移动支付领域才引来了中国移动、中国联通、银联、第三方支付公司的集体搏杀，也引发了银联和移动的标准之争。尽管如此，第三方支付在移动领域还远未达到正面竞争的局面，对每家企业来说，其市场空间依然是巨大的。

不过，移动支付与传统第三方支付不同，其应用场景除了网络购物的支付外，还有更多的线下各种支付的场景，比如，超市、电影院、书报亭等。然而，对第三方支付企业来说，要想渗透进这些传统的零售终端，并非易事。

支付宝的优势是拥有大量的线上用户，但线下商户使用支付宝的比例很低，因此如何开拓线下商户是支付宝面临的难题。目前，支付宝没有专门向线下商户和非支付宝用户推广，其线下支付，纯粹是网络支付的"溢出"。一些使用支付宝收款的咖啡馆、客栈等商户，往往由一些年轻的群体经营，靠这些网络人群去拉动线下商户。

而快钱的弱点恰恰是 C 端用户群，如何让更多的用户使用其支付产品是其面临的现实问题。如果支付宝携海量用户去拓展线下市场，将可能对快钱这种有商户优势的第三方支付形成威胁。支付宝专注于用户，快钱专注于商户解决方案。2012 年 6 月，拉卡拉也发布了针对个人用户的刷卡器，这家围绕着硬件做支付的第三方支付公司就是将硬件这个 DNA 做透了。事实上，按当前的趋势发展下去，O2O 在交易和支付领域的创新，将带动整个移动互联网产业电子商务水平的巨大提升。

5.4　银行业的 O2O

原有线上的互联网公司正在逐渐走向线下，寻找新的业务增长点。而银行业也已经走在了 O2O 的道路上，只不过，这是一条逆袭的道路。

从银行的视角来看，不管是试水互联网提供网上银行服务，还是谈业务创新，或是涉足电子商务，在同业竞争日趋激烈、第三方企业不断侵蚀传统银行业务领地的情况下，O2O 的确是银行已经在尝试并且还有很大深耕空间的领域。

首先来看一下传统银行盈利模式。银行之所以能够挣钱，是因为银行可信赖又无法绕开的"媒介"身份。银行有资本媒介和支付媒介两种身份。资本媒介的本质是信用媒介，银行通过存贷利息差而盈利，这是传统银行业 80％ ～ 90％的收入所在。支付媒介，简单地说，用户付钱买东西，从前是付现金，现在很多通过银行，银行对提供的结算、代理、担保等服务收取费用。银行的这类收入目前占比不高，但是发展较快。

迅猛发展的 O2O 既给银行带来了挑战，同时也存在着机遇。

5.4.1　O2O 给银行带来的挑战

曾有报告分析说，O2O 打开的将是一个万亿元级别的市场。在实际生活中，网购消费其实只占消费者支出的一小部分，餐馆、理发店、干洗店、服装定制、KTV 等这些与生活息息相关的服务消费才是占据最大比重的，而这些服务必须要消费者到实体店去享受，这就是 O2O 所蕴含的巨大商机。银行若能主动介入这一消费过程，将会获得相当丰厚的收益。

事实上，国内银行也在介入一些相关的 O2O 业务，比较典型的就是招商银行。用户通过招商银行信用卡网站里的二维码优惠券兑换麦当劳的二维码或短信餐券，便是一种 O2O 模式。招行还介入了微信与深圳银联金融网络有限公司的合作，尝试进行深度的闭环 O2O。

另外就是摩卡返利网，这家网站将多家银行的信用卡和优惠信息，分行业、分地域汇集起来，客户去优惠返利商家消费可以获得相应百分比的返利，返利会以积分的形式返还到消费者在摩卡返利网的个人账号中，返利累计达到一定额度时消费者可申请提现，返利积分可 1：1 兑换现金。

但银行对 O2O 的介入，基本处在浅尝辄止的程度。银行与 O2O 的关系，更多的还是挑战与被挑战。这主要体现在两个方面：首先，O2O 可能进一步侵蚀支付结算业务。在 O2O 模式的闭环里，支付是很重要的一个环节。现在，这一环节有许多第三方企业或者支付公司成功介入，并且已经融合了位置服务、签到服务，或者是手机支付，还有更多的像团购、手机钱包、积分返现等，都包含了支付环节的服务应用，这个环节逐渐被填满。而作为本身最擅长做支付业务的银行来讲，在 O2O 的支付环节，其扮演的仅仅是"收银员"的角色。

所以，银行需要考虑的是如何发挥自己在支付环节的优势，将 O2O 里的支付结算环节填满。随着 O2O 的发展，各种创新的移动支付方式层出不穷。移动支付是银行介入 O2O 的一个比较好的切入点。

其次，O2O 可能进一步加剧银行的"脱媒"。银行的盈利基础就是其资本和支付媒介的身份，而现在，互联网公司正越来越多地扮演着媒介的角色。先看资本媒介，信息不对称是借贷业务的根本。而互联网的特征在于开放，致力于消除信息不对称。可以想见，当信息充分公开和对称时，任何用户都可以自由选择资金使用方式，并不局限于在银行进行存贷款业务，这将使银行资本媒介的作用大打折扣。再看支付媒介的作用，随着电子商务的高速发展，越来越多的用户选择支付宝、财付通这类第三方支付机构，它们在原有的支付流程银行、经营者、用户的三角关系中，取代了银行的位置，此时的银行只能站在互联网背后，不直接参与支付流程，因此，支付环境也在脱离媒介作用（简称"脱媒"）。这就造成银行无法获知互联网上的具体商业行为是如何发生的——因为没有经营者和用户的网上行为的数据，也就不可能从数据中提取价值。因此，支付脱媒的本质是数据与技术的脱媒，这必将对银行业的未来产生影响。因为三方支付企业在分流银行客户。B2B、B2C、C2C 的电子商务模式，抢占了大量线上商户，现在再加上 O2O 模式把线下服务打通，更进一步侵蚀银行的领地，加速银行脱媒的风险。

5.4.2　O2O 给银行带来的机遇

银行业是最早进行互联网化的行业。1999 年 9 月，招商银行启动了国内第一个网上银行——"一网通"。经过多年的发展，招行已经从一家资本金 1亿元、30 余名员工的小银行，发展成了资本净额 1171 亿元的中国第六大商业银行。在与传统大型银行的竞争中，如何能够在避短扬长，发挥自己优势的同时，让用户能够更方便地使用招商银行的产品业务，网上银行很好地解决了物理网点不足等问题。但是，对银行业而言，互联网是一把双刃剑，一方面，能帮助银行更好地提供服务；另一方面，互联网的高速发展也正在或即将对银行业的盈利基础产生影响。

银行要介入 O2O，可从以下 3 个方面切入：移动支付；服务创新；跨界融合。

1. 移动支付

移动支付主要是指通过手机进行现场支付。移动支付的现场支付有两个趋势：一个是 NFC 技术的推广应用，但现在 NFC 技术在手机上的推广面临着定制机的问题，导致用户群受限；另一个是手机的 App 应用，或者叫手机应用支付。

2. 服务创新

服务创新即用 O2O 和 ITM（Interactive Trading Mode，互动交易模式）的思路优化银行自身的服务内容。ITM 强调线上选购、预约，线下体验、交易和消费。该模式将电子商务和传统的实体店铺结合，使线上与线下资源全面整合。它和 O2O 模式不太一样，但都涉及线上和线下的结合。银行自身的某些业务其实也可以利用线上与线下的结合来实现信息共享和事件协同的服务过程。目前我们在各家银行网站上看到的网上营业厅，基本局限于在线资料库的性质，同时也是一个在线申请的门户，仅此而已。今后的网上营业厅可能会有客户经理的加入，会有一些长流程的服务内容加入，从而通过互联网进行在线互动营销，这个营业厅相当于一个虚拟网点，它能够实现虚拟环境与实体网点的结合。这其实就是一个服务创新的思路。同时，通过面向客户经理、信贷员和银行管理层的各类移动应用完成银行客户服务创新之路。

3. 跨界融合

第三个创新是跨界融合。O2O 涉及的行业太多太广，银行不可能也没有必要打造以自己为中心的 O2O 闭环，而应将关注点集中到 O2O 闭环中的关键环节上。比如移动支付，考虑到相关行业未来发展的前景（不仅是 O2O），它应该作为今后银行主抓的基础性建设。现在大多数银行都有自己的支付平台，但支付平台上的直连商户并不是很多，更多商户可能需要通过支付宝等第三方商户来接入。银行提供的服务是跨界的，而 O2O 模式的完整闭环，就是一个天然的跨界服务场所。银行要运营，就要善于发掘合适的行业，找到合适的切入点，填充起行业的闭环。这样，这个闭环内的商户、客户自然就是银行的忠实用户了，从而使金融加服务，各自发挥自己的优势，为用户提供 O2O 最优体验。

互联网时代，银行业的互联网化并不意味着所有的业务全放在线上，传统业务在很长一段时间内需要与新兴的线上业务并行存在。不同的业务需要根据自身特点来定制产品业务特征、营销服务策略以及构建适合的技术架构。当然，传统业务和互联网业务不能完全割裂，毕竟传统业务需要借助互联网的方式更好地服务更多的用户，而互联网业务也需要借鉴传统银行业务的标准化、规范化和安全可靠等要求。

5.5 移动支付市场分析

理财、购物、缴费、旅行订酒店甚至贷款……这些原本分散、烦琐的事情，如今已能在一部小小的智能手机上方便快捷地实现。

2014 年，第三方移动支付市场交易规模达到 59924.7 亿元，较 2013 年增长 391.3%，继续呈现出较高的增长状态。而 2013 年，第三方移动支付的增长率达到了 707.0%。移动支付已经连续两年保持超高增长。预计 2018 年移动支付的交易规模有望超过 18 万亿元。

艾瑞分析认为，2014 年移动支付市场的快速增长原因：第一，移动互联网时代用户上网习惯从 PC 端逐渐迁移；第二，移动互联网的普及使得用户年龄、学历、收入等各维度都呈现长尾化趋势，使得用户数量快速增长；第三，支付场景的拓展使得移动支付成为网民继银行卡、现金外新的惯常使用的高频支付工具；第四，宝宝类货币基金的规模化和现金管理工具化带动了移动支付用户黏性的增长。

2009—2018 年中国第三方移动支付市场交易规模如图 5-1 所示。

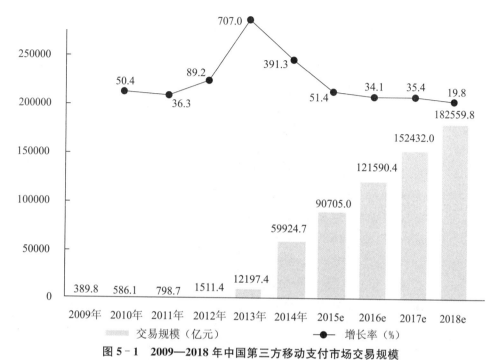

图 5-1　2009—2018 年中国第三方移动支付市场交易规模

注：①统计企业类型中不含银行和中国银联，仅指第三方支付企业；②自 2014 年开始不再计入短信支付交易规模；③艾瑞根据最新掌握的市场情况，对历史数据进行修正。

资料来源：艾瑞综合企业及专业访谈，根据艾瑞统计模型核算及预估根据。

2014 年中国第三方移动支付的市场集中度更加明显，支付宝、财付通两家企业占据了 93.4% 的市场份额，其中，支付宝的市场份额为 82.8%，财付通的市场份额为 10.6%。在移动支付时代，与传统的第三方互联网支付不同的是，同时拥有庞大用户群和应用场景的互联网企业掌握了绝对的市场份额优势。从网购支付通道慢慢成长起来的支付宝，在支付用户量级、黏性和场景铺设的速度和力度等方面都遥遥领先。财付通凭借微信支付腾飞，在用户和支付场景方面有了质的飞跃，前景值得期待。

2014 年移动支付虽然在市场份额上呈现集中趋势，但是各个参与者都积极布局，发挥自身的资源和优势，走差异化发展的道路。拉卡拉着重对社区电商和小微金融服务进行场景建设和发展。伴随着移动互联众应用的崛起，为联动优势、快钱、连连支付等手机 App 的应用带来机遇；翼支付在存量客户的发掘和新用户的拓展方面表现不俗；移动和包、壹钱包等应用，依托母公司的资源和特色逐步发展。

2014 年中国第三方移动支付交易规模市场份额如图 5-2 所示。

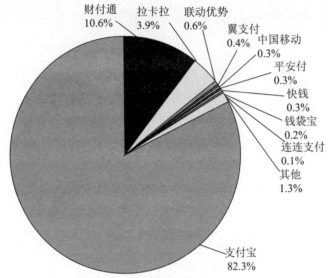

图 5-2 2014 年中国第三方移动支付交易规模市场份额

注：①统计企业类型中不含银行和中国银联，仅指第三方支付企业；②自 2014 年第二季度开始不再计入短信支付交易规模，历史数据已做删减处理；③艾瑞根据最新掌握的市场情况，对历史数据进行修正。

资料来源：艾瑞综合企业及专业访谈，根据艾瑞统计模型核算及预估数据。

艾瑞分析认为，移动互联时代的到来，为移动支付创造了新的使用场景，也使用户对移动支付和多种支付场景产生了理念化的新关联。比如，网民对于余额宝等货基的观念已经从生息逐渐转化方便支付行为的现金管理工具；同时，移动支付也与社交、搜索等行为紧密结合，更多地呈现出小额高频的支付特点。移动支付越来越成为继现金、银行卡外重要的支付组成部分。

以下我们着重了解占移动支付主要份额的移动支付产品：支付宝、财付通和拉卡拉。

5.5.1 支付宝

支付宝网络技术有限公司是国内领先的第三方支付平台，其致力于提供"简单、安全、快速"的支付解决方案。支付宝公司从 2004 年建立开始，始终以"信任"作为产品和服务的核心。作为中国主流的第三方支付平台，支付宝不仅从产品上确保用户在线支付的安全，同时致力于通过担保交易等创新让用户通过支付宝在网络间建立信任的关系，去帮助建设更纯净的互联网环境。

2013年6月，支付宝推出账户余额增值服务"余额宝"，通过余额宝，用户不仅能够得到较高的收益，而且能随时消费支付和转出，无任何手续费。"一元起售，草根理财"的观念随之深入人心。

2013年11月起，支付宝手机客户端"支付宝钱包"宣布成为独立品牌进行运作，这将为用户提供更加便捷的移动支付服务。在线下，支付宝钱包不仅内置了余额宝，真正实现了随时随地"移动理财"，更以成熟的账户支付体系和创新的支付解决方案为线下商户提供了更加便捷完善的移动支付服务。目前，支付宝钱包"当面付"功能已覆盖零售百货、电影院线、连锁商超、出租车等多个行业。

从2004年建立至今，支付宝及支付宝钱包已经成为O2O线上及线下众多商家首选的支付解决方案，为连接亿万用户及商户提供了基础的资金流服务。截至2015年6月底，支付宝实名用户数已经超过4亿。支付宝钱包活跃用户超过2.7亿，单日手机支付量超过4500万笔。2014年"双十一"全天，支付宝手机支付交易笔数达到1.97亿笔。支付宝由此成为全球最大的移动支付公司。支付宝稳健的作风、先进的技术、敏锐的市场预见能力及极大的社会责任感，赢得了银行等合作伙伴的广泛认同。目前，支付宝已经跟国内外180多家银行以及VISA International（威士国际组织）、Master Card International（万事达卡国际组织）等机构建立了深入的战略合作关系，成为金融机构在电子支付领域最为信任的合作伙伴。

对于支付宝在O2O领域的布局，支付宝提出"做工具"，而非做业务。目前，支付宝已经推出条码收银、条码支付、摇摇支付和二维码扫描支付"悦享拍"等产品。可以肯定的是，支付宝已经足够强大，从商户资源上，其来自淘宝天猫之外的业务已经超过50%。如果与PayPal（国际贸易支付工具）相比，前者每天的交易处理量是20亿元资金，500多万笔交易，而支付宝是70亿元，3000多万笔交易，不夸张地说，这家国内最大规模的第三方支付公司，已跨入世界一流支付企业行列。在移动支付中，国内80%的手机电商支付使用支付宝。

作为支付工具和支付解决方案供应商，支付宝的行业解决方案的核心能力是生活服务类产品，包括卡券类、团购类、航旅类等。以卡券类平台为例，这类平台商提供了优惠券、打折卡、充值卡等众多形态的产品，涉及卡券的核销，事实上，试图闭环O2O的公司没有任何一家公司有能力解决其中的复杂性，支付宝则为商家提供卡券类平台化的生命周期管理服务。但需要指出的是，在教育、金融、保险业务上，支付宝相对于竞争对手的领先优势并不明显。

支付宝正在试图挖掘支付环节的资源，新的亮点如下。

（1）与物流企业合作，推出支付宝 POS 支付业务。这是有别于传统金融公司的 POS 机业务，利用支付宝后台的 TOS 平台系统，整合商户资金流、信息流和物流，为客户提供货到付款服务。

（2）与 58 同城合作。将阿里平台上的担保交易服务移植到 58 平台上。

（3）与航班管家合作，帮助这家传统的信息服务提供商的业务介入消费者与商家的交易环节，将信息转变为支付的交易。事实上，航班管家案例对于相当多的以提供资讯为生的移动互联网公司有巨大意义，毕竟，通过支付对消费数据的挖掘形成了价值的流动，而消费数据的挖掘空间本身就非同凡响。

支付宝与银行如何竞合？"合作越深入，双方的互补性越强"，支付宝自然不会做存息揽储的业务，但是，支付宝在传统银行的中间业务上的深耕细作已不容小觑，它是中国最大的电力缴费支付提供商。其在小额信贷业务上更是独树一帜，有数据显示，2014 年上半年，阿里金融的小额贷款业务共投放贷款 130 亿元。这样的贷款投放规模对于大银行来说并不算什么，但那些致力于微贷业务的中小银行无疑会被其吓出一身冷汗。支付宝依托于淘宝的强大庇护，积累了大量的用户，并通过支付宝平台拓展了转账、支付、缴费等业务，从而占据了远程支付市场的半壁江山，而在新兴移动支付的未来战场上，虽然支付宝也做到了独占大头，但竞争才刚刚开始。

5.5.2 财付通

财付通是腾讯公司于 2005 年 9 月正式推出的专业的在线支付平台，其核心业务是帮助在互联网上进行交易的双方完成支付和收款，致力于为互联网用户和企业提供安全、便捷、专业的在线支付服务。个人用户注册财付通后，即可在拍拍网及 20 多万家购物网站轻松进行购物。财付通支持全国各大银行的网银支付，用户也可以先充值到财付通再享受更加便捷的财付通余额支付体验。

财付通的移动支付手段其实跟支付宝大同小异，两者有太多的共同点，那就是在第三方支付的"圈子"里，支付宝和财付通是两个"非富即贵"的"创二代"，分别靠着淘宝和腾讯这两大"母体"平台的资源，获得了不少直接的支持。

　　用户黏性高、新用户转换成本低……这些都是人们对这两家公司先天优势的解读。的确，在淘宝购物的用户已习惯使用支付宝付款，而将腾讯注册用户转换成财付通用户，通过"QQ钱包"一键转换便能实现。

　　财付通的支付方式，这种支付包括两种方式：①SMS（短信通群发系统）提供基础的支付服务，指通过短信发起，确认各种移动支付任务。例如，目前比较成熟的短信代收费购买虚拟产品业务，以及由线下购物代码或二维码驱动的实物或虚拟产品购物等。②移动互联网（WAP或客户端）完成较为复杂的支付流程，指通过WAP网站或手机上的支付客户端进行支付操作。例如，手机商城中的财付通支付等。现场支付主要由NFC（近距离接触）技术芯片支持。财付通移动支付功能如图5-3所示。

图5-3　财付通移动支付功能

　　针对普通账户，财付通提供充值、提现、支付和交易管理服务。并且，对于企业用户，财付通还提供支付清算服务和辅助营销服务。

　　（1）充值：从绑定银行卡账户向财付通账户划款。

　　（2）提现：从财付通账户把资金转入银行卡、银行账户上。

　　（3）支付：将资金从买家财付通账户转入卖家财付通账户下。

　　（4）交易管理：用户可以通过交易管理查看自己的交易状态。

　　（5）信用卡还款业务：从财付通账户往信用卡账户划拨资金。

　　（6）转账还款：信用卡还款、付到银行卡、邮政汇款、还房贷。

　　（7）缴费充值：手机充值、水电煤缴费、话费宽带、充Q币Q点、开通QQ服务。

　　（8）其他应用：彩票卖场、机票订购、汽车票代买。

　　目前部分城市已经开通了使用财付通缴纳水费、电费、燃气费、通信费等服务。

除了上面列举的服务之外，财付通还提供了商家工具，以方便用户使用财付通出售自己的商品。主要的商家工具为"财付通交易按钮""网站集成财付通""成为财付通商户"。

虚拟物品中介保护交易功能：如果用户玩的是腾讯旗下的网游，那么在用户出售装备、游戏币的时候，可以通过财付通里的虚拟物品中介保护交易来进行操作，此交易的步骤和现有的游戏交易平台步骤一样，操作上略作修改，买卖双方通过 E-mail 通知进行付款、发货操作。提现也相对简单。此功能在处理交易纠纷方面，更加人性化。腾讯把游戏后台的交易数据，直接运用到了交易的安全方面。如果在买卖中用户出现了被骗现象，那么在被骗以后，用户可以直接打电话给财付通客服进行投诉，客服会去游戏中调查买卖双方的游戏后台交易数据，只要双方确实在游戏中交易过，游戏后台有交易数据记录，那么客服就会帮助受害者找回装备，或者退回货款。

从移动支付来说，财付通和支付宝一样存在一个不太方便的地方，即没能把各种各样的消费整合起来。在这方面，财付通坚持 QQ 用户群营销的思路，再通过对旗下商家提供的线下服务进行合理整合的方式，让消费者感受到一个全方位的产品集群，这样做既为商家提供了营销服务，又能向用户提供更为全面的产品，刺激用户消费。

5.5.3 拉卡拉

拉卡拉集团是联想控股成员企业，成立于 2005 年，是目前中国最大的线下支付公司，2011 年第一批获得由中国人民银行颁发的《支付业务许可证》。

拉卡拉是中国便民金融服务的开创者及领导者，拉卡拉在全国超过 300 个城市投资了超过 10 万台自助终端，遍布所有知名品牌便利店、商超、社区店，每月为超过 1500 万人提供信用卡还款、水电煤气缴费等公共缴费服务。

2007 年 9 月，拉卡拉与平安银行签署战略合作协议，双方在电子账单以及信用卡还款方面展开合作。随后，拉卡拉陆续与其他商业银行展开了类似的合作。拉卡拉已经与中国银联以及包括工、农、中、建四大国有商业银行在内的 50 余家银行建立了战略合作伙伴关系。在任何一个拉卡拉便利支付点，利用拉卡拉的智能刷卡终端，用户都可以使用带有银联标志的借记卡为指定信用卡还款，拉卡拉终端支持所有银行的借记卡及拉卡拉签约服务银行的信用卡。

　　拉卡拉此前与电商的合作主要集中在支付环节方面，即通过支付宝渠道实现线上购物、线下刷卡付款。"开店宝"终端的推出，可以改变拉卡拉在电商领域购物、支付分离的用户体验，实现购物、支付一体化；更重要的是，大举铺设线下终端，意味着拉卡拉在电商中扮演的角色将从纯粹的支付工具扩展为"移动支付＋渠道"。

　　此外，拉卡拉还为用户提供特惠、团购、账单分期等多种增值服务，为用户创造消费价值。拉卡拉始终坚持"让支付更简单"这一经营目标，整合资源，不断创新，提供个性化的服务体验，是用户身边名副其实的便民支付专家。

　　拉卡拉在移动支付这一领域跟支付宝和财付通走的不是同一条路线，它依靠线下广布各种终端设备来提高用户的移动支付便捷性，因此说到拉卡拉就不得不说一下它的各种终端。目前的自助终端包括了拉卡拉收款宝 POS、拉卡拉手机收款宝、拉卡拉开店宝、拉卡拉手机刷卡器、拉卡拉 MINI 等。

1. 收款宝

　　拉卡拉收款宝 POS（简称"收款宝"）是拉卡拉公司继便利支付智能终端之后最新推出的一款专门面向全国大量中小、微型商户的专属智能多用途收款终端。它整合了商户的收款需求和便利支付业务需求，重点解决商户收款难、申请难、结算难、服务难问题，同时摆脱了传统收款终端功能单一的缺陷，创新性地融入信用卡还款、手机充值、网购付款、游戏点卡、水电煤缴费等拉卡拉专有的便利支付业务，实现了收款、付款、缴费、充值功能四合一。它丰富了商户的银行卡受理和服务功能，是商户开店收款、聚集人气、增值服务、增加创收的必备工具。拉卡拉收款宝 POS 如图 5-4 所示。

2. 开店宝

　　开店宝是拉卡拉的便民支付平台面向中小商户开发的一款平板智能终端。它不仅为个人用户提供便民银行、便民生活、便利缴费等便民业务，还可以解决商户承载千百种热销的品牌厂商和知名电商的商品的问题，同时帮助商户打通进货渠道，提供收单收款的服务。拉卡拉开店宝如图 5-5 所示。

图 5-4　拉卡拉收款宝 POS

图 5 - 5　拉卡拉开店宝

3. 手机收款宝

拉卡拉手机收款宝是一款面向小微商户的全新移动收款终端。相对于传统 POS 机，拉卡拉手机收款宝开通便捷、操作简单、价格低廉。

手机收款宝是由拉卡拉集团自主研发的，为 iOS、安卓智能手机平台商户提供收单服务的移动产品，包括手机收款宝硬件和手机收款宝客户端软件两部分。手机收款宝功能：收款、撤销交易、信用卡还款、手机充值、转账汇款、余额查询、交易查询。拉卡拉手机收款宝如图 5 - 6 所示。

图 5 - 6　拉卡拉手机收款宝

4. 拉卡拉手机刷卡器

拉卡拉手机刷卡器是拉卡拉推出的自主知识产权的个人刷卡终端，拉卡拉手机刷卡器是一款通过音频进行数据传输的刷卡外设终端，支持 iPhone、HTC、小米等各类主流手机以及 Pad 产品。其主要提供信用卡还款、转账汇款、在线支付等便民生活便利支付的金融服务。拉卡拉手机刷卡器如图 5-7所示。

图 5-7　拉卡拉手机刷卡器

　　拉卡拉作为移动支付市场新秀，动力强劲，发展到如今，拉卡拉实现了电子账单、移动终端、移动支付方面的突破，而对于未来，就像拉卡拉董事长兼总裁孙陶然说的，拉卡拉要明确 4 个方向：线下电商、移动支付、收单和金融服务。

　　在移动互联网时代，只有更轻的"车"，才能驶上更快捷的"超车道"，移动端的快捷支付将支付工具和用户体验进行了一次很好的绑定，线上线下的互动也延伸出一个很长的支付时间轴。不依赖硬件的解决方案，意味着更低的硬件成本、更广泛的适应人群和更完美的支付体验。在抓住质变机遇上，没有包袱的后来者往往能站在下一波浪潮的巅峰上，在中国，移动支付也许能完成一次对银行卡的"弯道超车"，漂亮地站上浪潮之巅。

5.6　移动支付展望

1. 向小城镇和乡村的渗透率增速将提高

　　随着智能终端的普及和功能升级，以及 4G 网络在中国各地区全方位的普及，我国超 7.3 亿城镇人口和超 6.3 亿农村人口将陆续享受到移动互联网带来的便利。类似其他行业的发展趋势，移动支付行业也势必会出现从一、二、三、四线城市逐渐辐射到乡、镇、村的过程。现在主流的移动支付参与者已经将渠道下沉列为未来主要的展业方向之一，移动支付行业在我国小城镇和乡村地区的渗透率将会更快速地增长。

2. 手机钱包将逐步接近实体钱包的适用范围

支付宝、财付通、拉卡拉等企业均会继续抢占线下的支付场景，无论是打车、餐饮、商超，还是医疗、交通、金融等领域，更多的实体场景将能接受手机钱包的付款方式。扫码支付将比 NFC 更早地在线下市场蔓延。未来，苹果、三星等手机厂家也将纷纷进入中国的移动支付领域，NFC 近场支付将为线下移动支付的发展带来更多的想象空间。移动支付将逐步发展成可以替代银行卡、现金的支付工具。

3. 移动支付用户小额高频化趋势更明显

2015 年春节，"抢红包"不仅登陆了直播 7 亿收视率的央视春晚，还成为春晚观众互动的一个重要环节。这标志着"抢红包"背后的移动支付完成了量的积累，正式升级成了一个全民参与的社会现象。抢红包让众多长尾用户"初识"和"初试"了移动支付，当部分用户自助或在亲朋的帮助下完成注册、认证、绑卡等过程后，便形成了向移动支付用户的转化。支付宝、财付通等企业再趁热打铁地跟进一些培养用户小额高频的使用习惯的营销活动等，真正将这部分长尾用户培养成有效用户，这将完成移动支付的质的飞跃。

4. 移动支付助力手机应用拓展商业模式

预计更多的手机 App 将会增加应用场景，并通过垂直化电商的方式变现。移动支付的普及将为作为流量入口的手机应用提供新的商业模式和流量变现手段。移动支付用户数量的增加和 in-App 支付模式的发展，使得拥有流量且作为垂直支付场景的手机 App 拥有了加载垂直型电商模式的用户基础和技术条件。这种条件为其商业模式的拓展也为 in-App 型移动支付企业的发展提供了机遇。

5. 移动支付将成为商户营销分析的重要工具

2015 年春节"抢红包"活动相比 2014 年，除了个人对个人的 P2P 模式之外，还增加了 B2C 类的红包，企业通过支付宝红包、微信红包等方式向用户发放代金券、优惠券等，完成了一次由用户主动发起的"反向营销"，这只是移动支付对于商户营销和分析的一种方式。此外，预计更多的线上线下移动支付消费场景的拓展，将使更多商户通过"服务窗""支付返券"等方式获得营销客户和客户信息管理的渠道。

6 O2O 与电子商务

电子商务是指在互联网、企业内部网和增值网上以电子交易的方式从事商务或交易活动，是传统商业活动实现电子化、网络化的行为。我们经常说的网上（线上）购物的模式就是电商概念。如果把电子商务的概念无限化，就是广义电商的概念：利用电子工具或技术进行的商务活动。O2O本身就是商务行为的互动模式，因此，它是广义电商概念的一种，是一种新型的电子商务模式。

O2O将线上网店与线下消费有效融合，即将线下商务机会与互联网结合在了一起，让互联网成为线下交易的前台。线下商家通过免费开网店，将商家信息、商品信息等展现给消费者，就此招揽顾客，消费者可以在线上筛选商品，线下体验服务，成交也可以在线结算。该模式最重要的特点：推广效果可查，每笔交易都可跟踪。

电子商务是互联网发展日臻成熟的直接结果，是网络技术应用新的发展方向。互联网自身所具有的开放性、全球性、低成本、高效率特点，已成为电子商务的内在特征，并使得电子商务大大超越了作为一种新的贸易形式所具有的价值。电子商务以其独特的价值在现代市场经济中独树一帜，完美地实现了低成本差异化，追踪消费者个性化需求，使企业能在降低成本的同时提高效率，获得丰厚回报。随着互联网的日益普及，全面社交媒体的大量兴起，电子商务竞争日益激烈，O2O模式成为企业竞争的新模式，重新发掘了本地化企业的商机。

1. O2O 模式对电子商务的机遇

常见的O2O模式是顾客通过搜索引擎找到感兴趣的商品和服务，以线上交易的方式获取电子凭证，即线上订购后，购买者可以收到一条包含二维码的彩信，购买者可以凭借彩信到服务网点经专业设备验证通过后，享受对应的服务。这一模式很好地解决了线上到线下的验证问题，安全可靠，且可以后台统计服务的使用情况，在方便了消费者的同时，也方便了商家。O2O模式凭借全面社交媒体与客户在线互动，获得了大量潜在消费者的关注，吸引了大量消费者，并将消费潜力转化为了消费体验。

2. O2O 模式对电子商务的挑战

虽然 O2O 模式解决了传统行业的电子商务化问题，但是，O2O 模式也对电子商务提出了一个不小的挑战，其中线下消费的质量和体验成为决定模式能否成功的关键。由于真正消费的服务或者产品必须由消费者去线下体验，而在线平台无法承诺或保障服务质量，这对整个电子商务流程的关联性提出了更高的要求。对那些线上迅速崛起的创业型公司而言，是通过合作还是垂直控制线下实体，从而保障消费体验的一致性，是一个很大的问题，比如美国发展迅速的短期租房网站 Airbnb 就因为线下的问题遭到了很多人的质疑，曾有一名房客"洗劫"了房东的房间，Airbnb 团队对线下风险把控的不足也显示出了这种模式的短处。

6.1　电子商务商业模式

商业模式这一较新名词首次出现于 20 世纪 50 年代，但直到 20 世纪 90 年代才开始被广泛使用和传播。直至今日，虽然这一名词出现的频度极高，但对于商业模式的定义，理论上并没有统一的解释，归纳起来可分为 3 类：价值创造模式论，此理论认为商业模式就是企业进行价值创造的模式；盈利模式论，这种理论认为商业模式就是企业的运营模式、盈利模式；体系论，这一理论认为，商业模式是由多种因素构成的系统。

商业模式的核心原则，即商业模式的内涵、特性，是对商业模式定义的延伸和丰富，是成功商业模式必须具备的属性。它包括以下原则。

1. 客户价值最大化原则

一个商业模式能否持续赢利，与该模式能否使客户价值最大化有必然关系。一个不能满足客户价值的商业模式，即使赢利也一定是暂时的、偶然的，是不具有持续性的。反之，一个能使客户价值最大化的商业模式，即使暂时不赢利，但终究也会走向赢利。因此，应该把对客户价值的实现再实现、满足再满足当作企业始终追求的主观目标。

2. 持续赢利原则

企业能否持续赢利是我们判断其商业模式是否成功的唯一的外在标准。持续赢利是指既要赢利又要有发展后劲，具有可持续性，而不是一时的偶然赢利。持续赢利是对一个企业是否具有可持续发展能力的最有效的考量标准，赢利模式越隐蔽，越有出人意料的好效果。

3. 资源整合原则

整合就是要优化资源配置，就是要有进有退、有取有舍，就是要获得整体的最优。

4. 创新原则

一个成功的商业模式不一定是在技术上的突破，而是对某一个环节的改造，或是对原有模式的重组、创新，甚至是对整个游戏规则的颠覆。商业模式的创新形式贯穿于企业经营的整个过程之中，贯穿于企业资源开发、研发模式、制造方式、营销体系、市场流通等各个环节，也就是说，在企业经营的每一个环节上的创新都可能变成一种成功的商业模式。

5. 融资有效性原则

企业生存需要资金，企业发展需要资金，企业快速成长更是需要资金。谁能解决资金问题，谁就赢得了企业发展的先机，也就掌握了市场的主动权。因此，融资模式的打造对企业有着特殊的意义，对中国广大的中小企业来说更是如此。

6. 组织管理高效率原则

高效率是每个企业管理者都梦寐以求的境界，也是企业管理模式追求的最高目标。按现代管理学理论来看，一个企业要想高效率地运行，首先要解决的是企业的愿景、使命和核心价值观，这是企业生存、成长的动力，也是员工干好的理由。其次是要有一套科学的、实用的运营和管理系统，解决的是系统协同、计划、组织和约束问题。最后还要有科学的奖励激励方案，解决如何让员工分享企业的成长果实的问题，也就是向心力的问题。

7. 风险控制原则

风险既包括系统外的风险，如政策、法律和行业风险，也包括系统内的风险，如产品的变化、人员的变更等。

综合上述商业模式的概念及核心原则，电子商务商业模式是指企业借助网络市场通过信息流、资金流和物流来进行价值创造的运作机制。其核心体现了企业在电子商务运营中创造的价值及从中所获的利益。

传统观点是将企业的电子商务模式归纳为 B2C（Business to Customer）、B2B（Business to Business）、C2B（Customer to Business）、C2C（Customer to Customer）、B2G（Business to Government）等商业模式。

6.1.1　企业与消费者之间的电子商务商业模式

B2C 电子商务，即企业与消费者之间的电子商务模式。这是网民最为熟悉的一种电子商务类型，即利用计算机网络，使消费者直接参与经济活动，基本上算是电子零售。目前这种电子商务类型，在互联网上有很多例子，如全球最大的网上书店亚马逊书店、我国的当当网等。通过互联网，企业和消费者可以直接进行商品买卖，这种模式可以提供的商品和服务包括鲜花、书籍、计算机和法律服务等。

B2C 商务的企业参与者，从卖方角度，既可以是生产企业，也可以是流通企业。生产企业销售更多的是网络直销，流通企业的销售则体现为网络商店销售。从商业的角度看，它首先必须有一套产品，然后才能销售。

B2C 电子商务模式的特点是商品通过网络交易，从消费者网络选择和比较购物，到网上支付、物流配送和售后服务，都可以通过网络来完成，而不需要当面交易。全面展示商品、安全方便的支付系统、快捷完善的物流配送是 B2C 电子商务模式的核心。

B2C 商业模式的运作包括以下几个方面。

（1）用户通过入口网站发现特定的目标网站后，将接收来自目标网站（店家）的商品信息。

（2）用户将个人信息提交给店家，而店家会存储使用者信息，以作为未来的营销基础，当用户要在某店家消费时会输入订单信息和支付信息。

（3）将订单信息、电子认证信息及支付信息送到店方的交易平台，商店只保留订单信息，其余的发送到认证。

（4）收款银行请求授权，并完成认证。

（5）认证完成后，店家将资料送到物流平台，最后完成物流的配送工作。

6.1.2　企业与企业之间的电子商务商业模式

B2B 电子商务，即企业与企业之间的电子商务模式。它是指企业通过电子网络平台进行的信息发布、合同谈判、订货付款以及货物发送、管理等各方面的活动。

根据网络技术的应用，电子商务企业实施的模式有 3 种类型。

1. 基于增值网络和内联网（Intranet）的封闭电子商务模式

该模式下企业有选择性地接受用户信息，控制与企业连接的用户，商务的主要活动是支持交易之前和交易过程中的信息交换和文件传输，交易后的环节还要依靠传统方式。

2. 基于 EDI 的企业间网基础上的电子商务模式

互联网络技术在这一模式中的运用，使与企业有密切业务关系的单位通过互联网络实现企业间的网络互联，通过防火墙来禁止非关联的单位或个人连接，以保证网络的安全性。该网络实现了企业间的在线交易。

3. 基于互联网基础上的企业间电子商务模式

这是当下使用比较多的一种模式，基于互联网的企业间电子商务模式使用标准化的网络和标准化的电子商务协议，以及标准化的商业软件，这使得电子商务的发展和维护更加规范。

B2B 电子商务模式具有市场潜力大、交易率高、成本低、买方和卖方双赢、供应链管理大大改善、行业突击化、专业性强、配送和结算相对比较容易等特点。具体主要体现在以下几点。

（1）面向制造业和面向商业的垂直 B2B

垂直 B2B 可以分为两个方向，即上游和下游。生产商或商业零售商可以与上游的供应商之间形成供货关系，比如，Dell 电脑公司与上游的芯片和主板制造商就是通过这种方式进行合作。生产商与下游的经销商可以形成销货关系，比如，Cisco 与其分销商之间进行的交易。

（2）面向中间交易市场的 B2B

这种交易模式是水平 B2B，它是将各个行业中相近的交易过程集中到一个场所，为企业的采购方和供应方提供了一个交易的机会，如阿里巴巴、环球资源网等。B2B 只是企业实现电子商务的一个开始，它的应用将会得到不断发展和完善，并适应所有行业的企业的需要。

（3）业务国际化

一批 B2B 电子商务企业在上市融资后，无论是产品还是业务领域都将拓展到海外市场，而国际的一些 B2B 厂商也在谋求中国业务的开拓和发展。

（4）服务外延化

在信息服务的基础上，提供诸如软件服务、支付、物流、信用担保等更多的服务项目和内容。

6.1.3　消费者与消费者的电子商务商业模式

C2C 电子商务，即消费者与消费者之间的电子商务模式，买卖双方依赖于第三方电子商务平台来完成交易。从事电子商务行业的公司通过互联网技术，建立的供买卖双方进行交易活动的在线交易虚拟空间称为第三方电子商务平台，如淘宝、易趣、拍拍等。利用这个平台，卖方可以主动提供商品的在线销售，销售方式可以是折扣销售、定价销售、拍卖销售等；而买方则可以自行选择需要的商品进行购买，购买方式有促销购买、定价购买、竞价购买等。随着互联网的普及应用和用户数量的不断增加，可以看到这类电子商务发展势头强劲。

C2C 模式与 B2B 模式一样，必须借助于第三方提供的交易与服务平台，消费者才能够完成相互之间的交易。与传统的个人与个人之间的交易活动相比，电子商务环境下的 C2C 交易必须借助于第三方平台，否则无法进行，同时它也有优于传统交易模式的地方，那就是不受时间和空间的限制，可以在任何时间、任何地点从事交易活动，交易双方无须当面交易。

C2C 商业模式的运作流程：

（1）卖方将要出售的货物登记在社区服务器上；

（2）买方通过入口网页服务器得到货物信息；

（3）买方对卖方的信用度进行检查后，选择想买的货物；

（4）通过管理交易的平台，完成数据的记录；

（5）付款认证；

（6）买方付款；

（7）通过网站的物流配送系统，将货物交给买方。

6.1.4　消费者与企业之间的电子商务商业模式

C2B 电子商务，即消费者与企业之间的电子商务模式。这是一种创新的电子商务模式，是最先由美国流行起来的消费者对企业的模式。不同于传统的供应商主导商品，C2B 模式的核心是将分散但数量庞大的用户聚集起来从而形成一个强大的购买群体，以此来改变 B2C 模式中商家对用户出价的弱势地位，使用户享受到以大批发商的价格购买单一商品的效益。虽然目前国内很少有厂家完全应用这种模式，但对消费者而言，这确实是一种理想化的消费模式。例如，目前如火如荼的团购。

6.1.5　企业与政府之间的电子商务商业模式

B2G 电子商务，即企业对政府方面的电子商务模式。这种商务活动包含企业与政府组织间的各项事务，包括政府采购、税收、商检、管理条例发布及法规政策颁布等。一方面，政府作为消费者，可以通过网络发布自己的采购清单，所需物品的采购可以透明、公开、廉洁、高效地完成；另一方面，政府的宏观调控、企业控制、监督和管理的功能通过网络以电子商务方式更能及时、充分地发挥。在网络及信息技术的帮助下，政府部门可以更快速、全面地获取所需要的信息，以做出正确决定，快速响应，并快速、直接地将调控信息和政策法规传递给企业，从而起到管理与服务的作用。

6.1.6　O2O 电子商务商业模式与 B2B、B2C 及 C2C 的比较

电子商务以其独特的价值在现代化市场经济中独树一帜，它的独特价值在于低成本实现差异化，进一步在竞争中为消费者带来更高需求的满足。过去，在传统工业领域中，我国 B2B 电子商务迅速发展起来。其实，B2B 只是一个开始，它能够节省成本，并且能迅速地扩大客户群，是企业实现电子商务，推动企业业务发展的一个最佳切入点，企业获得最直接的利益就是降低成本和提高效率，从长远来看也能带来巨额的回报，但其在中国电子商务环境中还存在诸多不尽如人意之处。例如，B2B 模式不能充分展示企业的个性化，买家面对的是产品图片和产品价格，这些对于那些中高端的企业来说就会显得不公平。B2B 的平台没有解决买家访问量低的问题，这个问题是普遍存在的。企业竞争白热化，B2B 的商业模式利润越来越低，并且依赖于 B2B 平台，企业一旦撤回投资，自身营销价值为零。这些都是影响 B2B 模式发展的因素。

C2C 模式的优点在于能够快速凝聚人气，开站建构的成本较低，网站技术需求也很普通。总的来说，即门槛低，易于上手。但是，C2C 电子商务发展中面临的最大问题是基本信用无法解决的问题，信用问题随着互联网及电子商务的发展会越来越突出。商家鱼目混杂，其中不乏黑店的存在，这是C2C 无法避免的问题。

B2C 模式具有较雄厚的资金支持，能不断引进较新奇或限量发行的商品，更好地满足市场需求，并且对商品能提供良好的售后服务。国内 B2C 市场的发展势如破竹，低价、便捷、相对完善的质量保障体系，成功地将大量用户变身为"网购达人"。目前，电子商务行业以 B2C 模式为主。在具备优势的同时，其劣势也是明显的。B2C 模式是类似于互联网的运作模式，一般来说投入相对较大，回报周期长，随着 B2C 的快速崛起，同质化现象也逐渐严重，

竞争越来越激烈。

O2O 模式的一个主要特点就是线上吸引顾客，线下提供服务。单一的线下商城优势主要在于可以亲身体验，有最真实的触感，但价格方面的劣势让不少消费者望而却步。对于线上来说，例如 B2C，品种齐全，价格低廉，快速便捷，但问题在于，不管线上的环节如何完善，不管商家们如何绞尽脑汁改善用户体验，虚拟购物始终无法带来现场购买那种身临其境的感觉。此时，O2O 的优点浮出水面：平台通过在线的方式吸引消费者，但真正消费的服务或者产品必须由消费者去线下体验，这就将线上的价格优势与线下的服务优势集于一身，可为用户带来更加完善的消费体验。

O2O 概念的出现，推动着电子商务商业模式的转型，它将引导电子商务行业走向蓝海，拓宽电子商务的发展方向，由规模化走向多元化。当然，正所谓机遇与挑战并存，这种新的电子商务的新模式面临的困难还有很多，O2O 的发展壮大还要跨越诚信经营、商家资质、创新能力这三道坎儿，且服务质量是 O2O 的重中之重。可见，它的发展还需要面对很多挑战。

6.1.7　O2O 模式对电子商务各环节的影响

O2O 模式将影响电子商务的各个环节，推动营销渠道的变革与重组。这种商业模式不仅仅是简单的线上线下平台搭建，还会影响到品牌推广、价值传递、产品创新、销售体系的设计等一切与影响消费者决策有关的商务活动。

1. O2O 模式对线下商家的影响

O2O 模式可以作为线下企业商业推广的新平台。对本地商家来说，O2O 模式要求消费者在线支付，支付信息会成为商家了解消费者购物信息的渠道，方便商家收集消费者购买数据，进而达到精准营销的目的，更好地维护并拓展客户。通过线上互动增加的顾客并不会给商家带来太多的成本，反而带来更多利润。另外，O2O 模式在一定程度上降低了商家对店铺地理位置的依赖，减少了租金方面的支出。O2O 模式使厂商可以"原汁原味"地将产品价值、品牌形象传达给消费者，增强消费者对品牌的忠诚。同时，O2O 模式通过统一的生产销售计划，完成库存和物流的优化配置，从而实现销售利润新的增长点。

2. O2O 模式对线上提供商的影响

拥有大量优势用户资源、本地化程度较高的网络服务提供商将借助 O2O 模式，成为角逐未来电子商务市场的主力军。对这些服务提供商来说，O2O

模式可带来大规模高黏度的消费者，进而能争取到更多的商家资源。同时，凭借掌握的庞大的消费者数据资源，还能为商家提供其他增值服务。借助于各种智能终端的应用，在最大限度积累消费用户和大规模的运营网点覆盖的前提下，保证用户可以随时随地享受消费服务的乐趣，最大限度地提升用户体验，在无形中进行商业服务的再推广、用户的再积累，形成商业服务的良性循环链。

3. O2O 模式对第三方支付平台的影响

第三方支付是 O2O 模式中实现闭环的关键，是完整产业链中负责加速资金周转的一个环节，它既能够提供互联网金融服务，也能为线上线下企业提供增值营销服务。第三方支付不仅保证资金的安全和使用效率，还可以为线下行业提供定制化的支付解决方案，成功推动了线下行业的电子商务化转型。如在航空客票支付方面，第三方支付平台通过个性化的支付解决方案，将航空客票价格的实时变化与旅游服务提供商相链接，开发出个性化的支付平台。一方面，第三方支付可以挖掘消费数据为企业做精准营销；另一方面，体量较小的企业去银行贷款时，第三方支付拥有的消费数据可以为银行贷款提供直观的评估。

4. O2O 模式对消费行为的影响

O2O 模式要求消费者理性消费。对消费者而言，O2O 提供有丰富、全面、及时的商家折扣信息，能让消费者快捷筛选并订购适宜的商品或服务，且商品或服务价格实惠，但是消费者要对线下实体提供服务的质量进行甄别，不能仅仅关注价格和数量，要形成成熟的网络消费理念。当前大多数消费者选择在线上进行产品或服务的信息收集，对产品或服务的性能参数、价格进行对比，通过网上支付并选择线上配送。而 O2O 模式下的产品体验主要依托线下实体渠道完成，消费者会通过线下实体店进行产品体验，线上、线下整合双方优势，让终端消费者的注意力从价格转移到产品、品牌、服务，从而引导消费行为健康成长。

6.1.8 当前发展环境对 O2O 电子商务模式的影响

随着我国互联网的深入发展和各行业信息化建设的推进，电子商务继续保持着高速增长状态。近年来，电子商务与传统实体经济的结合，成为发展电子商务的新蓝海。电子商务渗透到工业、农业、旅游等不同的领域，这些正是电子商务融入普通老百姓生活的直接表现。

这种经济环境，对 O2O 的发展而言，可以说既有有利的一面，也有不利的一面。

1. 从有利的方面看

电子商务的高速发展对 O2O 模式的形成及发展起到了推波助澜的作用。

从线上消费去线下享受的 O2O 反向模式的主流逐渐开始发展到线下实体消费、线上享受。线上带动线下消费的同时，线下的推广营销的方式也能促使线上贸易的进行。

这个发展趋势使得 O2O 电子商务模式有了发展的动力，在线上商家可以通过广告效应加大 O2O 的宣传力度，推动 O2O 的发展，同时可以让其他商家在网页上发布广告来获取广告收益。

2. 从不利的方面看

虽然，从整体环境来讲，O2O 的前景是十分可观的，但其中也面临了许多问题，有关 O2O 的负面新闻不断曝光，如团购行业裁员、烧钱、投诉等，使 O2O 的发展受到一定的影响，并让一部分商家对 O2O 这种电子商务模式产生了质疑。再加上有一些商家为了谋取更多的利润，在诚信、商家资质、服务质量等方面都出现了不同层次的问题，让消费者也有些担忧。这些不利于 O2O 发展的负面影响，给 O2O 在前进的道路上设置了很多阻碍。

总的来说，O2O 这个电子商务商业新模式对新品、新店的推广有很好的效果，尤其拉动了实体店的发展。O2O 模式，其长远的发展机会还很大。从其带来的良好效益以及广阔的发展前景看，虽然有些不足，但随着发展过程中的不断完善，这些问题是可以解决的。

6.2 "双十一"促销

企业在推出特定的市场活动之前，通常应该找准市场的需求并运用恰当的营销噱头，以紧紧抓住目标受众的眼球，"双十一"就为企业创造了一个很好的噱头。

"双十一"指每年的 11 月 11 日，由于这一天日期里有 4 个阿拉伯数字"1"，形似 4 根光滑的棍子，因此被称为光棍节。光棍节是一种在年轻人中流行的娱乐性节日，它产生于校园，并通过网络等媒介传播，逐渐形成了一种光棍节的文化。2009 年，淘宝敏锐地抓住了光棍节的时机，在 11 月 11 日进行了五折促销，引发亿万网民疯狂抢购热情，自此以后，大型的电商网站都会利用这一天来进行大规模的打折促销活动，以带动人气，提升销售。这一天从一个普通的日子逐渐成为中国电子商务行业乃至全社会关注的年度盛事。

为什么"双十一"能够引爆购物狂潮呢？因为前有国庆节，后有圣诞节，处于两节之间的光棍节就有了比较大的挖掘空间。而节日的气氛总是能很容易地带动消费者的购买热情，电商巧妙地在光棍节之日大力促销自己的产品，相对更易获得经济利益的丰收。同时，中国网民数量的急剧增长，年龄的逐渐上升，职业的逐渐多元化，为电子商务时代的线上购物带来了极大的潜力和需求，现如今网络购物已有了相当规模的人群，有足够的基础设施和商业环境的支持，具备了撑起"双十一"购物热潮的基石。此外，就普遍的规律来看，越是在经济相对萧条、通货膨胀相对严重的时候，低价产品对于普通大众越有吸引力。在经济形势和消费者对商品价格比较敏感的大背景下，电商们诱人的"打折促销"恰到好处地抓住了消费者心理，为吸引千万"宅男宅女"和年轻人疯狂参与打下了良好基础。

回顾历年"双十一"，其成交额呈几何级增长，2009年，淘宝在11月11日发起"品牌商品五折"活动，当天销售额1亿元。2010年11月11日，淘宝商城交易额就达到9.36亿元，超过了当时香港单日社会零售总额。而在2012年的"双十一"购物狂欢节上，当天天猫和淘宝共吸引2.13亿独立用户访问，全天订单数达到1.058亿笔，为淘宝全网带来191亿元销售额。2013年11月11日零时，据阿里集团公布的数据显示，天猫、淘宝"网购狂欢节"开场55秒后，活动通过支付宝交易额便突破1亿元；6分7秒，交易额突破10亿元，超过中国香港9月日均社会零售总额；凌晨5时49分，交易额突破100亿元；24时，交易额达到350.19亿元。2014年11月11日，阿里"双十一"全天交易额571亿元，移动占比42.6%。2015年，阿里"双十一"最终交易额为912.17亿元，其中在移动端交易额达626.42亿元，移动占比68%。

6.2.1 "双十一"对电子商务的影响

"双十一"的成功是显而易见的，这样一场购物狂潮改变了许多消费者的购物习惯，吸引了越来越多的消费者关注网上购物，可以说"双十一"在一定程度上推动了电子商务的发展，其对电子商务乃至中国经济的发展都具有极大的影响。

（1）"双十一"的购物狂欢加快了中国经济发展的脚步。马云评价天猫"双十一"购物狂欢节并非外界所谓的电商大战，而是中国经济转型的一个信号，新的商业模式对战传统商业模式，制造业贸易商们将会发现：今天的形势变了，新经济起来的时间到了。

（2）"双十一"所产生的消费品交易对拉动内需有着巨大的作用。中国目前的经济形势逐渐呈现出一种下坡趋势，"双十一"购物狂欢的到来刺激了人们的消费，让人们把钱从银行里取出来进行消费购物，在某种程度上缓解了中国经济紧张的情形。

（3）"双十一"促进了电子商务的发展，电子商务作为一种消费模式，它所能够提供的优势已经被消费者广为接受。电子商务平台、传统零售商以及物流快递行业正在加速融合，这深深地改变了中国的商业社会形态。

（4）电子商务发展的同时，信息革命也正在重塑世界流通业的格局，这个大背景也给中国流通业提供了历史性发展机遇。中国如能够在这次流通业革命中保持领先，必将建立中国流通业的可持续性比较优势。

（5）电子流代替实物流，减少了人力、物力和成本，也突破了时间和空间的限制，使得交易活动在任何时间、任何地点都可以进行，提高了效率。同时，在偏远地区的人们又有了更多的机会与外界交流，也可以突破地域限制进行网上购物，这大大提高了人们的生活质量和时间效率。

（6）为物流企业提供了良好的运作平台，对现代物流业的发展起着至关重要的作用。"双十一"期间的交易量远高于平时的成交量，这在一定程度上也促进了物流企业的运作结构趋于完善，虽然不能因为"双十一"的交易订单突增而增设几条物流线，但是也会使物流公司对于以后的类似状况做出相应的决断，避免问题的再次发生。

（7）线上销售的不断发展，也刺激着线下的企业和店铺，当没有竞争的时候，线下的实体销售店铺就没有压力，对消费者的需求也可能视而不见，可见卖方市场占主导地位其实对整个市场的健康发展是不利的。随着电子商务的发展，线下的压力越来越大，在一定程度上促使了服务的提升，卖方市场正逐渐向买方市场转变。以"拉"的方式刺激经济的发展，比"推"的方式更有利。

（8）带动了一大批新兴产业的发展，如信息产业、知识产业和教育事业等。在电子商务交易平台，越来越多的产品被放上网站进行交易，可供人们选择的消费品也越来越多，不论是有形的商品还是无形的服务，都可以在网上交易。

（9）在一定程度上也促进了网上支付系统的发展，包括网上银行、支付宝、财付通等。银行的支付系统得以完善，同时也给银行带来了利益，电子商务形成了商家、网站与银行三赢的局面。

（10）"双十一"如此巨大的交易量对智能移动终端的发展也起到了一定的促进作用，也为手机和网络运营商带来了一定的商机。

6.2.2　"双十一"的O2O战略

长久以来，对于线上线下两种购物模式谁将成为未来的王者，业内一直争执不已，网上商城相比线下更低价、更丰富、更便捷的优势带给实体店的压力越来越大。"双十一"购物节的大捷向世人宣告线上销售新时代已经到来，使线下的实体店受到了更大的冲击。庆幸的是，自2012年之后，这种现象得到缓解，"双十一"开启了O2O战略，线上线下逐渐走向融合。

2012年"双十一"期间，单店销售过亿元的3家企业全部来自线下传统零售商，18家突破5000万元交易额的商家，只有3家来自互联网电商品牌，"双十一"的成功，不仅是线上营销模式的大丰收，也是线下零售运营模式转型后的一次成功逆袭。线下厂商通过线上运营方式，不仅能打通全国的销售渠道，而且能通过预售改变传统零售中存在的问题，将通过代理商订货的模式改变为根据消费者需求精准选款，压缩供应链，提高存货周转速度，提升流动资金效率，以降低成本和售价，更好、更快、更准地满足消费者的需求，提升企业的竞争力。对于传统的线下零售模式而言，成熟的品牌、成形的协同体系，叠加起来已构成了强大的供应链优势，与线上运营相结合，将其产品更好地进行宣传，必然如虎添翼。

在传统企业向线上进军的同时，互联网企业也开始了线下拓展的步伐。面对拥有线下实体店，客户服务更为完善的强大竞争对手苹果，电子商务巨头亚马逊在购物节开始前，尝试开设线下小型精品店，以增加品牌实体可见度，提升用户产品使用体验，加强其旗下的Kindle阅读器、Kindle Fire平板电脑等产品的销售力。团购巨头Groupon在中国香港开启的第二家线下实体店，更让人开始反省线下对线上的影响。

2013年的"双十一"更是改变了传统的商业模式，主打O2O新型商业模式，O2O模式成为2013年"双十一"电商大战的一大热点。各大电商网站争相通过O2O模式来吸引用户，增强平台竞争力。线上与线下的良好融合，在保证线上销售成功的同时极大地推动了线下消费。

O2O模式线上、线下的融合更加符合消费者的购物习惯。例如，很多顾客之前都是私下在实体百货店体验商品的满意度后，使用手机客户端通过电商下单，特别是在买衣服鞋帽时，上述购物习惯非常常见。现在实体店商家认清了消费者的购物习惯和趋势，大大方方地让线下店面成为线上电商的"试衣间"，消费者可以在线下体验的同时通过二维码等方式进行线上下单并获得网上折扣，然后再由线下负责送货、安装、调试等，避免了消费者对于网上消费实物不可见的顾虑，促进了网上消费。线下线上相结合无疑是一种商业上的进步。网上先下单网下再送货的模式相当于货款的提前支付，商城可以得到优质现金流，厂家则有望实现零库存的订单式生产，提升周转速度，降低成本。

"双十一"采用的 O2O 模式将电子商务平台与线下实体紧密结合，发挥线下门店的优势，让互联网成为获取客户的渠道和媒介，使零售行业估值重构，开启了中国零售业 O2O 业务的新纪元。预计在不久的将来，国家会进一步提升服务业的 GDP 占有量，O2O 也将在国内打开一个万亿元级别的市场。在"双十一"消费的带动下，线下零售业也将迎来新一轮旺季。

6.3 O2O 与零售业电子商务

从 2004 年 12 月 11 日开始，我国零售业市场全面开放，外资零售企业大量进入，发达国家先进的管理方法和经营理念对我国零售企业产生了直接影响。随着连锁经营方式成功导入，大型综合超市、超级市场、专卖店、仓储商店等新型零售业态形式层出不穷，先进的流通经营与管理技术得到快速推广。POS 系统（销售时点管理系统）、管理信息系统（MIS）、电子数据交换系统（EDI）和互联网（Internet）等信息技术将现代化的管理理念和先进的科学技术相融合，推进了中国零售业的信息化建设和电子商务的发展。

零售业作为实现商品价值和使用价值的重要途径，它的发展对于我国经济至关重要。随着连锁经营这种先进经营模式的迅速兴起，中国迎来了多年的黄金发展期，甚至一度行业销售额增长超过六成。但分析近几年的零售百强数据，可发现百强的销售额增幅一直呈现减缓趋势，甚至一些企业销售额大幅下跌，传统零售业出现了危机。其低成本时代一去不复返，门店续租费用居高不下，利润增速缓慢。上海、武汉等大中城市的传统百货不断出现关店、倒闭的情况，有数据表明，我国百货店内人流量出现负增长，成为相对不被看好的产业，国内多家券商机构也因此下调了百货业的评级，很多商家都在感叹生意大不如前，越来越难做，可谓现状堪忧。

造成这样的结果有多方面原因，一方面，受到全球经济环境恶化的影响，宏观经济低位运行，城镇居民人均可支配收入和消费性支出增速均放缓，需求持续疲软；另一方面，电子商务带来的新的营销方式和商业生态系统给传统零售业带来了革命性的颠覆。网购市场发展日渐成熟，继续保持较快发展速度，一部分消费者来店里试穿看过之后，记下货号转而进行网上购买。鼠标轻轻一点，就可以坐等所购买的商品送上家门，网购已经成为拉动消费的重要渠道。这使传统零售业的压力越来越大。

电子商务是经济和信息技术发展并相互作用的必然产物，随着信息技术的迅速发展和电子计算机互联网络的普及，基于互联网技术的电子商务进一步完善，使缺乏创新的传统零售商的发展受到极大的阻力。电子商务模式与传统交易相比，没有地段限制，不受渠道制约，渠道成本和营销成本可大幅度降低，高成本、低效率的传统零售模式正在逐渐被打破。电子商务已经逐渐在新兴经济中占据了主导地位，电商的崛起使传统零售企业处于销售额增长下滑、人才流失、竞争加剧的尴尬境地。

电子商务在带给传统零售业巨大冲击的同时也引起了传统零售业颠覆性的变革，曾经"衣食无忧"的零售企业倍感焦虑。于是，传统零售业在抱怨和叫苦声中开始寻找变革之路，或开设网店，或打造电商平台。"危机"在带给零售业压力的同时，也推动了新的商业模式的形成。

电子商务为许多企业提供了新的发展机会，将传统零售业推到了一个新阶段。同时，移动互联网的发展让大量传统企业进入电商行业的门槛大幅降低。作为一种极为重要的营销工具，传统零售业顺应技术发展潮流，实施电子商务，提升企业核心竞争力已成为业界共识。

然而，电子商务行业也遵循着大多数行业的发展规律：竞争初期，行业内企业数量不断膨胀之后，随着行业的逐渐成熟，优胜劣汰，企业数量骤减。2012年，电商行业的竞争日益激烈，也加速了行业的整合，每天都有人进场，也有人黯然离场。根据中国连锁经营协会发布的《2012传统零售商开展网络零售的研究报告》显示，截至2012年6月底，共有59家传统零售百强企业开展了网络零售业务，涉足电子商务领域，其中以百货业态为主。该报告显示，传统零售业百强2009年及以前开设网络零售业务的为14家，2010年有31家，2011年达到52家，2012年有59家，也就是说，2012年较2011年仅新增了7家，较2011年比2010年新增21家明显减少。

虽然有数据显示，2012年第一季度，中国网络购物市场交易规模较2011年第一季度同比增长42.8%，但企业经营网络零售的现状并不乐观，网络零售全行业仍处于低毛利亏损状态，竞争极为惨烈，网络零售遇到了危机。从当时电商市场现状来看，把实体店面的产品复制到电子商务渠道上是远远不够的，这已不能满足消费者的需求。传统零售业进入电商市场并希望成为电商竞技场中最后的王者，必须顺应电商市场的发展趋势。

移动互联网的兴起让电子商务在未来的发展遇到了空前的机遇。新型的电商模式O2O的流行，打破了零售业电子商务停滞不前的局面，成为零售行业新的发展方向。O2O这种线上营销、线上购买带动线下经营和线下消费的模式，将互联网与线下商务有机结合在一起，让互联网成为线下交易的前台，实现了线上虚拟经济与线下实体经济的融合，有利于更加充分地挖掘广阔的市场空间。

O2O这种线上线下合作的模式是势在必行的，一个是成本的优势，一个是流量和客户之间的相互融合。线上企业的成本虽然在租金和人工方面有优势，但物流与广告宣传费用相较线下处于劣势。随着顾客消费习惯的改变，流量能成为线上渠道的核心价值，但要把流量化为客流有一定的挑战；线下企业成熟的物流体系是它们的差异化优势，但是线下企业受房租和人力成本所累，很多实体零售商目前的最大挑战就是客流持续下滑，有必要把线上流量转化为线下客流。线上线下企业进行资源互补、摊薄成本、提高效率，它们之间的合作无疑将会改变零售业的不利局势。

在移动互联网背景下，O2O具有以下特点。

1. 超强互动性

随着人们生活方式和消费方式的变革，人们的消费变得更加终端化、个性化、碎片化，传统企业单纯的广告推送已经不能满足人们的需要，这种需要更多体现的是精神、服务方面的诉求。因此，传统营销模式从单向、被动传播方式逐渐向互动传播方式递进。在这个过程中，消费者变成了这个链条的中心，任何时候商品、门店、消费者都可以随时随地交易。他们要求分享，要求真实的体验，要求个性化服务，这些需求也都能得到满足。

2. 大数据

传统零售企业在开展电子商务的过程中，仅仅提供在线展示、推广、购物车、支付、简单数据分析等基础功能；实体店面更是难以对用户数据进行采集、分析。2015年我国大数据市场规模达115.9亿元，增速达38%。基于

O2O 上的数据分析和挖掘能够为零售企业持续发展提供强大动力，围绕大数据、云计算、数据安全、数据深度挖掘和分析已经成为未来 O2O 电商企业的核心竞争力和利润焦点，也是企业关键的考量因素。

3. O2O 更倾向于地理位置服务（LBS）

LBS 的概念从 2010 年起就在中国迅速兴起，LBS 又称定位服务，通过智能手机确定用户实际位置信息，把商业信息随时推送给附近的人。例如，在人们逛街的时候，能随时知道附近商场正在进行的促销打折活动；在休闲娱乐的时候，能够随意找到志同道合的朋友，一起分享等。

从上述特点，我们也能看出，O2O 模式对于零售业的发展是极为有利的，转型 O2O 将会是零售行业的另一次重大变革。

在电子商务环境下，影响消费者购物决策的最大因素就是品牌，但即使消费者在线上选择了自己认可的品牌，购买的商品也仅仅是塞到箱子里通过物流公司送到消费者手中。在这个过程中，不管线上的环节如何完善，不管商家们如何绞尽脑汁改善用户体验，虚拟购物始终无法带来现场购物那种身临其境的感觉，消费者失去了线下购买商品时体验到的快乐。而 O2O 的目标就是建立起一种线上虚拟经济与线下实体店面经营相融合的新型商业模式，这种模式极大地发挥了互联网信息量庞大、不受地域限制、选择方便等优势，通过在线的方式吸引消费者，但真正消费的服务或者产品必须由消费者去线下体验。消费者在网上下单并完成支付，获得极为优惠的订单消费凭证，然后到实体店消费，使消费者兼得线上订购的便捷实惠和线下消费的完美体验。O2O 模式使餐饮生活服务等不能快递的商品也能开展电子商务，使人们的日常生活和消费变得灵活和主动。这种模式更加适合如今消费者的需求，能更大限度地给消费者创造一个更好的消费环境。

对于任意一个企业来说，用户都是最重要的，得用户者得天下。传统零售业发展用户的核心手段是占据实体的商圈渠道，而互联网时代竞争的第一要素是抓住非实体的流量入口。互联网对传统零售业的影响，早期是销售额分流和定价权争夺，到移动终端时代后，互联网开始趋向于重塑整个产业链，与实体零售融合并改变其盈利模式。能够获取优质互联网入口的传统零售企业，在移动互联网的驱动下，将率先进入蓝海竞争。

O2O 的模式创新将打破线下零售"触网找死"的局面，且线上线下无边界的互动能够有力抵制传统电商的分流，模式创新有望提升行业整体估值。传统百货具有碎片化、区域性、供应链弱和品牌弱化等特点，尤其是中国百货，采用联营扣点的商业地产模式，没有品牌和供应链体系，这将直接导致百货很难建立大规模的线上平台，而 O2O 线上线下消费体验互利合作，有效避免了传统电商在线消费利益竞争及公司内部"左右手互搏"现象。随着传统零售公司线下精细化管理的逐渐成熟以及消费者线上线下无边界消费习惯的形成，O2O 将有望成为百货零售公司避免传统电商竞争的最有效方式。

2011 年 9 月，O2O 模式的大树网全面上线，这是首个定位大学生群体，为大学生提供职业测评与辅导、就业推荐、创业支持、校友网络建设、在线商城、跳蚤市场等版块的大学生购物服务平台。它通过将 O2O 电子商务模式与零售业进行创新性融合，以现代化网络平台和呼叫中心为服务核心，在全国各主要高校及周边开设线下体验店、配送中心等，为大学生提供一站式网络购物通道。大树网 O2O 模式最大限度地发挥了互联网信息量庞大、不受地域限制、选择方便等优势，同时又将线下的体验、交流等要素涵盖了进去，很好地将线上和线下结合了起来。

此后，人们发现一个传统企业单靠线上或单靠线下都是不行的，因为消费者需求的多样化，不可能只有一种模式满足所有的需求，特别是当企业愿意认真考虑消费者便利的购物体验时，线下和线上的整合更能顺应市场需求。在零售多元化的时代，两条腿走路，通过线上、线下有效融合来拉动整体销售，已成为共识。业内人士表示，O2O 模式打开的将是一个万亿元级别的市场，将线上客源和实体店消费对接蕴含着巨大商机，也将零售电子商务带进了另一个发展更加广阔的空间。

O2O 模式的最大特点在于线上线下融合，这种融合可能有好多模式，例如，可能是从线上到线下，也可能是从线下到线上，还有可能是从线上到线下再到线上，不管哪种模式，融合是关键。利用 O2O 模式，可以实现 O2O 运营企业、商家、客户三赢的局面，随着用户生活方式的变革、手机端支付的成熟、商家网络营销意识的增强，O2O 模式的时代即将到来。

2013 年可以说是零售业进行大规模转型升级的一年，零售业纷纷向 O2O 模式进军。最受关注的应属苏宁了，可以说苏宁的新战略给零售业转型带来了极大的推动力。苏宁在这一年开启了转型的新纪元。

2013 年 2 月 21 日，苏宁电器宣布，公司因转型将更名为"苏宁云商集团股份有限公司"，将一年前公司董事长张近东关于"去电器化"的想法付诸实践，更名后的苏宁业务也将随之变化——以"云技术"为基础，向"云商"转型。2013 年 3 月，苏宁电器正式更名为苏宁云商。苏宁已义无反顾地转型做互联网企业，并策划了一整套零售服务解决方案，确定了"店商＋电商＋零售服务商"的"云商模式"，即致力于打造线下连锁店面平台和线上电子商务两个平台，以云技术为支撑，以开放平台为架构，服务全产业，服务全客户群，形成多渠道融合、全品类经营、开放平台服务的业务形态。为推进"云商"模式的落地，苏宁对组织架构进行了全面调整和优化，完成从总部—大区—终端的云商组织架构搭建，建设线上线下一体化的组织及流程，大力推进资源有效整合。为进一步体现全品类经营以及线上线下融合创新为客户带来的时尚、多彩的购物体验，苏宁还启用了新 VI 系统。

2013 年 6 月，苏宁云商副董事长孙为民宣布了另一重要决策：开展双线同价策略。不论线上线下，消费者面对同一个苏宁，在同一个城市购买同样的商品，享受同样的服务，应该享受同样价格。而苏宁自身具备同样的采购组织，同样的运营成本，同样的服务费用，作为企业来讲，也应该推进线上线下同价政策。价格融合将重新定义中国零售业，为消费者行业发展带来全新价值，开启 O2O 融合发展新道路。对于处于转型期的中国零售业来说，线上线下同价政策的实施将带动国内实体零售企业加快线上线下融合的步伐，推动中国零售行业更快、更好地转型升级。

8 月 28 日，苏宁又对外宣布转型互联网企业，公布了具体实施的路线图，其中大开放战略就是其核心构成，计划将企业自身的商业资源全面云化，进行社会化共享，经营全品类，拓展全渠道，服务全客群。

9 月 12 日，苏宁易购开放平台正式上线，实现了商品融合。苏宁在全国重点城市推出了首批 1.0 版本互联网门店，实现了线下线上购物体验的融合。苏宁云商的架构已然明确，店商是苏宁的立身之本，电商是苏宁的发展方向，平台是苏宁的灵魂所系。依托线下实体店和线上易购店，同时发展物流配送、互联网金融等平台业务，构建"沃尔玛＋亚马逊"式的苏宁云商帝国。

苏宁作为京东、亚马逊、当当之后的电商后起之秀，能够在推出开放平台战略后一举获得资本市场和业界的一致认同，实质上利用了移动互联时代弯道超车的战略，后发制人。传统电商服务附加值低，成了"地主收租"，以致产生"弯道"。苏宁是全面打通，立体服务消费者和供应商的大平台。购销规模、高毛利大家电、线上线下同价后不亏、物流、售后、实体店体验、苏宁银行等均可构成其弯道超车的优势。

苏宁金融云布局也已基本成型，拥有自有第三方支付工具——易付宝，并且设立了小贷公司，能够为广大供应商和消费者提供便捷的金融服务。苏宁已经在南京、北京成立两大研发中心，还将在上海和杭州再建立两大研发中心，吸纳和孵化互联网最新的研发和应用。"物流云"项目主要由 12 个自动化拣选中心、60 个大型物流基地和 5000 个以门店为骨干的城市配送点组成，与之配套的是 10000 辆自有配送车辆和 50000 名快递队伍的建设，这将基本全面辐射到全国所有地区。苏宁还将推出由全国 5000 坐席、4000 多个售后服务网点和 2 万名服务技师、300 多家分公司组建的"运营云"。

在走 O2O 新商业模式的道路上，也不能忽视实体店的作用。南京苏宁总部的地下二层，设有苏宁的概念店，与传统的电器卖场模式相比，这家店更好地阐释了"云商"的概念。店内的第一部分是概念购物馆，电器不再按照品类陈列而是按照品牌陈列，苏宁允许厂商根据自己的需求自行设计，索尼、松下、LG、三星、苹果等品牌已经入驻，用户可以像逛宜家一样体验各类产品，完成体验后可以通过苏宁易购客户端或网站在线下单，并在门店自行提货。第二部分是无人值守的"未来馆"，这是苏宁未来实体店的核心，馆内产品均配备了 RFID 终端，用户除了可以体验真机外，还可以通过手机扫描 RFID 查看该产品的配置、价格等信息，并在手机上加入购物车。完成购物后到同样无人值守的"结算处"，通过扫描手机，仓库会识别用户所选购的产品以及支付情况，并通过传送带自动将产品送到用户手中，全过程几乎不用店员人工参与。实体店承载了 4 个职能——展示、体验、服务和销售，而展示和体验将成为未来的核心功能。实体店面和电子商务不是替代而是互补的关系，电商永远解决不了体验、品牌塑造和服务问题，但实体店面不可能 24 小时营业，电商在这方面正好可以作为补充。从线上引流、线下体验再到线上支付，苏宁掌握了 O2O 链条的所有环节。

2013 年 11 月 8 日—11 日，苏宁开展为期 4 天的以 O2O 为主题的购物节，引领 O2O 无界购物新模式。苏宁第一届 O2O 购物节带给消费者最直观的体验就是 O2O 无界购物的消费模式，主要体现在五大方面：第一，苏宁实现了线上线下商品的任意购买。实体门店是 O2O 融合零售的核心一端。在店面布局进一步优化的基础上，苏宁以消费者的购物体验为导向，全面建设互联网化的门店，将展示体验、物流售后、休闲社交、灵活交易融为一体。第二，苏宁实现了线上线下活动的全面同步。通过促销方式的调整和系统的开发，实现了促销活动的全面同步，活动力度保持一致，线上线下各类返券均可以通用，不受限制。第三，苏宁首次开创了 OVO（Online Video Offline，互动视频购物模式）。第四，推出了移动端的电子会员卡。第五，推出了门店自提返利的活动。

据统计，这次 O2O 购物节期间，苏宁全国 1600 多家线下实体店平均每小时涌入 100 万人，较 2012 年同期的客流量增长了近四倍，同时爆发巨大订单量，而苏宁易购主要品类销售规模都取得了成倍增长，网站同时在线人数突破了 1200 万，合计页面浏览量（Page View，PV）流量高达 5.6 亿次，苏宁易购移动客户端销售同比增长了近 10 倍，以上各项指标都刷新了历史最高纪录。苏宁 O2O 得到了前所未有的成功（见图 6-1）。

图 6-1　苏宁第一届 O2O 购物节

苏宁的线上线下融合符合了未来消费者购物习惯，通过覆盖消费者的全渠道，提供全品类，做的是全渠道、全零售，做的是规模经济＋范围经济，不仅在颠覆自己，也是在颠覆整个行业。

自 2013 年 9 月起，其他多家商业零售类上市公司陆续公告与腾讯、阿里巴巴等互联网企业合作拓展 O2O 模式。一些百货企业则借力微信平台实现转型，如天虹商场联手腾讯微生活打造了天虹应用平台，2013 年 9 月 13 日率先在深圳宝安中心区购物中心上线，并于 10 月底推广至全国其他 60 家门店。这是微信启动面向零售业态的 O2O 项目，从而完成商业化中电子商务的重要一环。O2O 业务将使天虹与微信共享客户。

2014 年 3 月 8 日，阿里巴巴集团隆重打造"手机淘宝 3·8 生活节"，联手银泰、大悦城、新世界、华联、王府井国内五大零售百货集团，利用手机、电脑、线下互通的零售消费路径，共同探索全新的移动化、电商化的消费模式。

O2O 模式已进入落地实践期，这是零售业战略转型的迫切需要，同时也是电子商务市场的发展趋势，以 O2O 为核心发展方向，线上线下的合作势在必行。零售业发展至今，可以说 O2O 模式是"实至名归"的，该模式也被外界评价为国内零售业态的终极模式。虽然零售业向 O2O 模式转型才刚刚开始，但我们有理由相信，随着信息技术演进、消费习惯改变、移动购物的兴起，转型 O2O 模式的零售电子商务将会得到迅速的发展。

6.4　线上线下同价

　　零售业的改革是刻不容缓的，顺应电商市场的发展趋势，O2O 商业模式热潮袭来，各大企业纷纷加快了向 O2O 模式转型的脚步。线上线下同价成为了人们讨论的焦点。所谓线上线下同价，是指同种商品网上销售的价格和线下实体店销售的价格相同。

　　从古至今，价格一直是影响消费者消费的重要因素。在新的互联网时代，消费者会衍生出新的行为：在实体店内通过手机进行网上比价，大部分用户会选择价格便宜的购买。在"比价"时代，网上消费将会成为更多人的选择，实体零售业受到极大的压力，急需转型。未来消费者购物的路径可以分为 4 种：店面、PC 端、移动端、智能电视端。要把四端全线打通，价格是基础。如果每个渠道价格不同，无异于引诱消费者去选择某个渠道，其他渠道均会受到影响。

　　在美国排名前十的电商企业中，有 9 家是传统的线下零售企业，电子商务作为一种零售渠道和工具，在近 20 年的发展中有序推进，线上线下并不存在显著的价格差异。在中国排名前十的电商企业，只有苏宁一家来自传统线下零售企业，过去苏宁实际上是线上线下两个渠道，是两个公司、两个组织、两个品牌和两个运营体系，而在 2013 年苏宁组织架构调整之后，它们变成了一个公司、两个窗口、两个平台，共享后台的存货、物流、信息和服务等资源。走向互联网的新苏宁是 O2O 线上线下融合的新模式，而双线融合的一大关键问题就在于价格体系，苏宁只有解决了线上线下的价格体系，才能完成战略调整，实现双线融合（见图 6 - 2）。

图 6 - 2　线上线下同价

　　曾经线上线下不同价的销售方式长期困扰着苏宁，广被外界诟病。苏宁易购上线之初，与实体店长期"异价并行"，同种商品苏宁易购上的价格低于实体店的售价。这种价格的差异主要由供应链和渠道的差异导致。线上线下价格差异的行业,存在代理商和零售商等中间环节,代理商通过串货销售扩大规模。在只有实体渠道时,串货难度较大;网上渠道出现后,代理商可在网上做零售。当时为了减少冲击,苏宁推行线上线下差异化经营,结果造成线上产品有价无市、线下产品有市无价,面对这种局势,苏宁一直很苦恼。但随着互联网的发展,渠道扁平化成为了必然,苏宁的困扰慢慢得到解决。代理商定价的职能,将被供应商、制造商屏蔽。随后苏宁推出了线上线下同价决策。

自2013年6月8日起,全国的苏宁门店、乐购仕门店中销售的所有商品,与苏宁易购电商平台同商品同价格。苏宁的线上线下同价按低价计算。苏宁易购是双线同价的定价风向标,线下门店的价格将向苏宁易购的价格看齐。苏宁还实施了实时比价策略,实现了线上线下调价0时差。在店面设置比价专区,要求所有营业员的手机、Pad要随时开着各电商的网页,实时比价。双线同价的实现借助于先进的后台信息系统,将门店与线上相同的商品成交价锁定,门店每1—2个小时会通过POS系统(销售终端)查询价格变动情况,如发生变动,门店会第一时间将相应商品的价格进行更换,若未来得及更换标签,消费者也不必担心,因为店面POS系统成交价已经锁定为线上价格,实现线上线下同步同价。这种门店比价是全渠道的,无论线上线下,确保全网低价(见图6-3)。

图6-3 苏宁双线同价,全网低价

"网上买更便宜"的观念早已根深蒂固,苏宁把门店的商品售价都"降"到网上的水平,这种销售模式在业内带来不小的"震动",大企业均时刻关注苏宁动向。据统计显示，苏宁"同价"政策实施近一周，仅端午小长假3天，线下实体店销售就同比增长24.8%。线上线下同价销售之后近两个月，"双线同价"战略为线下门店的销售带来了正向带动作用，比如2014年6月底的"万人空巷抢冰箱"活动，销量增长接近10倍，7月全品类尤其是3C品类的销售，线上线下都出现了大幅度的增长。

实现线上线下两个渠道融合的最终瓶颈，实际上就是"同价"的问题，双线异价将会给O2O模式的转型带来极大阻力。苏宁线上线下同价，既不是心血来潮的冲动，也不是线下价格跟进线上的被动，而是O2O融合模式的持续深化。苏宁为了实现线上线下同价，做好了充足的准备，自2012年年底以来，围绕云商模式，苏宁实施了组织变革、系统开发等一系列内部变革，解决了线上线下同价的三大课题。

1. 全渠道融合

全渠道融合的要义是遵循线上线下融合的原则，线上线下是一个统一的整体，共同提供全品类，覆盖全客群，实现全零售。

苏宁易购2013年年初从独立的电子商务公司和网购渠道升级为苏宁网购平台。苏宁易购原有的商品采购、定价、供应职能，划归到28个商品事业部。苏宁易购既面对内部的28个事业部，也面对社会的供应商，提供引流服务和平台运营。苏宁28个商品事业部，同时面对线上线下两个平台，统一采购供应，统一销售定价。

2. 全资源共享

在商品资源共享的基础上，苏宁线上线下在客户资源、物流资源、服务资源、数据资源等方面同步实现共享，确保内部资源在两大平台全面向供应商和消费者开放，实现内部资源使用效率的最大化，实现O2O融合模式的规模叠加效应。

3. 全成本核算

融合后的苏宁店面和苏宁易购，不是作为两个割裂的成本效益中心独立考核，而是从事业部商品和属地化顾客两个完全融合协同的维度分别核算产品和地区的销售、成本和效益，建立起多渠道融合的全成本核算机制。

苏宁在与三星、LG、海尔、联想、海信、TCL、创维、长虹、惠而浦等供应商高层会晤时，将线上线下同价列为主要议题，达成推进同价的共识，并明确了商品选择、系统对接、价格策略等实施细节。同时，苏宁还对商品采购、门店销售、系统开发等6万多名相关岗位人员开展了同价操作培训。

当然，供应商支持苏宁的线上线下同价策略是有原因的。首先，无论线上线下，苏宁都已具备相当大的规模，相信任何一个供应商都会有借助和依赖；其次，苏宁的线下渠道，本身就是培育供应商品牌的载体。苏宁的盈利不一定就是经销差价这一种模式，经销差价是合理的，但不会是苏宁唯一的盈利渠道。至少在此基础上还会有 3 个新的盈利点：给供应商品牌的平台展示；苏宁的物流价值；对整个供应链的金融服务问题。

线上线下同价是零售业的发展方向，线上电商经营成本、产品价格长期大幅低于线下实体店的现象必然会改变。线上线下同价将带来以下影响。

1. 改变购物消费行为

目前实体零售普遍存在周末和假日促销现象，造成周中周末、平时假日，价格不等、消费不均、销售不平衡。线上线下同价能够真正实现零售业日常促销的常态化，促进零售运营从价格导向的促销向顾客经营导向的服务转变，引导消费者理性消费，关注商品综合价值而非价格和促销。

2. 打破网购低价神话

中国互联网行业靠打免费牌和低价牌起家，线上线下同价策略将改变电商低价的惯性思维。将纯电商与 O2O 融合零售的商业模式放置在同一坐标下，能够更全面地凸显实体与电商融合新零售的价值。苏宁线上线下同价是在 O2O 融合的基础上实现的，在同一个消费市场上，线上与线下从竞争走向融合。O2O 既有线下体验和服务的真实性，又和网络推广结合起来，在库存、物流和服务上实现资源共享，全渠道、全成本核算，形成了苏宁成本的优势。苏宁无条件地实行双线同价，将彻底打破网购低价神话。苏宁这一举动符合行业的发展趋势，也引领着线下实体商家渠道、价格、商业模式的变革。

3. 解决双线渠道发展下的左右手互搏问题

当时线上与线下还是两个公司，双方对于资源争夺得很厉害，在营销推广上，双方也是各自分开进行，而在商品供应上，一直由线下掌握主动权，苏宁易购在发展初期受到了一些内部竞争的掣肘，而线上的价格优势也对线下销售产生了不可避免的影响。双线同价意味着线上线下逐渐走向融合，能够缓解线上和线下的竞争压力，从而解决双线渠道发展的左右手互搏问题，很好地摆脱价格双轨制的束缚。从中短期来看，线上线下同价必然会对线下实体店毛利空间造成一定程度的挤压，进而拉低整体的毛利空间，对公司的业绩将会形成一定的负面影响。但线上苏宁易购会因此而受益，实体店的引流将有利于苏宁易购平台化的发展，让线下实体店为苏宁易购输入更多的客流，这在一定程度上弥补了线下实体零售的亏损。

4. 推动零售行业转型

苏宁线上线下同价，获得了消费者的热烈欢迎。同一地区、同一商品、同一商家，理应为消费者提供相同价格和相同服务。随着互联网尤其是移动互联的普及应用，网上购物随时随地，参照网购、比价竞争已成为零售发展的大趋势。实体零售的互联网化成为现实的要求，可以不在互联网上开店，但不能不把店面互联网化，线上线下同价无疑加速了零售业转型的脚步。

伴随着苏宁线上线下产品、价格、服务等方面的融合，其规模作用和协同效应将逐渐形成并发挥作用。虽然线上线下同价使得线下价格的拉低触动了产业链多个环节的利益，包括供应商、竞争对手和股东，利润的大幅下滑将给苏宁带来剧烈的转型阵痛。但可以将苏宁此举看成牺牲短期的毛利水平以换取长期的规模优势，线上线下同价销售肯定会损失一部分利润，但是销售规模现在还是供应商的第一诉求，在规模迅速提升的前提下，供应商的支持力度会更大。线上线下同价是双线融合的必经之路，也是转型 O2O 模式的关键。从长远来看，这一决策将让苏宁云商模式真正落地，一旦打通线上线下的购物体验，O2O 闭环也将形成，苏宁将形成自己的竞争壁垒，再通过规模的进一步巩固和扩大，提升市场的把控能力和对供应商的话语权，进而倒逼供应商进行渠道政策和定价规则的改变。

7 O2O 的社会化营销

随着虚拟世界对真实世界的反影响力，当今社会已经进入了自媒体的时代，自媒体（We Media）又称"公民媒体"或"个人媒体"，是指私人化、平民化、普泛化、自主化的传播者，以现代化、电子化的手段，向不特定的大多数或者特定的单个人传递规范性及非规范性信息的新媒体的总称。网络自媒体的数量庞大，其拥有者也大多为"草根"、平民，网络的隐匿性给了网民"随心所欲"的空间。自媒体包括但不限于个人微博、个人日志、个人主页等，其中最有代表性的平台是美国的 Facebook 和 Twitter，中国的 QQ 空间和微博、微信。在自媒体时代，各种不同的声音来自四面八方，"主流媒体"的声音逐渐变弱，人们不再接受被一个"统一的声音"告知对或错，每一个人都在从独立获得的信息中对事物做出判断。自媒体有别于由专业媒体机构主导的信息传播，它是由普通大众主导的信息传播活动，是由传统的"点到面"的传播转化为"点到点"的一种对等的传播概念。

由于自媒体时代的到来，营销从"你说我信"的传统营销时代进入了"你说我证"的社会化营销时代，O2O 的出现，更加有利于社会化营销的实施。利用社会化网络使消费者与品牌交流互动，能增加品牌影响力。O2O 社会化营销更注重客户现实中的行为与营销内容的结合，从而更加了解客户，能够更好地满足用户的需求。

对于广告商来说，O2O 的参与也解决了广告推广中的一些问题。以前广告商通过在户外设置几十个广告牌的方式进行广告宣传，这种方式存在很多问题：第一，广告牌承载的内容有限；第二，很难知道哪个广告牌对人群的影响力最强。如果利用 O2O 电子标签的二维码模式来了解广告效果的话，很多情况都将发生变化。比如，翼码曾经为几十个广告牌均编上了不同的二维码电子标签，个人用户经过某个广告时，只需扫描电子标签就能上网观看该广告的具体视频和介绍，再同时设计一个抽奖环节，便可以更加吸引用户，之后用户还可以点击分享按钮进行更大范围的传播。这样，既可以扩大广告承载的内容和影响范围，又可以了解个人用户的行为，知道是通过哪个广告牌看到的广告。

信息碎片化时代，千人一面地对待消费者的方法已经行不通了，人类进入了线上和线下互动的营销时代，由线上自发聚合的群体繁荣发展起来的力量，已经从线上跨越到线下的现实世界，人人都可以成为意见领袖，可以发起一场公众运动或时尚潮流。这种参与化、情感化和圈子化的群体，在O2O时代，需要通过O2O的社会化的"点对点"新营销手段来取代传统的"点对面"营销方式。

7.1 营销的本质

要挖掘营销的本质，首先要知道什么是营销，很多人会回答，营销就是卖东西，或者说营销就是推销和做广告。之所以会这样，是因为在当今社会里，人们每天都接触到大量的广告，每天都有人通过各种手段和媒体向我们推销各种各样的商品。然而，推销和广告仅仅是营销的一部分内容，并且不是最重要的内容。营销，是指企业发现或挖掘准消费者需求，从整体氛围的营造以及自身产品形态的营造去推广和销售产品，主要是深挖产品的内涵，切合准消费者的需求，从而让消费者深刻了解该产品进而购买该产品的过程。换言之，就是根据市场需要组织生产产品，并通过销售手段把产品提供给需要的客户。当代市场学权威、世界营销学大师菲利普·科特勒在其所著的《营销管理》一书中，从不同利益主体之间利益相互交换的角度对营销下了一个定义："营销是个人和集体通过创造、提供、出售，并同别人自由交换产品和价值，以获得其所需所欲之物的一种社会和管理过程。"

营销的本质就是在充分了解消费者需求的前提下，尽最大可能满足其需求，给消费者一个消费理由，产生消费。

对于一个企业来说，无论是在品牌策划、市场运作、渠道设计、终端建设上，还是在经营管理中，都必须坚持一个核心，这个核心就是给"消费者"一个理由，而这个理由的关键是站在"消费者"的角度进行思量，并非单纯指能够带给他们多少服务，带来多少价值，带来多少好处，而是要深入了解"消费者"，了解并满足他们的需求，让"消费者"敢于选择、愿意接受、易于接受。这里的"消费者"既包含过程中的经销客户，也包括终极使用的顾客，还包括在企业工作的员工。

7.1.1　品牌的策划

一个企业的品牌之所以能够存活在这个世界上，那是因为赋予了品牌存活的理由。这些存活的理由就是你的品牌究竟向"消费者"表达了一种什么样的思想、概念、文化、标准等。这些思想、概念、文化、标准等必须是"消费者"所需要的，容易被"消费者"所接受的，而且能够让"消费者"形成根深蒂固的记忆，这是品牌策划的关键。一个品牌不可能满足所有"消费者"的需求，因此，要清楚品牌的受众，品牌策划要有针对性。品牌策划背后的故事，是必须具有生命力，必须简单易懂，必须意趣横生，必须具备代表意义。

7.1.2　渠道的设计

客户的需求是什么呢？是需要企业提供可靠的"资源"。这个"资源"是指能够做好渠道所拥有的"后备粮草"：企业的人力、物力、财力、智力等，使客户能够得到良好利益，得到最大价值。因此，客户选择企业的理由就是企业的渠道模式能够给客户带来什么样的利益，什么样的价值，什么样的效果。如果是实力雄厚的企业，可以在设计渠道的时候依靠自身资本进行"修路建桥"，攻城略地，一统江湖，形成自己的霸主地位。如果是实力平平的企业，必须实施"占山为王，打造基地"的渠道建设思路，然后再逐步蚕食他人渠道，扩大市场占有率。

7.1.3　终端的建设

产品在终端的呈现，要让顾客很容易发现并喜欢上。终端的设计要站在顾客的角度去考虑，大多数顾客不懂产品拥有多么高端的技术。顾客的需求通常很简单，他们需要的是感觉，是愉悦，是舒适。终端的建设在突出产品内涵、韵味的同时要让顾客感到舒服。

7.1.4　经营管理

企业在经营管理时，面对的"消费者"又是谁呢？"消费者"就是员工，那企业让员工付出辛劳、努力工作的理由是什么呢？也许大家会说是人文，是成长，是待遇，是福利等。这些都对，如果用两个字来概括，那就是环境。员工工作的"环境"直接决定着员工工作的效果，工作的心思，工作的态度。

其实，企业经营管理的本质是为企业开源节流，谋取利益。不过，让人遗憾的是，许多企业特别喜欢在节流上做文章，而疏忽了开源才是盈利的核心部分，这样会使员工心甘情愿付出的理由越来越少。因此，在建设企业环境时，企业需要了解员工的想法，在能力范围内满足员工需求，给予员工一个"消费"体力、脑力的理由。

下面通过麦当劳的例子来深刻体会营销的本质。

麦当劳在中国开第一家店用了 8 年的时间。通常我们要开一家店 8 天就够了。那它用 8 年时间干了什么呢？它在研究：如果开这样一家店，谁是我的消费者，他们喜欢什么、讨厌什么，我怎么能够更好地满足他的需求，我怎么样一开店就赚钱……

麦当劳发现，在中国，其中一个主流消费群体是白领、年轻人、学生，这些人的就餐需求是希望得到一个快捷、方便、卫生、舒适的就餐环境。因此，麦当劳就围绕着消费者的这些需求进行思考、研究。

麦当劳对消费者进行了非常深入的了解，把很多细节问题都研究到极致，比如说，我是一个职业白领，我到一家中餐馆去就餐，这一张桌子我往边上一坐，桌子好大，那么多座位都空着，我自己坐这里心里怪怪的、会让人觉得傻乎乎的，但是，过了一会儿吃饭的人多了，素不相识的人坐在边上和对面，这时我吃饭心里更不舒服，饭菜好不好吃姑且不管，但是，我会受到干扰和影响。麦当劳考虑到了消费者这样细微的心理需求，所以，它的餐位的设置使得对面不会形成干扰，很多座位对面没有座位，而是壁画和橱窗，不会有人干扰。

再比如说随便一种饮料，什么温度喝口感最好？中国人有中国人的口感，美国人有美国人的口感，怎么做到满足这一点要求呢？他们就把温度不同的各种饮料放在那里，大家来尝一尝，喝一下哪一种感觉最爽，最后调查统计发现，可乐在 0~4 ℃的时候饮用的口感最好，所以它的饮料机是恒温的。他们还让你在就餐的整个过程当中通过加冰来保持这样一个温度区间，饮料的量是固定的，冰的量也是固定的，自始至终它保持这样一种温度。

麦当劳还发现这样一个客户群体也是比较庞大的，即以孩子为中心的家庭。孩子就餐有个特点，即耐性差，吃完饭就拽着大人走，可是大人还没吃完，匆匆忙忙吃掉感觉不舒服，带回家又会冷掉了不好吃。那怎么办呢？他们在餐厅建儿童乐园，让儿童进去玩，大人慢慢地吃。

可以说麦当劳把客户研究透了，有了对客户需求的精准把握，并尽力满足消费者每一个细微的需求。

　　值得注意的一点是客户的需求有的时候是很难把握的，因为它是不断变化的，这就需要企业不断地去研究客户，不断地去分析客户，更好地满足客户需求。

　　O2O的社会化营销，实质上还是营销，只是环境变化带来的思维、渠道、手段和工具，其营销的本质依旧没变。互联网和移动互联网的结合，使线上和线下的营销变得无边界，营销的手段也变得越来越丰富，也更加符合新时代的消费者的需求。

7.2　社会化营销

　　最近几年，随着互联网的快速发展，社会化媒体逐渐占领了网民的心，并已深深扎根到生活当中。各式各样的社会化平台流行起来，聚集了亿万人的力量，正在渐渐地改变着社会。

　　社会化平台是一种基于用户关系网络，给予用户极大参与空间的互联网平台。其核心在于好友之间的交流与互动。社会化平台的基本特征：用户自发参与，人人都是媒体；信息公开，自由分享；企业用户、自然用户平等交流、双向对话；基于兴趣的社区化关系网络相互连通。

　　社会化平台将以往媒体一对多的传播方式改变为多对多的"对话"：用户与好友、用户与企业、企业与用户都可以自由对话。一个完善的社会化平台需要资源、社会化环境、价值，满足目标群不同需求；有足够的参与者，互动创造，建立关系；有正向、真实、利他的价值观与文化精神。典型的社会化平台如国内的开心网、人人网、微信、QQ空间、豆瓣、天涯社区等，国外比较著名的如Facebook。它们不仅改变了人与人之间沟通的方式，也改变了媒体传播和市场经营的方式。

　　与社会化平台密不可分的另一个概念——社会化营销渐渐走进了人们的视线。社会化营销是利用社会化平台核心属性而开展的营销活动。社会化营销的核心是利用社会化平台的用户好友关系网络，与用户对话，让用户关注品牌，并利用好友关系网络发起高质量的好友对话以及利用好友关系高效传播对话，以使品牌真正打入用户的社交关系，引发用户自传播。简单地说，就是和消费者"社交"起来，让消费者成为口碑的传播者，让品牌变得鲜活。

7.2.1 社会化营销革命正在爆发

现如今，企业掌控对话的时代早已结束，消费者从被销售对象到营销中一分子，成为了参与者、传播者及主动创造者。在这个"营销民主"的时代，消费者参与不是形式，而是一种品牌及市场目标。

社会化转变不只是投放社会化媒体进行营销传播，而是企业必须进行360度全盘社会化改造及转型。从企业内部体系全面社会化转型，建立社会化营销战略架构，到明确社会化投资回报评估体系、社会化营销传播、社会化客户关系管理等。

企业及品牌需要更具人性。创造可行的营销内容，通过与消费者进行365天、360度实时沟通来满足消费者需求，建立良好的品牌体验及紧密关系，培养忠诚粉丝的积极性，只有不断增强社会影响力，赢得消费者的信赖和关注，才能赢得更多销量及多元投资回报！

媒体也必须进行社会化转型。内容，渠道，主持人，明星艺人资源，观众、读者、消费者如何真实地连接互动，消费者如何转化为媒体的粉丝值得研究。

社会化转变是人人转变，是企业、品牌、媒体从各个环节进行彻底社会化转型，同时吸引消费者共同参与这一社会化的进程。传递正向、利他、众乐的社会化信念价值，人人建立关系，实时互动沟通，进行个性创造，最终达成共赢。

7.2.2 社会化营销的特点

社会化营销如今已成为主流的营销模式，它具备以下特点。

1. 营销互动化

在传统营销中，企业与顾客是单向输出关系，企业做好产品卖给顾客，策划好品牌传播给目标顾客。而在社会化营销里，企业与顾客是双向互动关系，共同合作，共同创造。因此有很多专业人士也把社会化营销另称为互动营销（当然，二者概念并不完全相同）。

很多企业玩不转微博、微信的原因是在拿传统营销的思维和方式在做社会化营销。企业的产品是由研发人员、生产人员关起门搞出来的，企业的品牌也是由设计公司、品牌策划公司关起门搞出来的，那么，怎么能指望顾客会喜欢、会追随呢！

企业和顾客关系的改变，就是要求企业转变角色，从产品、品牌的控制者、独裁者、推销员转变为一个抛砖引玉、引导顾客共同参与创造的引领者与服务员。那些能做好微博、微信的企业，基本上都是能调动网民积极参与创作与互动的。

当然，这个难度远远超过传统营销。正如演讲者一个人讲比较容易，但引导听众参与思考与分享比较困难；管理者一个人独断专行比较容易，但调动员工的积极性、创造性、协作性比较难。

2. 关系网状化

在传统营销里，企业主要与顾客发生关系；而在社会化营销里，除了顾客以外，企业还要与其他各种有关联的社会角色发生关系。

在社会化营销里，企业经营者与营销者需要具备更高的领导力与服务能力，从领导与服务自己的员工，到领导与服务企业的所有顾客，乃至其他各种与企业有关的角色（供应商、代理商、投资者、媒体、兴趣爱好者、行业意见领袖等）。

因为社会化营销中的关系网状化，企业在做社会化营销时要注意：①你的听众除了目标顾客以外，还包括了以上所说的各种社会角色，因此，你要能为更多的听众创造价值；②如果你不能直接与目标顾客发生关系，可以通过目标顾客的社交圈去影响他们。比如，你微博有 5000 个粉丝，其中只有 500 个是你的目标顾客，你不用过于沮丧，只要另外 4500 个粉丝能帮你把信息传播给目标顾客就是很有价值的。

3. 品牌人格化

在微博、微信中，大家会观察到两个现象：①个人微博、微信普遍做得比企业微博、微信好（媒体微博、微信除外）；②屈指可数做得好的企业微博、微信基本都有突出的人格特征。

为什么会出现这样的现象？因为在微博、微信这样社会化的网络里，用户希望和活生生的人发生关系，而不是那些冷冰冰的公司。个人微博、微信本身就是有血有肉的，当然比企业微博、微信好做。那些拟人化做得好的企业微博、微信，虽然我们明知道它们不是一个具体的人，而是由企业打造出来的虚拟人物，我们也愿意关注它们并和它们互动，因为这些虚拟人物可能比真人更加鲜活，我们已经接受它们成为我们生活中的一员，就好比我们把很多小说、电影中构造的角色当成了生活中的一员一样，比如，周润发演的小马哥、黄日华演的乔帮主等。

7.2.3 社会化营销与传统网络营销的区别

社会化营销与传统的网络营销有很大的不同。

从传播方式来看，社会化营销根植于社会化媒体平台上，企业和用户在平台上拥有对等地位，是一个对称而又互动的信息传播方式，这完全不同于传统网络模式"脑白金式"的单向轰炸和灌输的理念。相对于传统的 Web 1.0 而言，社会化媒体传播的速度、深度与精准程度，远远高于传统的网络媒体。

从沟通表达来看，企业在传统网络营销中与消费者的沟通模式主要体现在"组织与人"的沟通思维上，缺乏互动，也难以进行有效互动。而社会化营销过程中，企业可以发挥社会化媒体中企业人性化的优势，实现"企业人"与消费者的人际沟通。

从营销主体来看，消费者不仅仅是信息接收者，更是信息源。消费者自己生产内容，消费者是营销的主角。传统营销传播的中心是企业，企业自己生成内容，自己产生营销，其余消费者的信息接收要受到企业信息发送的制约。

从营销成本来看，在 Web 1.0 时代，内容生产是一个非常繁杂的过程，只有门户网站才有能力完成内容的生产和传播。而在 Web 2.0 时代，诸如博客、论坛等应用让大众可以参与到生产内容、传播消息的渠道中来，大大减少了内容的生产成本。社会化网络中社交圈及兴趣圈的天然特性，使得精准营销成为可能，营销传达效率的提高相当于营销成本的减少。

从营销效果来看，社会化营销效果体现出非直观性、持续性和累积性特征。传统的网络广告展示期间所产生的流量、销售额、曝光次数，都可以通过数字技术进行相对精确的监测和统计，其营销效果直观化。社会化网络与传统门户网站在营销信息传播方面的最大区别就是复杂的多级传播效应。二级传播、多级传播的效果很可能远远超过一级传播的数据以及影响力。

7.2.4 O2O 的社会化营销

自媒体出现后，广告的营销能力在减弱，公关活动的营销能力在加强。通过自媒体，很多主流媒体的声音慢慢沉寂，营销模式发生了巨变，传统"点对面"的营销模式顺应时代的发展渐渐转变成了"点对点"的营销。

点对面的营销模式很简单，举个例子，我们看《西游记》的时候，会问一个问题：唐僧为什么去取经？据传李世民怕死后受到冤死之人的报复想要度鬼做法事，观音菩萨告诉他如来那边有大乘佛法，可以度鬼，因此，李世民便派唐僧去西天取经。在这个例子中，观音菩萨告诉了李世民佛法的价值，观音菩萨在推销佛法的时候做的就是点对面的营销，其价值是度鬼，谁对这个最有需求？是李世民。

从这个例子中我们可以看出，做点对面的营销，只要抓住名人偶像，肯定没错。比如，英国的凯特伦女王喜欢喝红茶，中国的茶叶在那边非常昂贵，英国的商人便专门来中国买茶叶。所以说在传统的营销里的点对面营销，主要是抓精神领袖，抓名人，凭借他的个人魅力来宣传。

那么，点对点营销又是什么？周鸿祎要推销360手机，在微博上对雷军小米手机的性能和成本两个方面进行攻击，双方打起了口水战，各自粉丝在呼喊，这就是点到点的营销。如今营销正在从传统的广告式的点对面的营销向活动式的、公关方式的点对点的方式去突破。

在这样的背景下，O2O的出现更有助于点到点的发展。O2O的兴起说明人类已进入了线上和线下互动、融合的营销时代，线上群体社交快速发展起来的力量，已经从线上跨越到线下的现实世界，线上线下融合的点到点营销模式将成为主流。

举两个简单的例子：

（1）我在网上买了一本书，在微博上分享此行为，很多好友看到了，转发了我的微博，或者给我评论：这本书写得怎么样？你为什么喜欢看这本书？我是不是也买一本？这是传统的社会化营销，也是线上的点到点营销。

（2）周末出去逛街，看到一本我想买的书的宣传海报，通过手机扫一扫二维码识别购买了此书，并且通过微博分享了此行为，很多好友看到了，转发了我的微博或给我评论。这就是O2O社会化营销。O2O社会化营销是包括社会化网络营销的，也就是说，它是基于社会化网络营销的，在社会化网络营销基础上它更关注利用网络和终端这两者。

O2O的社会化营销更注重客户的行为和营销内容的结合，简单地说就是在任何地点、任何时间都能够跨越线上线下无边界地倾听客户的声音，了解客户，并快速有效地回复和满足客户的需求。做好O2O的社会化营销，首先要利用好社会化营销，其次要关注消费者的行为如何与社会化营销内容相结合。其中包括4方面内容：

（1）消费者行为要与营销内容产生关联性；

(2) 消费者行为要与营销内容产生共鸣性；

(3) 消费者行为要与营销内容产生娱乐性；

(4) 消费者行为要跨越线上线下与营销内容无边界的互动。

营销的正道是什么？完善消费者沟通的桥梁，吸引消费者眼球和发展新的用户。O2O 的社会化营销就体现了这个营销原则，所以线下零售巨头触网"奇"在 3 点。

(1) 利用线下成熟的实体机制

以建立"虚实整合"互动体系为目的，线上触网不要学传统电商以供应链为主的交易模式，线上触网以线上营销为主战场，通过微博、SNS 分享、视频（和这 3 类形态的互联网巨头连横合纵）进行线上营销，在现阶段可以重新拾起团购这个粗犷线上营销形式，将消费者引向线下实体门店（不管商品是配送到用户家，还是要用户到实体店享受服务，都由此门店完成最终配送或交易）。

(2) 完善商品交易管理机制

以建立线下商品电子化的生成、发布、管理和支付交易为主线，完善线上营销引流后的商品交易管理机制（参考淘客、新浪微博营销平台），不管此商品最终是通过线上网店完成交易，还是在线下某实体门店完成，均计算入原先线下某实体门店完成的交易（可以和线下实体店配送到个人用户挂钩），这样就破坏不了原来已经建立起来的三者（品牌商、经销商和实体门店）利益分享关系了。

(3) 利用线下实体店优势

特别是位于生活服务类商场的实体店，整合生活服务类商品线下消费体验的分享模式（比如，苏宁线下很多实体店所在的商城中有电影院、理发店、肯德基、麦当劳等），让消费者喜欢到线下实体店体验。总而言之，线下零售企业触网，不要复制传统电商模式，避免既与传统电商（如天猫、京东）正面交锋，又和自己线下传统方式左右手互搏。要在建立线下商品电子化的基础上，以线上营销引流线下消费体验为模式，这样引流到线下消费体验，才是进入线下零售企业最熟悉的"高周转＋低毛利"运营模式，才能遏制住线上电商企业的进攻。

O2O 分线上和线下两个层面，线上包含流量和内容，线下也包含流量和内容。O2O 关注的是线上和线下这些流量和内容的相互投射。O2O 的社会化营销如何将碎片化流量和碎片化内容进行相互投射，并找到自己的目标客户呢？主要做到以下几点。

①要正确定位本地客户群，并充分了解你的客户特性。

②要注重营销媒体的选择，并对营销媒体充分熟悉。

③要注重引流工具的选择和使用。

④要注重文章内容的质量、产品的质量和改进。

⑤要注重学会分享和互动以及售前、售后服务。

⑥要重视对客户的调研、市场的反馈、客户评价。

⑦要注重客服的培养、客服态度语气、客服满意率。

⑧要注重 CRM 使用，学会给客户分组，将客户分为潜在的、满意的、信任的等几组。

⑨要注重广告的投放和效果分析。

⑩要注重活动的策划和效果分析。

7.3　社交网络

社交网络源自网络社交，网络社交的起点是电子邮件。早期的 E‑mail 解决了远程邮件的传输问题，至今它仍是互联网上最普及的应用。BBS 把网络社交推进了一步，把"群发"和"转发"常态化，理论上实现了向所有人发布信息并讨论话题的功能。即时通信（IM）和博客（Blog）是前面两个社交工具的升级版本，前者提高了即时效果（传输速度）和同时交流能力（并行处理），后者则开始体现社会学和心理学的理论——信息发布节点开始体现越来越强的个体意识，因为在时间维度上的分散信息开始可以被聚合，进而成为信息发布节点的"形象"和"性格"。

随着网络社交的悄悄演进，一个人在网络上的形象更加趋于完整，这时候社交网络出现了。

社交网络（Social Network Service，SNS），通俗地来说就是社交＋网络的意思。通过网络这一载体把人们连接起来，从而形成具有某一特点的团体。社交网络是社会性服务网络，使得人们可以在社交网站上做 3 件事：

（1）可以在社交网站上发布自己的信息；

（2）可以在社交网站上浏览他人的信息；

（3）可以与其他用户建立联系，实现信息的交流。

就这样，我们在社交网站上实现了信息的传播。

7.3.1 在线社交网络的形态和功能

在对新媒体进行的传播学研究中，通常说的"在线"是指人在以互联网为代表的信息技术所架构的虚拟世界中，利用数字媒介作为中介手段所进行的一系列实践活动，是对虚拟空间中人的存在状态的描述。

既有的新媒体用户体验中，"在线"（Online）是网络用户的一种"状态"或"属性"，它是与"离线"（Offline）相对的。换句话说，"在线"与"离线"是传播媒体与用户之间"当下"关系的即时反应，用户在"此时此刻"只能身处其一。

但是，在线社交网络中，媒体与用户之间的关系突破了此前的"在线"内涵。随着媒介融合和移动互联网的加速发展，媒体终端日渐多样化，信息形态愈加丰富，新媒体用户的在线生活呈现出"无时不在，无处不有，无所不能"的新态势。人们可以利用手中的各种便携的信息终端——笔记本电脑、电视、手机、平板电脑甚至相机，随时在线进行观看、上传、下载、分享、聊天、购物、求职、玩游戏等各种各样的社会活动。

从形式上看，这是人与技术系统的结合；从关系上看，"在线"与"离线"之间的界限不再清晰，新媒体的用户可以实现"随时"在线；从效果上看，此前的新媒体形态实质是人以计算机信息处理技术为中介形成的人与人的交往，是需要媒体用户"上线"之后在"虚拟空间"中进行交互，而在在线社交网络中，媒体变成了所有用户默认的平台，用户的"登录"过程变得不再必需，因而交往在向面对面的方式转化。

因此，在线社交网络可以看作当前网络社会实践活动的集中体现。作为一种网络服务，在线社交网络允许用户：

（1）在一个有界限的系统中构建一个面向所有用户公开的或者半公开的空间，并在空间中使用几乎所有媒体形态进行个人表达；

（2）在个人的空间里面明确列出友情链接用户名单并与他们进行即时的或非即时的互动；

（3）在这个系统里，网民可以查看自己的链接和关联用户的链接，并可以由此拓展自己的链接用户；

（4）通过这种服务，人们的线下社交生活越来越完整地转移到线上，线上与线下的交叉融合也日渐明显。在线社交网络与用户的线下社交活动之间的关系，已经不存在"主体"与"延伸"之间的关系，而是共同构成了社交活动的主体。

在线社交网络是允许人们进行创造、交流内容并进行社交互动的网络空间，其最大特点是人自身成为了信息网络的节点，能够随时随地在线沟通联系。在线社交网络的空间中既有与线下社交网络重叠交融的部分，也有冲破地理空间和现实时间限制重新构建的部分。

2014年11月全球性社交营销代理机构We Are Social对世界大型网络社交平台的调查显示，脸谱（Facebook）月活跃用户达到13.5亿，接近中国人口总数量，位列排名第一。腾讯公司旗下QQ、QQ空间和微信进入前五名。We Are Social在其报告中称，目前全球互联网用户总量已超30亿。紧随其后的汉语、俄语、西班牙语的社交网站也拥有超过1亿的注册用户。通过这些平台，世界上最新发生的常规或突发的重大事件，几乎都在第一时间被数以亿计的人知晓。

从Myspace到如今的Facebook、Twitter，以及中国的微博、社交网站，这个快速发展的以互联网为依托的在线社交网络吸引了电商们的目光。其传播及时、反馈迅速、媒介融合、无限拓展、随时沟通的特有优势，无不展示了其在社会化营销方面的巨大潜力。在线社交网络媒体促使人们深入思考其营销价值。

7.3.2 社交网络下的网络营销

进入Web 2.0时代，传统的网络营销手段，诸如搜索引擎竞价排名，门户网站广告等方式所起到的营销效果已经大不如前。社交网络的崛起为传统网络营销指引了新的方向，正在改变着企业的营销策略与方式。目前，社交网络已涵盖了以人类社交为核心的所有网络服务，人们在此相互沟通。社交网络已俨然成为了一个快速、低成本交流和传播信息的工具。它对于企业的价值是毋庸置疑的，它赋予了企业一个拟人化的形象，使其可以自由地像人一样进行交流沟通。

随着Facebook、Twitter等国外社交网络媒体在网络营销上的优势日益体现，以及社交网络媒体在中国的蓬勃发展，越来越多的中国企业开始把眼光投入社交网站，基于其开展社交网络营销。

总的来说，社交网络营销就是利用其强大的信息传播速度和社交网站巨大的注册用户来进行产品信息的传播，从而达到营销目的。

社交网络营销作为一个不断创新和发展的营销模式，可以满足企业不同的营销策略。无论是开展各种各样的线上活动（例如，悦活品牌的种植大赛、伊利舒化奶的开心牧场等）、产品植入（例如，地产项目的房子植入、手机作为礼品赠送的植入等），还是市场调研（在目标用户集中的城市开展调查，了解用户对产品和服务的意见）、病毒营销等（植入了企业元素的视频或内容可以在用户中像病毒传播一样迅速地被分享和转帖），所有这些都可以在这里实现。因为社交网络能够充分展示人与人之间的互动，而这恰恰是一切营销的基础所在。

1. 社交网络营销策略

下面详细介绍几个社交网络的营销策略。

（1）口碑营销

口碑营销以用户体验产品为基础，用户将体验的结果进行小范围口对口的传播，80％的消费者对口碑的信任度超过其他的信息来源。这是一种成本低廉但效果明显的推广营销方式，是社交网站营销的重要手段之一。

（2）植入式营销

植入式营销并不是一个新的概念，很多的电影电视作品、网络游戏中都有着商家的身影，但是在植入形式多样化上，社交网站独具竞争优势。其实，可植入产品的载体并非只局限于具体的插件，如互动游戏、虚拟礼物，整个社交网络环境下的产品嵌入都可以被纳入植入营销的范畴。

国内基于非开放平台的植入营销以开心网为典型，基于开放平台的植入营销以人人网为典型。在开心网上，企业既可以在游戏组件和功能组件，如"争车位""买房子""投票""音乐""转帖"中植入产品，还可以联合开心网开发游戏组件，如联合利华为打造梦龙品牌而开发的"非常礼遇"；在人人网上，企业既可以在第三方开发商提供的热门组建中进行产品植入，又可以自行开发应用程序。如张小盒漫画作品的植入平台，其实就是奇矩互动公司独立开发的。

（3）病毒式营销

病毒式营销由信息发送者通过媒介传达所要发送的信息，接受者自发性地将信息不断传递给下一个接受者，使信息被尽可能多的人所了解和认识，其传播的自发性和快速复制性类似于病毒繁殖，故称为病毒式营销。

以人人网为例，病毒式营销在人人网的应用使网络广告业务有了很大的提高。人人网的应用小游戏服务为病毒式传播搭建了一个很好的商业传播平台。根据产品特性设计出的小游戏，可以通过多种方式与产品或品牌相关联，如游戏冠名、游戏界面品牌推荐、游戏内容品牌推荐等。例如，娃哈哈营养快线推广时，将一款游戏中补充能量的按钮命名为营养快线。随着小游戏的流行和推广，品牌的传播效应也在同时获得提升，从而实现了品牌的病毒营销。此外，人人网的增值服务也为病毒式传播搭建了平台，通过人人网上虚拟礼物的互赠植入广告。

在社交网站中，用户所提供的个性化信息中就已经包含了其对于商品的选择倾向信息，这些信息被进行深度分析和挖掘后，会被展示在用户的页面上，同时也被展示在用户好友所能看到的页面上。人们往往会倾向于选择其好友选择的商品，这就让社交网络具有了广告价值。根据相关的数据，广告主可以有针对性地进行广告制作和投放。

（4）邀请营销

邮件邀请的方式已经被很多网站使用了，但至今仍然是效果比较好的营销方式之一。因为邮件邀请人通常都是自己朋友，而在网络上，你最相信的就是朋友，所以邀请营销是社交网站采用的一种普遍营销方法。

2. 社交网络营销优势

社交网络营销的优势主要有以下几点。

（1）信息传播快，范围广

社交网络关系的复杂化以及社交网络采用的"多对多"信息传递模式确定了其传播速度快和爆发性强的特点。同时，社区用户的参与性和共享性程度比较高，用户可以自由地评论和转发，也使得信息的传播渠道多，从而也实现了信息大范围的传递和交流。

（2）信息交互性强

比如，当你有一个新的动态时，你的朋友会第一个知道，同时来和你交流、分享信息。它体现了人们之间的交互性，这也是社交网络营销最大的特点和优势。在产品的宣传中，通过社交网络交互和传播比平常平面媒体更加方便、快捷。在美国大选期间，大概有600万人次在网上观看和自动转播了奥巴马的演讲，再加上上千条的评论，正是这种交互性和自觉的参与性才使越来越多的商家锁定了社交网络营销。

（3）营销成本低但影响力大、见效快，利于资金迅速回笼

随着网民网络行为的日益成熟，用户更乐意主动获取信息和分享信息，社区用户显示出高度的参与性、分享性与互动性。社交网络营销传播的主要媒介是用户，主要方式是"众口相传"，因此，与传统广告形式相比，无须大量

的广告投入，这极大程度地降低了营销的成本，而且因为用户的参与性、分享性与互动性的特点，很容易加深对一个品牌和产品的认知，容易产生深刻的印象，形成品牌效应。与传统的媒体广告相比，其传播也更为迅速且影响范围更广。

（4）网络关系化，用户黏性强

社交网络是一个关系化网络，不是杂乱无章的。传统社区用内容来吸引用户，人们为了一个共同的话题内容聚在一起，而社交网络是将现实社会关系反映在网络上的结果，它更多地以人、以关系来吸引用户，为"用户之间相互产生关系"提供了一种可能。社交网络上大多是你认识或者想要认识的人，当你的朋友、同事、家人或是对你有吸引力的人聚集在社交网络上向你招手时，你是很难抗拒的。正是因为社交网络的关系化，它的用户黏性非常强。社交网络可以通过保持、增加这种"用户关系"以及搭建各种互动性应用等手段来增加用户的转移成本，从而留住用户，提高用户黏着度。

（5）精确地锁定目标群

在社交网站上根据用户的基本注册信息，可以很方便地帮助企业轻松锁定目标客户群，针对特定目标，组织特殊人群进行重点宣传和互动。以人人网为例，可以根据注册用户的注册学校、年龄信息来划分不同地区和年龄的客户群，从而进行区分营销以达到更好的营销效果。这样，在企业投放广告的时候便可以更精准地接近这些目标消费者，做到最小的投入最大的产出。如果企业营销的经费不多，但又希望能够获得一个比较好的效果的时候，可以只针对部分区域开展营销，例如，只针对北、上、广的用户开展线上活动，从而实现目标用户的精准营销。

（6）直接面对消费者，掌握反馈信息

企业能够快速得到消费者的反馈信息，针对消费者需求及时对宣传战术和宣传方向进行调查与调整，从而得到更好的营销效果。

社交网络营销是真正符合网络用户需求的营销方式。它的迅速发展符合网络用户真实的需求，参与、分享和互动，也符合网络营销发展的新趋势。当然，也只有符合网络用户需求的营销模式才能在网络营销中帮助企业发挥更大的作用。社交网络营销让目标更精准，让策略更灵活，让小成本做出大制作，让用户与企业走得更近，它必定会在营销模式中占据非常重要的地位。

7.3.3 从星巴克看"社交媒体＋O2O"营销新模式

星巴克是目前全球最大的咖啡连锁店，成立于 1971 年。据公开数据显示，2007年星巴克的单店销售额十几年来首次出现下滑，同时公司股价应声下跌。到2008年1月时，星巴克的股价已经下跌超过50％，同年5月公布的财务报表显示，星巴克在第二季度利润缩水28％，将可能面临自2000年以来第一次全年利润下降的危险局面。之后星巴克的利润危机继续加大。因为美国市场的不景气，作为大本营的星巴克美国业务下滑得非常厉害，2009年第一季度全年利润下降了69％。在经历业绩增速放缓阵痛后，2010年星巴克营业额增长幅度只有8％，因此其整体的咖啡消费速度在放缓。

股价一路疲软的同时，同业竞争者却虎视眈眈，2013年年初，英国咖啡连锁品牌COSTA中国区运营总监邱子豹公开表示"未来3年，公司将在中国内地新开250家门店"。对于星巴克而言，竞争对手除了有定位高端咖啡市场的COSTA外，还有定位廉价物美的麦当劳"麦咖啡"。由此可见，对于星巴克而言，无论是在美国还是在中国，其发展之路并不那么好走，存在曲折与阻力。

为了走出困境，星巴克建立了"官方网站＋网络社区＋社交媒体"三者紧密结合的线上运营思路。为了更好地实现O2O，2011年8月星巴克还开通了购物网站（http：//store. starbucks. com）。从O2O的角度来讲，星巴克的线上部分已经高效承担了品牌营销、产品销售及客户关系管理的三重作用，因此，在综合移动互联网特点的基础上，通过移动支付领域的不断创新，星巴克的线上和线下能够高效融合。

2000年以后的互联网可谓风华正茂，追随者大批涌来，要想更快地通过互联网影响消费者、吸引消费者，除了本身的品牌优势以外，企业最需要做的就是：拿什么来吸引消费者和怎么更好地影响消费者。星巴克在不断的探索中，做出了改变其O2O命运的众多举措，具体措施主要包括以下几个方面。

1. 通过社交网络，进行线上品牌推广，推动线下消费转化

星巴克进军Facebook、YouTube、Twitter、Foursquare、Google等社交网站进行线上品牌推广。为了更好地推广品牌，星巴克成立了专门的社会化营销团队，负责社交网络账号运营。星巴克在社交网站与顾客互动，不仅分享自己的相关信息，还分享、转发众多顾客感兴趣的内容。除此之外，其还在Foursquare为消灭艾滋病捐款25万美元，在Google上通过Google Offers捐赠支持美国创造就业的倡议，通过公益提升自己的品牌形象。

通过这些努力，星巴克获得了很好的宣传效果，截至2013年4月17日，星巴克的YouTube账号订阅用户达到了17587位，其视频被观看次数达到749万次；同时，星巴克的Facebook账号共收到"喜欢"3426万次；而其

Instagram 账号有粉丝 118 万，Twitter 账号粉丝数高达 365 万；同时，其 Google＋账号粉丝数也高达 153 万。如今，星巴克已经发展成为 Facebook、Twitter 等社会媒体上最受欢迎的食品公司。

星巴克的这些努力也获得了很多肯定：一方面，取得了社交媒体营销的大奖；另一方面，在美国餐饮新闻网、美国主流的三大社交媒体及社交网络（Facebook、Twitter 和 YouTube）为衡量指标的各大餐饮企业社交化程度排名中，以 107.09 总得分的绝对优势夺冠。

2. 通过网上社区、鼓励线上反馈，改善线下服务

2008 年，星巴克意识到用户反馈的重要性，发布了 My Starbucks Idea 网上社区。在这个网上社区，客户可以针对星巴克的某个问题提出自己的建议和思路，对星巴克留言，评论星巴克的产品，进行优惠互动，从而帮助星巴克听取客户意见，更好地融入客户。

很显然，这个网上社区成功了，这种网上反馈、线下改善的策略成功了，星巴克的互联网之路又一次开花结果，很多消费者都通过这个网站给星巴克提建议。截至 2013 年 3 月 My Starbucks Idea 成立 5 周年时，星巴克共收到了 15 万条意见和建议，其中 277 条建议被星巴克实施，并最终提升了星巴克的服务品质，赢得了消费者的信任，由此建立并提升了星巴克在年轻消费者心目中的品牌形象：关注顾客，聆听顾客，关注服务。

3. 通过免费网络提供上网服务，吸引线下消费

提高客户黏性是每个企业乐于追求的目标，星巴克在这方面自然不甘落后，开创了一种独特的零售体验——为客户提供除工作场所和家庭外的"第三空间"。星巴克咖啡的核心客户群为 25～40 岁，经过长期的市场调研，星巴克发现这部分群体每月平均进店消费 18 次，其中 90％是互联网用户，并且越来越多的顾客喝咖啡的时候会带笔记本电脑。针对这种情况，星巴克提出了吸引顾客上门和停留更久的前瞻性措施——提供无线上网服务。

2001 年，星巴克与微软合作，开始为顾客提供 WiFi 收费网络服务，此项措施一经推出就吸引了消费者。2004 年，星巴克又与美国最大的公众网"T-Mobile HotSpot"合作推出无线热点服务，在美国本土约 100 个咖啡店安装了 WiFi，使顾客在享用美味咖啡的同时尽情地上网冲浪。

当越来越多的餐饮企业开始效仿星巴克为顾客提供上网服务时，星巴克再一次创新，依旧领先。2010 年 7 月，星巴克开始在美国提供无须注册、无时长限制的免费 AT&T 无线接入服务，这个消息一经发出，消费者又一次沸腾了。同年秋，星巴克又与雅虎公司合作，在北美宣布店内启用星巴克数字网络，顾客在星巴克门店内可以通过免费的 WiFi 网路免费阅读华尔街日报、纽约日报、今日美国等付费内容。之后，星巴克又与雅虎及苹果合作，在其数字网络的欢迎首页上，链接雅虎多种免费电子书籍、新闻、音乐和电影，享受苹果 iTunes 上仅对星巴克数字网络免费开放的音乐下载。2013 年，Google 又为星巴克在美国的店面提供基于光纤的超高速上网服务。

星巴克通过提供线上上网服务为线下门店吸引并留住了大量顾客，让顾客获得了更愉悦的体验。甚至有人这样描述他一天的时间安排：我不在办公室就是在星巴克，不在星巴克就是在去星巴克的路上。

星巴克"社交媒体＋O2O"新模式的探索实践对于整个餐饮行业来说是有深远意义的。它的成功，引发了整个餐饮行业对 O2O 营销的思考。

社交网络的快速发展，使得越来越多的消费者的行为决策受到它的影响。为了能够更加积极有效地将品牌形象传递给消费者，进而影响其消费行为，在星巴克的带领下，越来越多的餐饮企业热衷于探索 O2O，并在很多社交媒体和社交网络上树立了自己的品牌优势。

在美国餐饮新闻网进行的美国餐饮企业社交化排名中，星巴克高居榜首，这说明星巴克已经成为在众多社交媒体上最受欢迎的食品公司，也说明星巴克在年青一代消费者的心目中树立了良好的企业形象。它采用的社交网络与 O2O 结合进行营销的策略得到了大众的认可，有效保障了星巴克未来的发展。

作为美国餐饮企业社交化的领航者，星巴克在 O2O 探索中付出了很多努力，虽然经历了很多困难，但是在整体上是顺利的。星巴克 O2O 探索的成功，是在良好的品牌优势、出色的产品创新、不遗余力地关注客户体验保驾护航下，通过全平台营销、移动 App、创意营销、口碑营销等 O2O 营销手段达成的。星巴克通过社交网络、网上社区等进行互联网品牌营销，做出了一系列支撑其成为美国餐饮企业社交化领航者地位的重要举措，目前其线上线下已经实现了有效融合。

纵观星巴克的成功道路，会发现星巴克一点一滴的成功都源于其骑士般的勇敢、积极探索的精神、善于发现的眼睛、坚持到底的品质、富有创意的策略、爱护用户的初衷以及关注用户体验的目标。或许在不久的将来，星巴克会继续改变人们的生活习惯，让顾客由衷地发出另一个感叹，另一个星巴克宣传语：我不是在线下星巴克，就是在线上星巴克。

在我国，餐饮企业的 O2O 营销还处于试水阶段，虽然一些餐饮企业已经认识到了 O2O 营销的重要性并开通了相关的社交媒体及社交网络账号来对其线下实体店进行社交网络营销，例如，社交网站、微博、微信、博客、论坛等，但是这些餐饮企业并没有对这些账号进行较好的运营，还没有形成较大规模，主要问题在于粉丝少，沟通少，通过账号发起活动，基本上全是促销信息，缺少创意营销等。要想快速并且扎实成长，早日有所成就，我国餐饮企业要在保证餐饮品质，注重产品创新，关注客户体验的同时，积极拓展各种 O2O 营销手段。

正如星巴克创始人舒尔茨（Schuitz）所言："顾客的资源是动态变化的，它与传统的市场观念完全不同，需要新的方法和思路，增加顾客和业务的流动性。"餐饮企业的 O2O 战役已经打响，抓住先机，利用社交网络的营销优势，推出新颖的宣传活动，融合线上线下平台，抓住更多的消费者才是胜利的王道。

7.4 社会化营销的途径

7.4.1 微博

21 世纪是以数字化、虚拟化、网络化为主导的网络经济和电子商务进一步发展的时代，更是以互联网为核心，以各种新兴社会化主题为平台的网络营销爆炸式发展的时代。而各种社会化营销中比较新潮的一种方式——微博营销，它以特有的实时性、互动性、社会性等优势迅速发展。

微博营销是指企业或非营利组织利用微博这种新兴社会化媒体影响其受众，通过在微博上进行信息的快速传播、分享、反馈、互动，从而实现市场调研、产品推介、客户关系管理、品牌传播、危机公关等功能的营销行为。

对于这个定义，可以从 3 个方面来理解：

（1）微博营销的主体是企业和非营利组织

与传统营销不同，非营利组织也是微博营销的重要主体。非营利组织由于其预算的有限性，对信息发布系统与人才的投入不像企业那样充裕。因此，一种易操作、低成本而又高效的信息传播工具对非营利组织而言非常重要。微博的出现正符合非营利组织的这种需求。

（2）微博营销的方式是在微博网站上进行信息的快速传播、分享、反馈、互动

微博的特点决定了微博营销的方式。微博的本质是信息的快捷传播与分

享，企业在微博上进行的一切营销活动都必须围绕这种方式进行。

（3）微博营销的功能是实现市场调研、产品推介、客户关系管理、品牌传播、危机公关等

微博作为互联网时代的新型营销工具，可以实现的营销功能是多种多样的，成功的微博营销可以最大限度地实现以上功能。

1. 微博营销的特点

微博营销具备低门槛、多平台、传播快、互动性强等特点，这使得其一出现就受到各大企业的欢迎。

（1）门槛低

140个字发布信息，微博远比博客容易。微博可以方便地利用文字、图片、视频等多种展现形式。与传统的大众媒体（报纸、流媒体、电视等）相比，其受众同样广泛，前期一次投入，后期维护成本低廉。微博营销可以借助先进的多媒体技术手段，从文字、图片、视频等展现形式对产品进行描述，从而使潜在消费者更形象、直接地接受信息。

（2）多平台

支持手机、平板电脑等平台，可以在手机上发布信息。微博营销优于传统的广告行业，发布信息的主体无须经过繁杂的行政审批，从而节约了大量的时间和成本。从技术角度上，微博营销可以方便地利用文字、图片、视频等多种展现形式；从人性化角度上，企业品牌的微博本身就可以将自己拟人化，更具亲和力。

（3）传播快

信息传播的方式具有多样性，转发非常方便。利用名人效应能够使事件的传播量呈几何级放大。微博最显著的特征之一就是其传播迅速。一条关注度较高的微博在互联网及与之关联的手机平台上发出后，短时间内互动性转发就可以抵达微博世界的每一个角落，达到短时间内拥有最多目击人数的效果。微博营销是一种投资少、见效快的新型网络营销模式，其营销方式和模式可以在短期内获得最大的收益。SNS与类似于BBS形式的传统媒体广告相比，优势在于社交信任与信息筛选。传统媒体广告往往针对性差，难以进行后期反馈。而微博针对性极强，绝大多数关注企业或者产品的粉丝都是本产品的消费者或者是潜在消费者，企业可以对其进行精准营销。

（4）互动性强

企业利用微博能准确、快速地与消费者建立起紧密的互动关系，更好地

做到以顾客为中心。一方面，更好地向消费者传达自己的品牌理念和企业文化，了解消费者的想法和需求；另一方面，简便、及时地对目标消费者进行预期管理和认知管理，避免了不恰当的预期和错误估计。事实上，微博使得企业里的更多人能够接触到市场的最前线，信息不再在层层传递中损耗和失真，更有利于企业进行决策。

2. 微博营销案例

下面与大家分享一些巧妙、成功的微博营销案例。

（1）湿营销

所谓湿营销，指的是借由互联网上的社会性软件（SNS 社交媒介、You-Tube 等自制视频网站、博客、微博等）聚合群体，以"温和的方式"将其转化为品牌的追随者，并赋予消费者力量，鼓励他们以创造性的方式贡献和分享内容，影响商家的新产品开发、市场调研、品牌管理等的营销战略。这里的"湿"是具有活力生命力特征的意思。举个例子大家就会一目了然：百事可乐在账号名称上选择的是@祝你百事可乐，而不是冷冰冰的百事可乐的公司名称，这样就更富有感情色彩了。其微博在 2011 年跨年演唱会时发起的"百万人祝福 2011"话题，并对演唱会图片现场直播与粉丝互动，向年轻人宣扬共舞的理念。这就是通过湿的方式，促进人与人之间相互吸引，合作分享，而不是以前人与人之间干巴巴的关系联系。

（2）早安帖、晚安帖

通过早安帖和晚安帖，更好地深入消费者生活。很多企业都用一些比较鼓励人的话语，或者比较温馨的句子问候粉丝，这样给消费者带来生活上的一种无形的支持，使得消费者更加信赖企业。

（3）抽奖活动

签到就给惊喜。荷兰皇家航空公司曾向乘客发放惊喜礼品，通过乘客签到了解他们的动态，大家在做什么，下一步去哪，荷兰皇家航空公司在机场设立了惊喜小分队，如果知道乘客即将在机场办理手续，就在托运行李时送上小礼品，有时抓拍照片传到微博上，引起大家的关注和期待。

（4）视频、动画、声音的创新应用

可口可乐微博新年愿望瓶活动，进入活动主页写下新年愿望，就会生成一个写满愿望的可口可乐瓶子。可口可乐个性地利用新年祝福、微博等创意元素，巧妙地将品牌形象和消费者心理联系到一起。

通过上面的一些案例，我们可以看出微博营销在很多方面都有其独特优势，渐渐成为越来越具有影响力的网络营销方式。微博兼具了即时通信的个体性、即时性，博客空间的个人信息发布和分享性、社区论坛的话题讨论性，以及 SNS 社区的人际关系纽带性，这使其更像一个天然的口碑传播平台，再配上企业巧妙的、亲切的、贴近生活的创意，使得企业与用户之间的互动变得轻松愉快，非常易于拉近企业与用户之间的距离，达到营销的目的。

3. 微博营销的功能

微博营销的功能主要有以下几点。

（1）品牌推广

品牌是一个企业价值的核心，企业的品牌形象会留给消费者很深刻的感受，品牌的树立是需要花费很长时间的。而微博营销可以通过各种新颖的方式推动消费者对品牌的认知，得到消费者信赖。

微博自身的有趣和时尚使得企业在进行品牌推广时更具时尚性，企业可以灵活运用一些特色方法来改变消费者对品牌的传统认知，给企业品牌带来活力。例如，与明星合作感人时尚微电影等，将品牌与生活联系，让大家更深刻地记住品牌形象，可以很好地定位品牌。而粉丝的转发评论，能更好地传播品牌。

（2）市场调查和产品创新的途径

企业可以通过微博加入超链接等各种形式做调查问卷，通过消费者购买评价等获得消费者对市场的需求信息，不仅可以了解到不同人群的消费偏好，而且可以节省人力、财力的耗费，这是一个很高效的途径，并且能够带来潜在客户。在新产品发布时通过微博与大家分享最新消息，收集大家的意见与评价，可以更好地知道消费者需求，更好地对产品进行改进，了解不同消费者的偏好可以实行产品创新和设计不同功能的产品来满足特定消费团体的需求。

（3）公共关系管理处理

企业公共关系管理的宗旨在于改善自身与社会公众的关系，促进公众对组织的认识、理解及支持，最终达到树立良好企业形象、促进商品销售的目的。而微博是企业实现有效的公共关系管理，尤其是顾客关系管理的重要工具和手段。从沟通角度，可以设立专门的沟通途径，与消费者互动，交流产品信息，评论并且解答疑惑，赢得消费者信任，也可以通过名人、领袖等公共关系影响、传播品牌文化，提高顾客的满意程度。从消费者角度，通过微博沟通，可以提高企业关注度，直接带来潜在顾客。并且，微博在维护老顾客上也具有优势，不需要长期利用传统打电话等方式。消费者不会厌烦。通过沟通服务增加消费者信任程度，这样消费者继续转发互粉，能进一步推动更多消费者的沟通交流。

以凡客诚品为例，凡客诚品把微博作为一个很好的与客户沟通的工具，以网络媒体发布商品的方式起步，兼用其他媒体，配合自身门户网站，逐渐在网络购物市场打出了一片天地。凡客诚品的新浪微博如图 7-1 所示。凡客诚品的微博营销主要有以下几个特点。

图 7-1　凡客诚品微博

（1）原则：长期互动

凡客非常重视客户体验，却缺少一个与客户直接交流沟通的平台。为弥补这一不足，凡客于 2009 年率先开通企业微博。一开始，凡客微博就有意识地保持轻松活跃的氛围，只把它看成一个和粉丝共享互动的地方。重在加强人际沟通，使销售服务更人性化，促进企业、客户和员工之间的分享和参与。在微博平台上，凡客坚持细水长流，通过平日对品牌理解的输出，建立起与粉丝之间的长期互动关系。

（2）结构：多层次放养

凡客推动从上至下各层次员工在微博上扮演起"形象大使"的角色，与众多粉丝们做平等的交流，提供更多有趣的更具个人视角的图文信息。凡客微博还走高层营销路线，老板陈年也亲自披挂上阵，扮演超级服务员，在其个人微博中解答网友的各种投诉。凡客有一名专职微博管理员，负责官方微博的发布和更新，其主要工作就是加粉丝、做评论、策划选题、找乐子，以及策划更多专业的活动。

（3）形象：名人效应

为传达"平民时尚"的品牌理念，凡客选择了个性率真、颇具公民精神，同时也富有争议性的名人韩寒、王珞丹担任代言人。利用韩寒主编的杂志《独唱团》第一期上市之机，凡客在新浪微博上独家发起"秒杀韩寒《独唱团》"活动，凡客微博粉丝均可参赛，"秒杀"成功者可免费获得《独唱团》。活动开展以来，信息转发量近 4000 次，新增粉丝超 2000 人，一举跃入微博热门评论榜。借助于韩寒的名气，凡客微博的人气也大幅度上升。凡客微博对韩寒到访凡客的情形进行了简单的文字直播，这让粉丝们议论纷纷。凡客用韩寒和王珞丹做代言人，获得了粉丝们更高的关注，也让粉丝接受了凡客从规范向其他品牌性格调整的过程。

（4）文化：凡客体

为彰显凡客的个性品牌形象，凡客为两位代言人定制了凡客体——这种能表达自我且极富个性化的广告语言，真实、自然、不说教，采用"80 后"的口吻调侃社会，戏谑主流文化，契合自由民主和娱乐至上的网络文化。凡客官方微博一方面发起了转发凡客 PS 作品送《独唱团》的活动，为凡客体的流行起到了推波助澜的作用；另一方面设计新的绿色模板，引导网民分享和参与，减少恶搞的风险。凡客体作品浩大的声势，使凡客知名度迅速提升，众多原本对凡客并不熟悉、了解的其他目标受众群，包括喜欢网络新鲜事物的上班族、上学族，也因此开始关注凡客品牌。

凡客微博被定位为"微博杂志"，这是对身处环境的认知——"碎片的时代"、自媒体的时代。用户关系是真实的人际关系，关乎信任、跟随、理解，是一种人格化。微博的开放性、即时性、交互性，是技术本身作为生活形式的延伸。品牌要"人格化"，有魅力，才能形成消费者的黏性和真实性，微博作为一个"人格化"的平台去运营。面对人类的真实情感，亲近不能被当做一种"不尊重"，所以需要感性和理性的平衡。反对以粉丝的数量去考核影响力，真正微博的能量不在于这些数字，水善利万物而不争，一个企业若能像张爱玲所说的"低到尘埃里去"，就可以赢得大众。

（5）推广：活动和话题

凡客借着与新浪合作向注册微博的名人、明星送围脖的活动，给微博起了一个昵称"围脖"，虽然这次赠送的围脖没有打上凡客的 Logo，但是受赠者在微博上议论这件事情，晒围脖照片，加之凡客自身粉丝团的活动，提升了人气。1 元秒杀原价 888 元的服装、抢楼送周年庆 T 恤、在"铅笔换校舍"公益活动中提供产品拍卖、秒杀《独唱团》杂志，在推出品牌代言人韩寒和王珞丹户外广告后开展"集齐站牌送现金"活动，这在企业看来是营销活动，但是对于普通顾客来说就是个好玩的游戏，大家乐于参加这样的活动。

黄晓明商业电视广告的广告语"人生即是如此，你可以努力，却无法拒绝。哪有胜利可言？挺住，意味着一切"，既符合凡客一贯的风格，又深度挖掘出黄晓明的个人气质，使之与凡客品牌理念进行了很好的结合。更为重要的是，当时恰值5·12汶川三周年纪念，广告语中"挺住，意味着一切"这句话与时事热点相结合，又隐晦地触及到了广大网民在当前大时代下坚守理想和生活的深层心理，更加的能引发社会共鸣，一时间，网上出现大量模仿的自制图片与段子，"挺住体"广泛流行，大有超越"凡客体"的趋势！而这样的内容设计显然更具创意！

（6）服务：关注与反馈

凡客一直在跟踪用户对公司产品、服务的反馈意见，每天在微博平台上搜索关键词"凡客"，把所有关于凡客的对话交流都搜索出来。为了更好地采集信息，大量添加关注，最多时添加了近2000人，几乎达到了新浪微博的上限，这些人涵盖范围很广，有名人、商界、IT界、媒体以及客户。通过添加关注，可以及时了解市场动态，并对相关问题在第一时间加以回复，而且更像是朋友间的沟通。

（7）解密凡客诚品的微博营销

从微博营销过程来看，其号召员工参与到微博平台，通过微博与网民对话以及在微博平台上的事件营销做得很有特色，微博平台也给其带来丰厚的回报。通过微博营销，可以塑造企业的品牌影响力，也兼顾部分客户服务的功能。不过，也应该看到凡客诚品在微博上的活动仅仅是在尝试，还没有形成一个明确的微博营销战略，也没有确定针对自身微博营销效果的评估体系。

凡客诚品对于微博营销的观点：一是微博营销来自贴近、倾听，"贴近"——"应用催生文明"，所有东西都要去使用；"倾听"这个生态里的微妙变化，怎么去成为话题引爆者。二是去理解"90后""85后"的消费原则。三是尊重互联网传播以及做人的底线。每天都要有微笑、有阳光，尊重人的形式逻辑、思想逻辑。接近、亲近、尊重网民，就可以带来企业所需要的。

微博营销不仅对线上企业有很好的宣传作用，对线下实体店的推广也有事半功倍之效。O2O模式的快速发展也引导着微博开启O2O营销之旅。

2013年新浪微博推出了"微美食"，以餐饮现金券的形式让顾客完成在线购买，成功后顾客可凭借手机短信或私信验证码到线下实体店去消费。这个策略与团购类似，但不同的是，餐饮商家更理性地核定了最高运营能力后改为每日限量，最终消费者也因此而获得了比团购更好的体验。而且通过微博，消费者与商家的联系不再是一时的。餐饮商家和消费者在微博这一社交平台形成了更良好的互动，商家能够更全方位地了解消费者，消费者的消费体验也会更快速地传递给商家，商家可以参考消费者的反馈意见作出相应改善。

新浪微博的微活动 2.0 也体现了 O2O 的思维。新的微博活动除了之前的晒图、转发、投票等外，丰富了其活动内容，增加了现金券派发、文字征集等内容。现金券的派发直接与每个线下实体店销售产生关联。加之微博交互性强的功能，每一个成功到店都可能引发一系列连锁效应。

微博天生就具有很强的本地化属性，特别是现在用手机使用微博的用户数激增，这个属性尤为突出。现在新浪微博的手机客户端在你发微博时会自动记录你的地图定位位置，这个功能对于实体店营销特别重要，等于每次顾客获得良好的消费体验或优质服务后发微博分享时，无形中就成为了实体店代言人，给您的店铺进行了一次宣传推广。

微博 O2O 营销还可以实现精准营销。新浪微博有一个高级搜索功能，可以把信息和用户精准锁定在指定城市里，而且可以选择指定的某一时间发送相关内容的用户微博。例如，你想知道下午四五点讨论晚上会去哪吃饭的人，那通过高级搜索就可以找出来，这样进行筛选人群后，能够方便企业锁定目标客户，做更精准的营销。

在微博这个拥有庞大信息流的地方，推广如果没有创意很难吸引到用户，很可能发出一条信息就石沉大海。尤其是那种需要让用户亲自去线下体验的事情，很难打动客户的心。一些商家将与自家店铺主题相关的热门话题融入自己所发的信息推广微博中，这样别人搜索热门话题时就会更容易发现你发的微博。还有一些商家通过微博平台发布商家微博主题活动，鼓励在店消费的顾客在其微博上分享本次享受的服务，并免费赠送小礼品。图 7-2 所示的这家红专厂广州小店，消费者在微博上发送该店拍照＋商家名称，并且@3 名好友即可获得奖励。这样，无疑带动了商家的人气，消费者发出去的信息会直接影响千千万万潜在客户的消费决定。

2012 年伦敦奥运会期间，土耳其航空公司奥运免费机票营销得到了空前的成功，这也让大家看到了微博营销的实力。在该奥运会期间，土耳其航空公司将所有奥运会参赛国家的国旗制作成二维码，并投放到伦敦大大小小的公交车站点，之后邀请人们展开寻宝行动，只要用手机扫描二维码就可以自动获取一面国旗，而收集最多国旗的人可以从土耳其航空 200 多条全球航线中任选一个目的地，获得一张免费的往返机票。这个活动十分具有趣味性，在微博平台迅速成为热门话题，人们纷纷在微博上转发、分享、讨论该话题，

图 7 - 2　红专厂广州小店营销微博

使得土耳其航空公司着实火了一把。

微博钱包是新浪微博推出的社交化在线支付平台，采用新浪自有的"新付通"支付牌照，主打"轻松、快乐和安心"的移动支付体验。新浪微博在线下有众多的合作商家，用户在线上下单购买，通过微博钱包支付，再去线下消费。它的出现形成了整个微博生态圈的O2O闭环，也推动了微博O2O电子商务的发展。

2013年8月1日，新浪微博联手阿里巴巴集团旗下淘宝网发布"微博淘宝版"等一系列产品功能，双方首次对外公布阶段性进展。基于用户账户互通、数据交换，两大平台将同时为数亿用户及广大卖家提供全新的服务体验，这一举动加速了社交购物2.0时代的到来。

从信息流向资金流蔓延，从线上发展到线下，从微币到微博钱包……越来越显示了微博发展O2O的决心。把社交媒体作为阵地，构筑了广告主、官微、粉丝、下单、支付、分享以及再沉淀、再购买的全套电商购买链。不难看出，微博O2O的尝试，是一个新的发展起点。

7.4.2　微信

微信是腾讯公司于2011年1月21日推出的一款通过网络快速发送语音短信、视频、图片和文字，支持多人群聊的手机聊天软件。微信自问世以来，就以席卷之势风靡中国，到如今，已达到 7 亿用户。在 2015 年第一季度末，微信每月活跃用户已达到 5.49 亿，微信支付用户约 4 亿，这让不少创业者看到了微信上的蓝海。2014 年微信创业成为了大热门，吸引创业者蜂拥而入。自媒体、手机游戏、电商导购、专业咨询等各类服务纷纷登录微信公众平台，截至 2015 年 6 月，品牌微信公众账号总数超过 800 万个，还诞生了微团购、微银行、微信电商、微信送餐等众多新型的商业模式。

微信除了提供给用户一个与好友进行形式上更加丰富的联系的平台外，它还可以作为寻找陌生朋友、营销的一个平台。通过找朋友中的"摇一摇""漂流瓶""查看附近的人"以及二维码的扫描，就可以认识从未谋面的朋友，而商家也可以借此进行产品的推广以及品牌的打造。

每一项新事物，特别是商业性事物的产生与发展，必定伴随着其各方面价值的开发与应用，而作为自媒体加 CRM 工具结合的微信，必定也少不了这一阶段。各方营销人员致力于策划基于微信平台的营销活动。

1. 微信营销的特点及优势

微信营销本身就是真正的 O2O 的社会化营销模式，在售前咨询、售中促销、售后反馈与微信闭环生态链系统中，用户可以通过电商公众号一站式获得电商的服务：售前咨询、售中促销、售后反馈，这个在以前其他营销推广中是无法实现的。微信营销是企业对营销模式的创新，其特点及优势如下。

（1）庞大的客户群

在"用户为王"的信息时代，拥有用户就拥有成功。特别是在互联网这个行业中，各大公司为了吸引客户、留住客户，都使出了看家本领。吸引并保有庞大的客户群，才能为这些企业盈利创造条件。以 QQ 用户为基础发展起来的微信，无疑拥有了庞大客户群这个先天优势，再加之其后的迅速发展，它的人气一度飙升，现如今的微信平台已非常热闹。而且，微信的高端用户较多，主要分布在一线大城市，多为年轻人、白领阶层、高端商务人士、时尚的 iPhone 一族。这一强大的特点使很多企业的营销有了更好的方向，特别是针对白领的产品。

（2）点对点精准营销

从微信的特点来看，它重新定义了品牌与用户之间的交流方式。微博是一种广播式的平台，通过微博平台可以对品牌进行广播式推广。而微信则是一种点对点的"电话式"服务，当品牌成功得到关注后，通过微信就可以进行到达率为 100% 的对话了。

（3）强关系的机遇

微信的点对点产品形态注定了其能够通过互动形式将普通关系发展成强关系，从而产生更大的价值，通过互动的形式与客户建立联系，互动就是聊天，可以解答疑惑，可以讲故事，甚至可以"卖萌"，用一切形式让企业与消费者形成朋友关系，你不会相信陌生人，但会信任你的"朋友"。而且有这样一种说法：微信1万名听众相当于新浪微博的100万粉丝。在新浪微博中，僵尸粉丝和无关粉丝很多，而微信的用户却一定是真实的、私密的、有价值的，这也使得微信的人际关系较为稳定，能够使营销转化率高。

（4）营销方式多元化

相比较为单一的传统营销方式，微信营销则更加多元化，微信不仅支持文字，更支持语音、实时对话以及混合文本编辑，普通的公众账号，可以群发文字、图片、语音3个类别的内容。而认证的账号，有更高的权限，能推送更漂亮的图文信息，尤其是语音和视频，可以拉近和用户的距离，使营销活动变得更生动，更有趣。

（5）营销更加人性化

微信营销是亲民而不是扰民，用户可以许可式选择和接受，微信公众账号的内容推送既可以主动推送，也可以把接收信息的权力交给用户，让用户自己选择自己感兴趣的内容，比如回复某个关键词就可以看到相关的内容，使得营销的过程更加人性化。

（6）营销的免费时代

微信之所以能在短时间内获得大量客户的青睐，最重要的原因就是"免费"。对于客户来说，使用微信是免费的，用户只需要支付流量费用。对于营销商家来说，在微信中进行营销推广也是免费的，这对营销预算有限的中小企业、个人创业者来说，是一个难得的"免费午餐"。

作为一个新兴的传播平台，微信的潜力是无限的，各行各业都可以通过微信营销来提升品牌价值，提高企业盈利能力。

2. 微信的主要功能

微信作为腾讯旗下的产品之一，身上总会反映着QQ的身影，但作为移动应用，它比QQ更加便捷。微信的众多功能模块是营销人员进行营销策划的基础。微信的主要功能如下。

（1）查看附近的人

这一功能模块应用了LBS插件进行定位，用户只要点击该功能，就能查看自己附近的人。企业在自己的签名栏更新自己的签名，然后作为一个硬性的广告，利用该功能模块就能让附近的人看到这一广告，如果有人感兴趣，即可进行即时通话。它可以任意设置一个点为中心，方圆 10 千米只要附近有使用微信的人，都可以通过打招呼方式推送自己的信息，到达率 100%。在人流大的地方实施，广告曝光率会很高，虽然转化率不一定会很高，但是还是会获得潜在的客户。微信查看附近的人的功能如图 7-3 所示。

图 7-3 微信查看附近的人

（2）微信公众平台

微信公众平台主要有实时交流、消息发送和素材管理的功能，用户可以对自己的粉丝进行分组管理。微信公众号主要面向名人、政府、媒体、企业等机构。用户通过二维码的扫描即可订阅企业的信息，企业主要推送相关的活动、优惠信息进行品牌的打造，也可以推送温馨的额外信息营造企业形象。典型的案例是凯迪拉克通过微信公众号来打造品牌信息，凯迪拉克通过其微信公众账号，发送品牌推广信息，以图文活动内容为主，也可以广播 30 秒左右的语音信息。图 7-4 为凯迪拉克所做的"发现心中的 66 号公路"活动，微信公众账号上每天都会发一组最美的旅行图片给用户，以引起共鸣。当企业在利用微信公众平台

图 7-4 凯迪拉克微信发送推广信息

推送产品销售促销信息时，需要注意内容的质量、推送的频次和时间段，保证较高的用户体验和营销效果。

（3）微信开放平台

微信开放平台为第三方移动程序提供接口，使用户可将第三方程序的内容发布给好友或分享至朋友圈，第三方内容借助微信平台获得更广泛的传播。典型案例是美丽说（www.meilishuo.com）与微信的合作。用户可以将自己在美丽说中的内容分享到微信中。用户通过微信，可以使一件美丽说上面的商品得到不断的传播，通过微信做口碑营销。微信开放平台更多的是强调用户体验，通过提升用户体验来提升用户的忠诚度，从而使第三方内容得到广泛的传播，而这一平台也充分体现了社交分享的口碑传播的价值。微信中分享美丽说的界面如图 7-5 所示。

图 7-5　微信中分享美丽说的界面

漂流瓶从 QQ 转移到微信，在营销方面也起着作用。微信官方可以更改漂流瓶的参数，使得合作商家推广的活动在某一时间段内抛出的"漂流瓶"数量大增，微信用户"捞"到的频率也会增加。加之"漂流瓶"允许发送不同的文字和语音内容，可以产生不错的营销效果。招商银行的"爱心漂流瓶"活动就是很好的例子。如图 7-6 所示。用户只要参与或关注，招商银行便会通过"小积分微慈善"平台为自闭症儿童捐赠积分，简单互动，奉献爱心，赢得了用户的好感。这一营销就像微博上"转发即捐赠"的活动一样。

二维码在微信中使用最为广泛。可以通过二维码添加好友、关注企业、付款、验证身份、获取折扣、查询信息等，二维码的最大价值体现为开拓了一个新营销模式——O2O 营销模式。使用微信扫描二维码获得优惠的示例如图 7-7 所示。

图7-6 招商银行"爱心漂流瓶"活动　　　图7-7 微信二维码

O2O是一种简单的模式，为客户简单呈现最优秀的产品和服务，这一点非常关键。这也是微信和O2O契合的原因。当微信和O2O整合为一体时，用户通过微信可以得到最简练、最吸引人的服务信息和产品信息。微信的营销优势再加上线上线下融合的策略，必将取得惊人的成效，微信O2O营销成为了新时代营销的新方向。

从目前形式上来看，微信在O2O模式上很有发展机会，拥有庞大的注册用户，已经普及的二维码以及推出的微信会员卡，这些都是O2O营销模式所依赖的基础。

微信中的二维码是线上线下的关键入口，它加强了线上线下的结合，使得O2O商业活动开展更加顺利，也进一步简化了商业程序，使得生活更加便捷。借助二维码，微信打破了传统线下商家与海量客户之间的鸿沟。最初一些商家开展扫码获得优惠活动，许多商家在店中摆放微信的二维码广告牌，用户只需用手机扫描商家的独有二维码，就能获得一张存储于微信中的电子会员卡，可享受商家提供的会员折扣和服务。商家与用户成为好友后，也更加便于宣传产品信息，与用户在微信中交流互动。

但是这往往会出现一个问题，即消费者扫码享受完优惠后，可能立刻就取消对你的关注。大不了下次再来再扫，吃完了再取消呗。即使他可能留在商户的好友里，平日里也是很沉默，等商户一群发促销图文消息，唰唰的就开始掉粉。这样根本无法实现其价值。这种所谓的微信会员卡，实际上就是关注微信账号就打折的活动，只能看做一种促销，因为商家不能真正获得并管理这些用户，更加不会有之后的互动。

腾讯在2013年9月24日发布的微信会员卡，即微生活会员卡能够解决这一问题，它能够深层次地维持客户与商家之间的关系，使商家拥有自己真实的会员，从而逐渐丰富自己的用户数据库，更进一步地实现微信 O2O 营销。

如今，这种微信会员卡已经打通商家 CRM 系统，完成了实体卡与微生活虚拟会员卡的无缝对接。微信会员卡具有以下三大优点：

（1）积分、储值、查询，一卡解决；

（2）会员管理、交易管理、精准营销、数据分析，一网打尽；

（3）客服预订、疑难解答、富媒体营销，一应俱全。

而且微信会员卡具有速率第一的特点，普通商家发放 10 万张会员卡需要 5 年的时间，微信 50 天就能完成，并且方法简单，无须像传统会员卡那样填写详细信息，只需打开微信扫一扫，对准二维码就可轻松领取微信会员卡。它的覆盖范围也十分广阔，涉及餐饮、商城、KTV、电影院、服装、化妆品、超市、酒店、实物电商等生活服务全领域。

作为现实商业社会的一个客观存在，微信会员卡绝对是有价值的。日常生活中，几乎每个人都有各种各样的会员卡，但它又是非常讨厌的，那么多会员卡，携带不方便。另外，商家为了促销通常都会发一些下次使用的优惠券。时间长了，这些优惠券也不知道放到什么地方了，下次再去该商家时可能又忘记带了，这些都很不方便。使用微信会员卡，再也不用携带那么多的实体会员卡、优惠券，只需要手机一扫就可以了。微信会员卡能够相当于手机会员卡使用，会员卡保存在手机中，包含刷卡识别、刷手机识别会员身份；自助查询积分和消费记录，自助兑换礼品；反馈意见建议，预约场地或服务，查看最新优惠信息等更加强大的功能。

正是这些优点与功能，微信会员卡吸引了越来越多的用户，也紧密、稳定地连接着商家与顾客，使他们之间的关系不再那么脆弱，有效提高了顾客的忠诚度。

这种紧密、稳定关系的保持也是双方皆可获利的。例如，微信的一个典型使用场景：中午准备吃饭时，只需要对餐馆的微信号说一声"来一份和昨天一样的套餐"，一切就可以了。餐馆的微信中有您的信息，您昨天订的什么套餐一目了然，您在这个过程中也不用去上网搜索餐馆，因为这个餐馆已经在您微信通讯录中了。对于商家而言，顾客已经稳定地成为了您的微信好友，这种联系建立起来后，可能以前一个月他只来一次，现在您就有机会让他来两次，以前消费 100 元，现在您就有机会让他消费 200 元。

　　这种微信营销模式，发展前景很好。微信会员卡的关系链是基于微信的熟人关系链，而微信作为一种私密的、熟人间的沟通工具，其传播更加精准——每个在线下扫描过二维码的用户都会成为品牌传播的种子。他们将会员卡分享到好友、群、朋友圈，分享最真实的消费感受。这种朋友间的传播，可信度强，转化率高，商家几乎不必投入什么成本，就自然形成了病毒营销，线下商家能得到更好的推广。

　　微信会员卡平台与商家CRM的打通，产生了一个关系型的开放生态圈，也是一个规模足以自足的庞大生态，同时还是一个因为在沟通联络方面的强大属性而具有很大活跃度的生态。如此再循环，更多的商家和用户将会因此而生生不息。

　　微信中基于手机定位的LBS功能也为O2O营销提供了有利帮助。LBS精准定位能够精确地显示用户所在位置，并且根据数据库和时间、地点来分析出用户状态，得出用户有可能去吃饭或者想去购物的行为，可以向用户推送所在地附近的餐厅的优惠券和购物场所的优惠券，为用户提供更加精准的服务。当您选择了其中一家有优惠的特色餐厅或者购物商城，在享受完良好服务后，将自己的体验或者经历分享到微信中，定位您所消费的地点，您的朋友会看到您的动态，关注您所分享的信息。在这个过程中无意间就会对线下商家进行营销推广，达到线上线下的有效融合。

　　微信营销和微博营销同样是社会化媒体，两者之间的区别在哪里呢？

　　(1) 用户使用两个平台的习惯不同。微博平台用户更倾向于PC客户端，也就是我们所使用的电脑，而微信则是移动客户端的软件，移动客户端主要是指智能手机以及平板电脑。

　　(2) 平台的属性不同。虽然微博和微信都是社会化媒体，但微博更倾向于社会化信息网络，对于信息的传播速度极快，同时微博属于自由媒体平台，在上面发布信息无论是好友还是陌生人都可以看到，更像是新闻媒体平台，而微信则倾向于社会化关系网络，平台注重用户圈子的维系，用户在圈子当中可以相互交流、相互分享。

　　(3) 信息内容的传播范围不同。微博的特性是我们既可以看到我们所关注的朋友的微博，也可以看到我们没有关注的陌生人的微博，微博内容是无限制的。但微信就不一样了，微信是一个私密闭环传播，用户发布的信息只能在自己关注的圈子或被关注的圈子当中传播，没有成为好友的陌生人根本看不到我们的信息。

（4）微博更具备媒体特性，是个浅社交平台，每天发布的内容没有限制，从而也导致内容信息的同质化非常严重，单条信息价值贬值，是一个泛传播的平台，微博用户关注一个好友主要是看微博的内容是否值得加，这显然是单方向的认可，所以用户之间的关系相对微信更微弱一些。但微信更具有朋友圈子的特性，是个深社交的平台，用户发布的内容没有限制，目前微信公众平台每天只能群发一条信息，所以单条内容更具有价值，用户更精准，是一个精传播的平台，用户之间只有对对方了解很深才会加为好友，而且双方必须都同意，这样就形成了非常强的关系。因此，微博平台是一种浅社交、泛传播、弱关系的平台，而微信是一个深社交、精传播、强关系的平台。

（5）平台传播特性不同。微博的传播没有限制，所以比较适合社会热点的实时传播，这同时也是媒体的传播特性，微博具备这一媒体传播特性，而微信信息传播更加精准，用户之间的关系更加密切，对信息了解更加深入，所以微信是一个深度信息精确到达的平台。

两种营销各有优势，从营销角度来看，微信营销可能会更有效，主要有以下原因。

（1）微博的曝光率极低，微信的曝光率几乎是100%

事实上，微博的曝光率是非常低的。就算你有100万粉丝，平均的转发率能达到上百条就是不错的成绩了，转化率只有万分之几，但微信则完全不同，由于是推送的，官方微信的到达率几乎是100%，远远高于微博。

（2）微博有点扰民，微信没有这个麻烦

在邮件营销领域有一个术语叫"许可式邮件"，即经过用户许可的邮件才不会被认为是垃圾邮件，这是现在比较被推崇的一种邮件发送方式。这背后隐含着对用户的一种尊重。在微博营销模式中，虽然也包含许可式的模式，即你关注某个品牌的官方微博，然后自愿收到来自它的信息，但是在更多时候，品牌微博的营销者的思路是传统广告式的。

微信的营销则是完全"许可式"的。如果你不首先通过扫描二维码或者输入账号的方式添加品牌的官方微信，你就不可能收到来自这个品牌的微信消息。虽然这可能会令你的粉丝数量少于微博，但是这些粉丝的质量是远高于微博的，因为那意味着他们愿意收到来自您的"广告"，这些人才是您最忠诚的客户！只要您的发送频次不太高，发送的内容不太垃圾，一般来说用户不会反感，他们关注您就是为了收到您的广告。

微信的出现是信息技术发展的结果。微信作为新兴的营销平台，蕴藏了巨大的机遇和挑战。微信营销，在强关系的支撑下，实现点对点的精准营销，人性化的推广方式减少了客户的反感以及不耐烦，提高了客户的满意度。而微信的即时互动，也让商家与顾客回归最真诚的人际沟通，以人为本，以顾客为本，这才是营销的硬道理。

腾讯拥有中国最庞大的线下消费用户数据库和商业运营数据库，而移动是未来的大趋势，腾讯还展开了微信国际化战略，微信将支持多国语言，整合多种海外社交网络平台。所以，对于微信这种新型平台，无论是品牌、代理公司、第三方服务公司还是投资人，都希望能把握先机，从而在新兴市场中分一杯羹。但无论平台怎么发展、趋势怎么变化，我们都可以理性地从营销的基本思路出发，洞察目标人群的相关特征、习惯和客户的生命周期，不断优化营销策略。

7.5　O2O 的社会化营销案例

《五分钟告诉你什么是社会化营销》这个关于"社会化营销"的视频把广告、活动、公关、客服、CRM、调研、研发、监测归为营销八大模块。广告、活动、公关是促销范畴，客服、CRM 可以算分销，调研、研发属于产品，监测则是促销效果调研工具。下面将社会化营销中最常用的"分享"也加入其中，通过这 9 个常态的营销行为，来分析一下 O2O 社会化营销案例。

7.5.1　调研

以翼码公司的业务支撑部门为例，业务支撑部门主要负责公司对外的业务活动构建、业务监控、业务运维、客服中心、数据统计服务等运营支撑服务工作，部门的现场服务技术人员面向商户进行电子凭证现场服务后，通过公司 OA 工单将现场服务的工作内容提单给客服中心，客服中心会根据工单对服务商户进行电话回访，来调研现场服务的满意度。

这个方式，成本很高，现在利用翼码自己的电子标签 O2O 模式，就简单多了，如图 7-8 所示。首先，在电子凭证机具出库前印刷上二维码电子标签，然后，在各商家的营业员收到机具服务后，用手机扫二维码电子标签进入机具服务页，选择"满意度调查"按钮完成调查，之后可以享受抽奖机会。

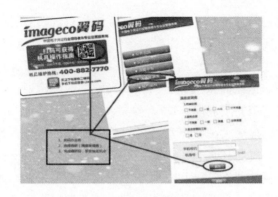

图 7-8 翼码电子标签 O2O 模式

　　传统营销中，调研环节过于专业，导致操作复杂，随着智能手机的普及和移动互联网时代下 O2O 互动的普及，个体快速输入变得简单，碎片化的特点体现出营销调研方式将发生巨大变革。

7.5.2　研发

　　在产品研发中，常见的营销是试用，在 O2O 互动的方式下，很多产品的研发都可以采用这种方式。将电子标签贴在企业的产品上，使用者在通过手机拍码报障、拍码点评，拍码看某个功能的视频说明时，我们就能清晰地了解到使用者在使用产品中哪个零件容易坏、哪个功能用户点评最多、哪个功能用户最喜欢了解，这种贴近用户的参与模式，体现了社会化营销的特点——参与就是营销。

7.5.3　监测

　　为公司的新品做基于 O2O 电子凭证的营销的监测，在不同媒体上印上发送不同指令（比如，指令 A 是 A 报纸，指令 B 是 B 报纸，指令 C 是 C 电视台，等等）到某网关，获得一个新品的二维码电子凭证，然后获得新品的手机用户去该公司的网点提领，通过可统计的二维码电子凭证的验证，就能监测到不同媒体对该新品的受众人群，从而为下一步广告的投向提供参考数据。

7.5.4　客服

　　送餐时间已成为全球网络订餐服务的发展瓶颈，最热门的柏林创业公司——Delivery Hero 意识到了这一点，它抓住了这一机会并得到快速发展。

Delivery Hero 以邮政编码划分餐厅所在区域，方便用户快捷查询。用户选定自己所在区域后，可以查看各家可下单的餐厅及菜单，并在线进行下单、支付等操作。然后，Delivery Hero 会通过邮件、传真、电话等各种方式向餐厅下单。不同的是，Delivery Hero 在帮助顾客下单后，其客服会在极短时间内与餐厅确定订单，并督促对方处理您的订单。如果 20 分钟内没有处理好，他们会取消您的订单，让您有足够的时间安排。

Delivery Hero 正是采用这种客服强力介入的方式，确保客户能及时收到自己所订餐点。其已完成 2500 万欧元的新一轮融资，使融资总金额达到 4000 万欧元。目前它们的业务已经从德国扩展到英国、俄罗斯、澳大利亚等 10 个国家。而外卖业务国际化，正是公司的核心竞争力。在收购了上海外卖网站 www.aimifan.com 后，2012 年 8 月，Delivery Hero 在上海设立了办公室，开始了在中国的外卖服务，取名"外卖超人"，计划继续拓展中国的业务，将服务延伸到其他城市。

7.5.5　CRM

2011 年 11 月 25 日，翼码和聚划算一起在武汉合作花菜团购的聚菜行为，网民们可以通过团购花菜的方式一起帮助菜农渡过难关。聚划算的聚友付 2 元，就能预购到张港花菜 1 颗，每颗大约 2 千克重，1 人 3 颗起拍，每个 ID 限购 20 颗，购买菜券的网友可以凭二维码凭证于 11 月 28 日到 12 月 2 日到武汉市内指定的中百仓储、中商超市共 20 个超市点提货。这个营销模式，看上去是团购，其实是聚划算平时在营销中聚集起来的 CRM 聚友会模式的影响力在起作用，这些聚友会的方式就是现代社会化营销的新型 CRM 模式。

7.5.6　广告

2012 年 2 月 24 日，分众传媒、聚划算、支付宝三方联合宣布推出一项新的 O2O 广告服务，消费者可以通过装有支付宝客户端的手机拍摄二维码，在分众显示屏前购买聚划算上的商品和服务，此举同时也为商家实现了品牌展示与销售一体化，更易评估广告效果。

据悉，分众传媒与支付宝、聚划算的此次合作酝酿了大概半年时间。目前，上海、北京、广州、深圳、杭州、南京、成都这七大城市的用户均可以使用这项服务。

对于这一全新的营销模式，分众传媒的 CEO 江南春表示："从品牌导向转向促销导向是明显趋势，在传统模式下，从广告展示到商店真正消费，往往经过多次跳转，而通过这个方案，我们让消费者在看到广告冲动的同时，可直接形成销售和支付。"江南春还表示，分众今后将把更多精力投向消费者购买环节，直接分享企业的销售费用，而非仅仅是市场推广预算。

7.5.7 活动

在 O2O 社会化营销中，活动是最常见的一种手段。2009 年 8 月，中国麦当劳、中国移动联合翼码发起了 O2O 社会化营销活动，只是当时 O2O 概念未起，活动被很多人遗忘了。自 2009 年 8 月 26 日起，中国移动用户发短信可免费获得雪碧麦乐酷二维码电子兑换券，凭二维码电子兑换券在全国麦当劳餐厅可全额免费换取雪碧麦乐酷一杯。免费赠送 200 万杯，先到先得，送完为止。

2009 年 8 月 26 日到 29 日，麦当劳翼码电子凭证申请量超过 60 万人次，最高峰值突破 100 万人次大关，仅 3 天的时间，就达到了 200 万杯麦乐酷的活动限量。

7.5.8 公关

老罗英语培训创始人、网络名人罗永浩于 2011 年 11 月 20 日在西门子北京总部，当场砸坏音乐人左小祖咒、作家冯唐及自己的 3 台冰箱，希望借此督促西门子公司尽快承认冰箱门的质量问题和提出解决方案，至此西门子冰箱门事件被推向高潮。

从 2011 年 9 月开始，罗永浩连续发布微博指责西门子冰箱"门关不严"，并表示"再也不买这个倒霉牌子了"，此条微博被网友们转发 3000 多次，评论超过 1100 多条。此后 20 多天里罗永浩持续发布了多条与此相关的微博并多次去商场调查，同时得到了很多西门子冰箱用户的响应，在始终得不到满意解决方案的情况下，不甘心的他筹划了砸冰箱事件。

在这件线上线下互动 O2O 事件中，西门子显然没有准备好应对 O2O 公关危机，罗永浩的声讨行动在微博上持续了 23 天以上，超过 2 万人参与转发，西门子在微博上做了什么呢？漠视用户、删帖、靠水军试图阻止事件发展，以及态度始终傲慢并用冷冰冰的官腔说话。砸冰箱前，公关公司还来报社公关，不过，他们搬起石头砸自己的脚，原本没想做大这件事，后来却搞得一发不可收拾。

O2O社会化营销下的危机公关将是未来企业所要面临的课题。

7.5.9　分享

快时尚品牌C&A在巴西的社会化媒体营销策略——在衣架上实时显示某款衣服在Facebook上的好评数，C&A的操作方式是这样的：在其名为"Fashion Like"的页面上，精心陈列着个各种单品的图片，Facebook用户在看见喜欢的单品时可以点击"Like"按钮；同时，这些数据可以实时显示在C&A实体店里展示的服饰的衣架上，给店里的顾客清晰的指导，让他们知道哪件单品在Facebook上人气更高，如图7-9所示。尽管有人怀疑这种做法的可行性，因为时尚这种东西很难依靠别人的喜好来定夺，而且也不能排除C&A为了清货存或者推销新品而操作"Like"数据，但不管怎么说，这是一种新的O2O互动分享方式。

图7-9　C&A实体店服装衣架

8 O2O 的产品设计

8.1 产品设计原则

在规划产品的时候，有一个基本的原则，即精简产品，将财力、人力、精力聚焦到一个点上，专注要做的事情，然后把这个点做到特色突出。而这个点就是您的产品，也是产品的优点之所在。因为把精力和财力都集中在一个点上，更容易把控产品，同时也更容易做好这个产品，即使产品失败了，因为店铺开的面积很小，带来的损失也不会太大。

产品细节设计是否优秀，一定程度上决定了产品的市场和产品的价值。要防止别人山寨你的产品，就要把握好用户的心理和体验，认真设计好产品的细节，即使别人山寨您的产品，做到您产品的功能，但是产品的细节、灵魂也是不那么容易被人模仿的。产品设计过程中，应遵循以下几个规则。

(1) 产品需要足够简单。因为过度的冗余和复杂，会超出一般人的把控，产品设计者会把精力集中到如何做大上，而在如何做精方面会有所欠缺。需要指出一点，产品需要足够的简单，奉行一个原则：大道至简。但是不是说本来想设计一个门户，最后变成了一个企业站的这种性质的简化，而是去掉不必要的所有的功能、细节，要做到这点必须忍痛割爱。

(2) 要深刻地理解并把握用户的需求。要知道用户真的需要什么，知道他们最讨厌什么。只有深刻地理解了用户的需求，才能把握好功能，做好细节。所有的细节、功能都要有存在的意义。每个细节，按钮、功能、页面、界面，都是为了用户的需求，不得不做，才要去做。

(3) 要理解用户的使用习惯。有时候仅仅凭借产品设计者对产品的理解，可能无法把握用户对产品的认知，所以必须理解用户的习惯。用户的受教育程度、对环境的熟悉程度，决定了用户的习惯。某公司曾经设计交费系统，让乡村小超市加盟，产品设计者认为很简单的电脑常识，比如大小写、翻页、全角半角、中英文输入等，这些问题竟然困扰了 90％的用户。

（4）了解什么叫做用户体验。所有的细节都是为了提高用户体验，而不是为了花哨、为了个性、为了美观。

（5）所有的美观都是为了更好地表达，不要为了美观而去美观。

（6）减少一切可以减少的用户操作，集中所有的用户操作到一个地方。

（7）好的产品设计是不需要产品说明的，客户一拿到产品，就可以凭感觉和习惯上手，方便易用。

（8）不要过分地去为了创新而创新，而应该去优化产品细节。过分的创新意味着用户需要过度的学习才能适应。因此，如何在用户已有的习惯基础上去创新优化，这很重要。

当我们完成一个产品的策划、设计、开发、测试以后，最后的一件事情就是把产品发布投放到市场面对客户。但是在将产品推向市场的时候，有一个重要的原则：把要做的功能、细节处理妥当，确保万无一失，并且经过多次测试，寻找多个开发人员和目标客户进行大规模的内测，在确定没有任何可见问题后，再适当地放开规模，进行既定规模的公测，然后把产品正式推出。

如何做到有计划、有步骤地推出产品呢？

第一，要做到有计划。很多人分步推出自己的产品不是因为提前计划好了。这个不算有计划、有步骤地推出自己的产品，只能说明产品不够完善。而有计划就是要做到，在开发前，知道自己走到一个什么样的步骤是可以推出产品的，推出产品的功能是可以成为一个体系的，而这个体系尽管没有自己想要的那么完备，但是可以达到用户的基本要求。而且，每一个推出去的功能都是完善的，而质量是可靠的。这样才能做到有计划。

第二，分步骤推出产品和完善以后再推出产品不矛盾，而有时分步骤推出产品正是为了完善以后再推出产品，所以确保分步骤推出的产品都是尽可能完善的。

第三，产品一旦第一步推出去以后，其他后续步骤就要跟上，否则的话，会引起客户的严重抱怨，所以初期步骤可以适当的推迟推出，以便后续步骤可以跟上。

第四，要在产品功能上分步骤，而非先大体后细节的分步，确保每个被推出的步骤都是完整和细节设计良好的。

第五，要正确处理用户的意见反馈，适当地调整后继开发。分步骤推出产品，意味着您可以通过用户的反馈修改好自己的产品后继步骤，要正确地处理用户的意见反馈，适当地调整后继开发，但是不可以因为反馈意见而过分影响到后继开发。

第六，要兼容前期版本。分步骤推出产品，要确保后继步骤不会把前面步骤的产品数据覆盖，比如用户需要重新注册、填写，注意好衔接。

第七，要确保后继步骤值得期待，切忌狗尾续貂式的分步推出产品。

由于移动互联网的出现，线上虚拟世界和线下真实世界的互动时代已经到来。而O2O的商务行为互动，是移动互联网产业大发展的关键，也是打破互联网入口论，进入移动互联网碎片化的触发行为，这就是O2O的未来。

8.2 碎片化的O2O

O2O，移动互联网时代的新商业模式，智能手机作为移动互联网最常见的用户终端，使线下商户在进行O2O业务时可以更加精准地把握用户行为，也让线下商户可以快速地接触到用户。越来越多的线下商户认可并实践了由张波在《O2O：移动互联网时代的商业革命》一书中用一句话描述总结的O2O业务理念：碎片化渠道＋个性化内容＝各式精准互动的社会化营销。

由于移动互联网的移动和随时特性，品牌商对于用户的接触越来越全方位。也正是在这种背景下，所有过去的模式或许都面临着挑战，翼码张波认为：一方面渠道变得更加多元，而另一方面用户习惯也随着移动互联网的推进而改变。

如果要说近几年的热词，O2O应该可以和打车软件、BAT、微信一起并列了。新概念的诞生，往往什么都可以往上靠：团购起来的时候，有人说团购是O2O；微信和二维码诞生的时候，有人说这是O2O；更有甚者，直接说携程十几年前就在搞O2O了！

当前火热的团购，虽然也是online to offline，但仍然是一个引流的工具，而不是真正的O2O。它是移动互联网时代，生活消费领域通过线上（虚拟世界）和线下（现实世界）互动的一种新型商业模式。O2O的本质是碎片化渠道＋个性化内容。

先说线上线下的问题，即虚拟世界和现实世界。没有互联网的时候，我们所有的商品交易行为都在线下完成，比如买件衣服、买个手机等。有了淘宝、京东后，通过互联网把线下商品进行"数字化"，您在网上可以随意

"逛"，选完商品后下单等着收快递即可。近几年O2O的火热，主要是生活服务的数字化，比如机票、电影票的数字化。通过互联网、移动互联网，把现实世界的商品数字化，从而使得交易行为更加简单。

移动互联网时代，入口已经碎了。所谓的"入口"，是PC互联网的说法。比如搜索引擎、浏览器，在移动互联网时代，这些入口价值被大大削弱了。

而智能手机的出现，使得本来的碎片化渠道变得更加"碎片"。比如基于地理位置的搜索，搜索的内容既是信息也是商品。原来购物是一种场景，现在很多场景都能购物！因为智能手机触点变得无处不在。触点打开，即可到达。互联网是"入口论"，移动互联网就是"去入口论"。二维码出现后，用手机就可以让现实世界和虚拟世界产生互动了。

用户体验，已经从PC时代的"入口"进入以触发体验和移动社交相结合（地理位置）的互动新模式。

渠道碎片化之后，会出现什么样的情况？或者说对商家而言意味着什么？"广告能力减弱，互动营销加强"。碎片化以后，商家可以直接面对用户、"点对点"了。十几年前，一个餐饮企业要去本地的都市报投广告，而在移动互联网时代，商家可以把原本广告的钱直接回馈给用户，而不是放在广告上。直接面对用户后，商家可以更好地管理、经营自己的粉丝。

至于个性化内容，企业的品牌和产品，只要抓住自媒体"社群"中的一小部分人，让这些人成为企业的忠实粉丝，一样可以活得很好。

在O2O时代，零售商势必会走向精细化运营模式，供应链会逐渐开放成基础设施，这条供应链上的五大元素分别是客流、支付、物流、技术平台、采购体系。未来如果想成为O2O时代的巨头，必须至少能控制住其中的一点。

移动互联网时代，一切都被重新定义了。企业的受众需要重新定义，谁是企业的忠实粉丝需要重新定义，这两个元素被重新定义后，企业的产品和品牌也被重新定义了。粉丝、产品、品牌，当越来越多的元素被重新定义之后，会有越来越多的新品牌、新产品出现。

目前线下商户主要关注的O2O渠道有3个：二维码、地图、微信。从数据可以看出，商户利用二维码标签建立无数个线下渠道，快速创建不同的营销业务场景，直接转换订单的能力在加强；而微信已经成为商户发布营销信息和消费者接受信息的最大O2O渠道，但转换率有待加强，这说明商户微信运营能力还有所欠缺。随着越来越多的商户在高德地图、百度地图上发布信息，可以有更多数据来判断线下商户的 O2O 渠道变化情况，线下商户实施 O2O 业务拥抱互联网已经逐渐呈现出明显的碎片化渠道特点。

8.3 O2O 产品设计要求

O2O 的产品设计线上线下互动的商务逻辑是产品设计的关键，除了这个关键的基于 O2O 互动的商务逻辑外，一个可运营的 O2O 产品设计还包含操作体验、管理监控、客服运维和数据服务等最基本要求。运营的 O2O 产品设计如图 8-1 所示。

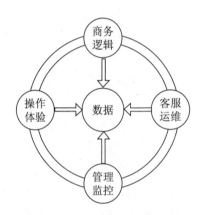

图 8-1 运营的 O2O 产品设计

谈起 O2O，创业者一窝蜂去构建平台。然而 O2O 本质上是一种思想，是如何应用互联网工具为传统商业服务的方式。我们换一个角度，从平台的使用者角度看 O2O。我们首先看到，有价值的 O2O 平台必须具备以下特征。

（1）用户平台

O2O 的平台绝不是简单的技术平台，它必须是用户平台而非流量平台。

（2）区域化

"到线下"意味着区域特征明晰，可以细分。

（3）社会化

具备社会化互动功能。

那么，O2O 平台的商户有哪些营销原则呢？核心原理是 3 句话：信任决定购买；互动决定转化；服务创造口碑。

营销是企业当务之急，因此，多数企业主会病急乱投医，会有"找个人来营销"或者"依赖媒体去营销"的思想。试图通过 O2O 方式建立新型渠道的企业必须认识到：建立渠道绝非易事。对企业而言，有个前提：任何企业都必须拥有自身渠道的控制权。因此，企业主对于营销，可以不做，但是绝对不能不懂。完全依赖外援或者完全依赖别人都会死得很惨。营销必须靠企业自己。要做好 O2O 营销，必须与用户使用同样的在线工具。

下面结合案例来阐释如何营销。

首先，可以将信息比喻成食物来理解内容营销的意义。报纸的时代是信息的计划经济时代，购买食品要凭票，因此，"好吃不过饺子"，能果腹就已经很不错了；电视时代是信息的市场经济时代，谁拿下 CCTV 的标王，谁就主导了信息；互联网时代，每个人面前都有一个由信息构成的"满汉全席"，您自己可以随意挑选。在有趣的、有营养的、有故事的信息里，硬邦邦的广告不会被人挑选。因此，内容营销强于广告。

海底捞的营销明显就是内容营销。海底捞在网络上一个硬广告都没有，一个优惠活动都没有，然而人类无法抵挡海底捞的诱惑——海底捞每一家店几乎都天天爆满。

内容营销存在几个层次：入门层次是知道营销需要讲故事，是您自己策划；高级层次是让您的客户讲您的故事。客户讲您的故事，在许多情况下是用超过预期的服务来实现的。雷军曾经揭示过口碑就是超出客户的预期。因此，服务也是营销环节，客户讲故事更有说服力。我们可以通过海底捞的营销来理解何谓超出预期的服务：一次，海底捞的员工上错了菜，结果该员工送给客户一份饼，上面写着"对不起"，这就是好玩的"对不起饼"故事。客户带着婴儿去吃火锅，海底捞会出人意料地拿出婴儿床或者婴儿服。很多企业会去竞争央视标王，如果将这些资金投入客户服务，会出现什么样的结果呢？与其竞争标王，不如激发客户分享。服务与内容营销的结合和统一，构成了企业真正强大的营销体系。也就是说，服务的结束并非营销终点。O2O最有价值的闭环绝不是为了平台利益而建立的，而是营销的闭环。线上线下的结合，线下绝不是营销的终点而是下一个起点。如果将服务的结束当作终点，您将永远无法提升投资回报率，无法体会到网络营销与传统营销的区别。

有营销就必须考虑转化，我们应理解转化的本质。除了讲故事，互联网营销的另一个诀窍就是互动。互动的目的有两个：建立信任感；提高转化率。

通过互联网发生的购买行为，本质上绝不是价格低，而是客户的信任乃至喜欢。信任比价格更重要！新浪微博上诸多所谓的微博运营公司提供的服务是加粉、转发，活动无非就是转发、加粉赢得礼品。而戴尔等企业在 Twitter 上非常质朴地去解决客户的实际问题。互动是沟通，是通过专业服务提升客户的信任，是通过人性化的表现拉近企业与客户的距离。在线营销就是互动！

O2O 交易过程，用不用二维码或者短、彩信绝非重点，从线上拉到线下反而是核心。这个环节是根本的转化率，影响该环节的核心因素是品牌信任感和客服技巧。对许多企业而言，该技术是不传之秘。

商务行为包括的基础信息一般为商品信息、个人信息、业务信息等，O2O 公司可以根据自己公司的特点来选择首先以什么类型信息为基本线，也就是说，O2O 产品设计的基本线要首先被定义，就是常说的是以商品为主线还是以用户行为为主线，还是以哪类业务（营销、交易、体验）为主线。让用户感知线上和线下互动的商品或服务等信息是真实可靠的。其实本质是两点，第一就是承载订单、支付、消费体验等商务行为的信息要存储在多个角色中（比如，至少在个人用户、线下商户、线上电商三者中）；第二就是这些商务行为的信息是可追溯的。目前秒杀也好，团购也罢，最大的问题就在于此，当线下商户以不同原因"抵赖"（比如说，该线下商户宣称它的商品从来没授权给某线上电商销售），线上电商以不同原因把订单"删除"（比如说，由于操作员操作失误，不小心把某商品标价为 1 元）时，个人用户怎么办？线下和线上互动中，这些商务信息的真实可靠性是要求 O2O 产品设计的保证要素。因此，手机电子凭证产品类型（数字串、二维码、NFC，甚至是其他方式）的选择是 O2O 产品设计的闭环保障。

O2O 产品设计中既然强调业务闭环保障，就要从线上平台和线下商户是否都能闭环来考虑，不能因为建立一个线上平台，O2O 业务中采用了电子凭证技术手段实现可统计，就认为您建立了 O2O 闭环，除非线下商户也是同一家企业开的。如果是互动方式，原来的线下商户基于收银 POS 机＋零售企业的 MIS 系统，已经形成的闭环模式，由于线上平台的闭环要求，却被你开环了，为什么？因为对于线下商户而言，您的线上平台仅仅是它商品销售的一个渠道，很可能是第一个，但未来一定不是唯一的一个，比如它第一次触网可能是天猫做商品交易，但未来它可能会在京东做商品交易，会在微博做商品营销，会在视频网站做商品营销，会在大企业的业务网站（如积分商城）做商品的集采业务，您真的觉得您在线上所谓的闭环能帮助它也闭环吗？这是个悖论。为什么？因为，线上平台更关心的是用户行为和用户喜好哪些商品（也就是说，线上关心什么商品好卖就卖什么商品），而不是线下商品的品质和体验，因为线上平台本身不生产和维护商品；而线下商户更关心的是商品或服务本身，因为他们知道吸引用户使用或选择它们，核心就是这些商品或服务的品质和体验（也就是说，线下关心什么样的商品是好商品），商品的选择，改进和维护本身是他们关心的，同时线下商户还关心哪些线上平台作为渠道能把它们的线下商品卖出去。所以都是以商品来引流，但着力点不同，线上平台选择用户喜闻乐见的线下商品来引流，而线上商户选择不同的线上平台渠道（比如，不同业务商、不同网站等）来引流。

无论线上或线下都能进行下单选择和支付同样能让用户感觉商品或服务存在便利性，这是与传统线上购物完全不一样的体验，O2O产品业务逻辑设计是让个人用户在线上线下感受相同，一般线上交易流程里，商品的介绍、订单的填写，以及支付，这3步怎么都少不了（可能在线下可以跳开商品介绍这一步），那么就要仔细研究线上（PC）线下（手机）如何处理这关键的3步，尽可能地减少个人用户在操作过程中的流失，结合之前提到的真实可靠性，贯穿整个流程去设计。

既然是线上线下的互动，那如何在互动中发挥线上和线下各自的优势，线上后台的强大计算能力，多界面操作，数据分析能力等，线下手机的LBS优势、拍照能力、距离优势等，这些优势能力结合是O2O产品设计的重要因素，比如经过麦当劳某门店，用户手机就能给出信息，说你有一张麦当劳鸡翅电子凭证（可能这个电子凭证是几个月前你朋友发到你手机上的，你都忘记了）可以使用。这是以前纯线上电商的"亲"消费体验模式所无法比拟的，因此在O2O产品设计中一定要充分考虑到这点。

O2O产品设计，还要考虑用户关系要求（手机通讯录、微信等）、用户信息要求（微博、印象笔记等）、用户娱乐要求（手机游戏、唱吧等），因为这些如果和线下的LBS、拍照能力、地图能力相结合，将使企业在O2O互动的营销行为和消费体验更加精彩。

大数据的时代已经到来，既可以说是从数据到信息、再到知识，最后到智慧的提炼过程，也可以说是数据采集、数据分类、数据转化上架、数据分析和数据反馈的数据传导过程。目前以数据化运营为驱动方式的时代已经来临，而O2O的互动使得线下和线上形成稳定数据采集源成为可能。因此，O2O产品设计需要考虑到基于数据的运营机制。

O2O产品设计中一定要考虑操作体验。个人用户、线上电商、线下商户这三者进行线上线下互动的操作体验方式不外乎3种：①人与人的交互，例如，个人用户和线下商户营业员如何交互；②人与系统（含设备、手机 App、操作界面等）如何交互；③系统和系统如何交互。

8.4 O2O 产品设计互动

消费者通过 PC 或手机在线上网店搜索商品信息。这里的线上网店既是渠道商又是内容商。

消费者在线上网店的渠道中筛选信息。这就是通过渠道引流到内容（实体商品、服务商品、优惠券或代金券等）的过程，寻找到商品内容，完成交易。

消费者在线上网店完成商品交易后，得到商品（服务）的电子凭证。消费者到线下实体店验证电子凭证，享受商品（服务）消费体验。对于这个最简单的 O2O 互动场景，产品设计中至少需要 3 个基础功能：消费者如何从线上网店渠道得到线下实体商户的商品内容？是通过 PC 登录 Web 的方式，还是通过手机 App 的方式，这个是 UI 和网站设计的思路。线下商户如何快速向线上网店发布商品内容？是线下商户商品内容，登录到线上网店装修网店并发布内容，还是直接通过线下的凭证终端向线上网店发布商品内容？这二者是不同的，因为线下商户在实体店对商品或服务的实时性有要求，而且很多线下商户未必在实体店用 PC 去发布商品。线上渠道如何快速了解线下商户订单交易情况？当交易完成时，订单以 O2O 电子凭证方式发送到消费者手机上，消费者通过手机上的电子凭证去实体店进行验证，验证的数据应该在线上渠道有登记，同时在线下实体店也有登记，以备双方对账（见图 8 - 2）。

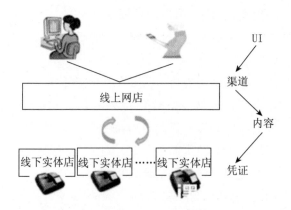

图 8 - 2　最简单的 O2O 产品设计

目前，在很多网站可以看到如图8-2所示的最简单的O2O模式。当然，还有比较新颖的演绎，比如，麦当劳在天猫旗舰店就直接将很多商品以"传送心意密码"方式来展现，例如，将"巨无霸"定义为"最佳靠山"来进行朋友间的心意传递。

目前，尽管中国网民的主要出发点是线上购物比线下商品便宜，而麦当劳的线下价格体系在中国已经稳定了几十年，它们要拥抱O2O，肯定采用线上线下同价方式，这种"心意密码方式"不失为一种不错的尝试。

随着移动互联网访问量的持续递增，线下商户的生活服务类商品完全可以在线上揽客，成交后完成在线结算。这种模式，就是Alex Rampel定义的O2O基本模式：在网上寻找消费者，然后将他们带到现实的商店中。但是，O2O模式不仅仅只有从线上到线下的简单模式，最核心的是渠道和内容碎片化的O2O互动模式。如图8-3所示。

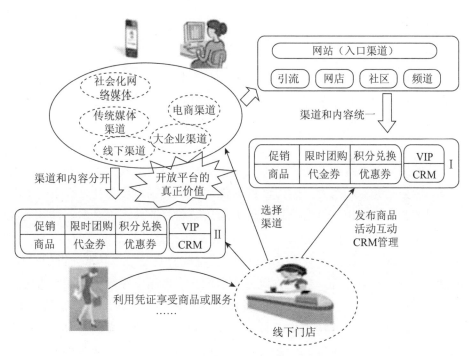

图8-3　内容和渠道碎片化的O2O互动场景

将线下商务的机会与互联网结合在一起，让互联网成为线下交易的前台。线下服务就可以用线上来揽客，消费者可以用线上来筛选服务，可以在线成交结算。特点是推广效果可查，每笔交易可跟踪。这种概念模式无形中给用户提供了更多的选择和便利，也给线下商务带来了商机。O2O 的概念，包括衍生出来的新概念产物，或许真如诸多互联网预测所说的那样会成为电商的下一座金矿挖掘地吧！

线上预订所需的产品服务并在线支付费用，线下服务提供商执行用户预订的服务内容，用户线上接收服务执行的反馈。每笔交易，不论是用户、产品、服务提供商，三方对此都有迹可查。从广义上，或许可以说它是 O2O，但是在提供的服务上却不是本人亲自到线下去享受服务，或许它本质上更像是 B2C 的产品，但是用户接收的不是物流寄来的快递，而是线下服务商执行后线上站点反馈过来的服务执行情况，是个 online→offline→online 的运作过程。

经过一轮的头脑风暴，趁着对线下商务的商机，项目团队一齐，企业要做以下几件事情。

（1）市场调查

到各大城市考察访谈，深入剖析线下商务的商机，考虑线上和线下如何无缝闭合。

（2）用户调研

调查目标用户的年龄层，人物角色，用户的使用场景、频率，以及对新产品概念的接受程度，用户对新产品的抽象视象等。

调研目的是得到用户对线下服务使用的场景、频率、体验的评价和要求，考究我们要如何将线下的使用场景、流程更好地再生于线上的产品，如何将线下的服务结合互联网使用的习惯创新性地提供给用户，尤其是线下商务是一个实体，要打破用户对传统线下服务的认知和服务使用观念时，前期的准备和分析对于产品设计的定位、交互与视觉的传达都是非常重要的。

项目需求分析阶段，考虑线上与线下无缝闭合会是一个异常曲折的过程，可能会没日没夜地开会，到线下商务的实地驻点考察，跟线下商家、服务人员洽谈合作的模式，这时交互可以做什么呢？这里顺带说下项目制的好处，交互这时就可以从一开始了解项目宗旨，一同去做调研、实地考察，进行竞品分析，根据项目团队讨论出来的业务流程雏形做一些交互概念原型。与商务、产品、技术去碰撞，找出项目产品设计的最终方向、线上订购和线下执行的流程形式。尽早参与其中非常有利于之后项目产品交互设计的概念传达，线上使用场景与真实场景的理解和表达。

在这个概念线上，站点产品设计的关键点将自始至终贯穿和影响整个产品交互设计的内容界面、操作流程等，还包括视觉设计的呈现。产品设计的关键点包括以下几点。

（1）如何在线上站点的使用过程中传达给用户提供的服务是真实、可靠的，解决诚信问题

可以尝试的解决方式：①提供跟线下商务近乎一样的使用场景，包括操作习惯、使用流程，场景视觉的贴近设计等；②给用户的服务反馈，这个是用户使用后最真实的感受，可以提供什么方式的反馈呢，大家有没有想到什么，实地拍摄的照片？视频？还是其他更好的方式？

除了把握上述使用前、使用后的呈现与服务反馈外，还有什么更好的方法去表达真实可靠吗？这些都是值得继续探讨和深入研究下去的。

（2）体现服务产品在线选择和支付的便利性

这点将会是线上站点与线下商务的根本区别与优势的体现之处，也将会是整个站点流程核心的体现。

首先明确此类产品在线上、线下都是同样的，只是为它提供了网上销售的途径，让更多的互联网用户获知和选择，在一般网上交易流程里，都会有服务产品的介绍、购物收件的填写，以及支付，怎么也少不了这3步，那么就抓住这关键的3步，减少不必要的页面流程、跳转，保证支付渠道的多样提供和稳定，尽可能地减少用户在操作过程中的流失，结合之前提到的真实性，贯穿整个流程去设计。

（3）把握互联网的优势，分析用户购买的行为心理，发掘和突出产品的卖点

线下商务就算是拥有很多的分店和加盟店，它所覆盖的面也是无法与互联网相比的，这将可以与单一地点的传统线下商务营销方式拉开距离，交互可以考虑帮助产品设计的几个功能表现：①表现出跨地域距离优势的设计，如用户对异地城市服务的需求；②表现出同时可预订多个服务地点的设计，如传统的线下商务，用户同一时间只可以到一个线下实体，但在互联网可同时对全国服务提供商下单，呈现的方式如地图、LBS推荐、产品捆绑介绍和推荐等。

（4）站点的设计和迭代离不开量化的数据分析与监测

从调查开始，就会接收到一堆的数据，帮助产品服务定价，帮助我们分析用户群和接受程度，交互与用户调研、产品、市场一起量化这些数据，不论是商务上还是设计上都会非常有价值，是我们监测优化站点的依据，比如

在站点监测量化方面，可以关注 UV（Unique Visitor，是指通过互联网访问、浏览这个网页的自然人），从首页进入流程到完成每步的数据曲线，订单数，支付率，转化率，每用户平均收入值（Average Revenue Per User，ARPU），监测各服务产品的被订购数据、各功能模块的使用情况数据等。

（5）跟踪服务用户，阶段性进行快速的可用性测试，为迭代优化提供更客观的依据

调查获得的是人物角色的模型，而当产品上线后，使用产品服务的订购用户将是我们可以深入研究的目标对象，可以通过不定期的电话访谈、调查问卷、约见专家用户来做迭代优化后产品的可用性测试，交互需要贯穿项目的不同阶段，而不是只在项目前期风风火火，到了项目交到视觉设计、技术研发后就不再时刻关注。

8.5　O2O产品架构

产品架构在很多人眼里无非就是业务功能的归类、整合、统一、灵活运用，从软件技术上对应，就是组件技术的继承、封装、多态。其实，面向组件（对象）的思想完全可以用来指导我们在生活中思考问题的方式。

就像第三方支付，它们的支付系统每天都会有各式各样通过不同银行渠道处理的交易，有各式各样商户的订单，有各式各样的异常，如果该支付系统对每个银行渠道、每个商户、每个异常都单独处理，那么排列组合下来，这个数字太惊人了。所以，产品设计师首先要做的是对这些业务功能元素进行归类、整合和统一。

电子凭证系统也是如此，一个电子凭证本质就是消费者的一张订单，消费者的订单信息包含订单号、订单金额、订单所涉及的商品（服务）内容、该订单时间、订单被验证时所需的业务逻辑、该订单的支付状态、该订单的内容状态、该订单的渠道状态、哪个消费者的订单等，我们把这些信息整合，统一称为订单。产品架构设计师需要建立模型，在代码层面应当有一个类，这些元素就是类的属性。

当订单遇到交易失败、申请退款、撤销凭证等各种业务逻辑时，这些逻辑便由产品设计人员明确，并由产品架构师将其整合，在类中增加了它对应的方法。对于某些特殊订单，它既有普通订单的特性，又有自己独特的业务逻辑，那么产品经理会把共性和特性描述清楚，产品架构师会做继承。

　　目前，很多创业企业缺少优秀的产品架构师，或者即使有产品架构师，也只是注重技术实现的架构，而不太关注整合业务逻辑的架构。在很多情况下，技术实现的架构其实是研发工程师的职责，产品架构师并不对产品的技术实现架构负责。产品架构师只要把业务逻辑描述清楚，告知技术，双方无歧义即可。

　　O2O产品架构应围绕商品内容碎片化展开。首先，对商品进行数字化（主要是线下商家的商品数字化），进行商品分类（实物类、金额类、权益类和订单类），同时，基于O2O互动商业模式特点，对这些商品进行生成（LBS/时间、营销相关条件、商品编号等）、发布（交易渠道前端）和管理（进销存/财务的关系、渠道和商品的关系、营销媒介的关系、对账关系）的初始化行为，并将数字化后的商品存入O2O平台。O2O平台给这些商品"穿"上一件"二维码电子凭证"的"外衣"，采用国际标准的加密二维码承载所有的数字商品。它的最大特点是安全、便于传递、验证，然后通过手机彩信、手机App、微博私信、微信、电子邮件、印刷品等媒介，将数字化商品传递到消费者手中，完成线上引流、线下交易的O2O业务模式，使传统企业很便捷地搭上互联网营销平台，实现新型的互动营销。

　　数字化后的商品，除了商家自己开展各类线上业务外，还能通过平台等应用频道，发布不同的O2O社会化营销渠道，比如大企业营销渠道（银行电子商城、中国移动积分商城等）、社会化网络营销平台（微博、微信、视频等）、生活服务类电商（淘宝、1号店、QQ商城等），以及有关内部管理需求的企业（企业内部ERP系统）。最终，使这些渠道可以自由选择不同商品内容，高效、便捷地开展各类营销活动。

　　对于O2O线下到线上的入口业务，标签业务可采用二维码主读应用方式。利用不同手机客户端的拍码功能扫描二维码标签，从而获取信息或触发动作。二维码标签应用的范围包括跨屏信息交互、企业营销、产品溯源、产品比价、售后服务等。

9 O2O 商业模式创新

9.1 传统零售步入寒冬

这是一个让人捉摸不透的时代。它是如此变幻莫测，没有最好，也没有最坏，一切都在未知中前行。例如世界经济，短短几年间，人们眼睁睁地看着它从一片繁华变成了烂摊子，而且还不好收拾。全球宏观环境的持续恶化，让人无法不对未来有所担忧。但我们更关注的，则是这些后果已经由前端产业正式传导到末端的零售业，业绩下滑，利润骤减，亏损严重……这个行业可谓哀鸿一片。

这让人不得不对零售这个行业的前景开始产生动摇：莫非，前些年有着旺盛生命力、十几年飞速发展、增长速度远超 GDP 及其他行业的受到广泛青睐与关注的现代经营方式，竟然如此不堪一击？

商业地产泡沫初现、一线城市基本饱和、低成本时代一去不复返、门店续租风险加大、利润增长速度放慢、外资零售处境尴尬……

然而，在大环境的风雨飘摇中苦力支撑的中国零售业又将走向何方？有一点可以肯定，零售业的苦日子已经到来。下面是当前零售业的几点现状。

9.1.1 高增长时代或将结束

进入 21 世纪以来，随着连锁经营这种先进经营模式的迅速兴起，零售业迎来了 10 多年的黄金发展期，甚至一度行业年增长超过六成。根据中国连锁经营协会发布的数据显示，连锁百强企业 2001 年、2002 年、2003 年销售额增幅分别为 65%、52%、45%——这开创了零售业大发展尤其是随后几年大卖场业态独领风骚的阶段。

但分析 10 余年的百强数据，发现百强的增幅一直呈稳步减缓趋势。2004年到 2008 年的 5 年里，连锁百强企业的销售增幅分别为 33%、32%、25%、

21％和18％。从2008年金融危机开始，这一趋势就更为明显。

受此影响，2009年连锁百强增幅仅为13.5％，是11年来增幅最小的一年。尽管2010年连锁百强增幅又跃升至21.2％，2011年连锁百强按同口径相比增幅也超过20％，但若将这两年物价上涨、CPI高企等因素相抵，实际增幅仍呈下降趋势。

另一方面，中国经济在经历了长达20多年的8％以上的增长后，也在逐渐减慢增速，且一定程度上是政府调控甚至主动放慢的结果。应该说，零售业的高速增长正是得益于中国经济的高速发展，当经济处于减速周期时，行业发展相应放缓也是必然的。

因此，无论宏观环境是好转还是继续恶化，零售业高增长的时代都已结束，未来将进入数年或者更长时间的10％左右甚至个位数增长阶段。

9.1.2   洗牌期间现抄底机会

毋庸置疑，在这一轮零售业的衰退中，行业洗牌不可避免，仍然会有一大批企业出局。尤其是竞争力弱的中小企业，由于不能消化成本上涨，会最先败下阵来。随着经济的持续低迷，加之成本属硬性上涨、无回旋余地的特征，缺乏应对实力的中小企业恐怕这一次是在劫难逃。

每一次行业危机出现时，也就意味着是其他企业机遇的到来。从这个角度看，零售业新一轮的并购与整合将会陆续上演。况且，虽然零售业较10年前有了明显改善，但仍然非常分散，整合机遇一直都存在，且周期也会非常漫长。只要政策上没有限制，零售业向少数企业资源集中是必然趋势，这也有利于行业整合及效率提升。

9.1.3   精细化管理正式显身手

必须要正视的现实是，前台收入已经不可持续，开店扩张已经失去魅力，渠道下沉已经不具优势，这也意味着粗放式的经营方式进入了彻底淘汰期。而通过精细化管理提升效益，通过后台提升利润，通过管理挖潜增效，将成为零售行业在竞争中求生存、求发展的不二选择。

在精细化管理方面，零售企业需要解决的主要问题是如何将规模优势和市场优势转化为效益优势和盈利能力。其实，本土零售企业在商品经营能力和毛利率提升能力方面，与外资相比还有较大差距，而这也是精细化的重点。这其中，又包括对信息化、供应链方面的进一步完善，包括在卖场环境、营销创新、品类管理上的继续深化。说到底，企业还是必须要形成差异化特色，才能在严苛的市场中继续存在。

9.1.4　零售业面临多维竞争

零售行业的竞争不再是同行之间的一维竞争，而是演变成了多维空间的竞争，这源于各行各业的企业都在竞相涌入这一行业。

做地产的开始做零售，万达甚至开始减少商业地产比重，加大百货等领域的投资力度，在北京，一家名为怡海的开发商也开始在自己的小区里开超市；做制造的高调进军零售，最典型的是娃哈哈，2012年正式成立了娃哈哈商业股份有限公司，在杭州钱江新城的欧洲精品商城项目初期投资10亿元，计划3年内增资到100亿元。虽然现在来看娃哈哈更多的像是在玩商业地产，但零售业务较好的现金流亦受其青睐。

做快递的也尝试做零售。顺丰试水的便利店、电商便是一例，尽管这一业务目前尚不十分顺利，甚至顺丰还在北京暂停了几家便利店的零售业务，只开展收寄件，但很显然，不像此前只想打通自身主业范畴的供应链，更多的企业开始把目光投向全领域，这种做法在国际上已经被证明风险极大，也鲜有成功者，但国内企业却始终经受不起诱惑，结果也不难想象：大多数这样的企业最终都会陷入自己挖好的陷阱里爬不出来。

不过，对零售企业来说，哪怕是短期内的这些企业的把水搅浑的行为，也会给本就不妙的消费市场造成一定压力。

9.1.5　进军商业地产须刹车

除了一线城市的商业地产已经饱和，很多商业项目无人问津或是开业后经营惨淡，商业地产的泡沫风险还在向二、三线城市转移。有媒体报道称，在昆明，未来5年仅商铺就将新增298.5万平方米，人均商业面积将直追香港、上海。成都在建的商业地产项目高达104个，未来两年内还将有1000万平方米以上的项目投放。

连一直在商业地产领域高歌猛进的万达集团也开始筹划转型，进军影院、文化、百货、电商等其他行业，万达董事长王健林甚至公开表示，对目前中国商业地产的前景感到担忧，因其并非在合理速度下发展，而是住宅被调控了以后一拥而上。

商业地产供过于求的现象已是事实，这一领域的市场环境已经发生了重大变化，前几年零售企业可以进军商业地产的环境已经不复存在。除了拿地更难、银行贷款无门，在人才、规划、经营、管理及具体物业运营业上，零售企业都根本不具备与专业地产商和其他竞争同行一争高下的优势。细细查究便可发现，几年前因觊觎地产暴利而舍弃零售主业的企业，这两年的日子并不那么风光，甚至当初在零售业颇为知名的企业在转向地产业务后，也已经泯然众人矣。哪怕是外资巨头 Tesco 乐购，也在 2012 年暂停了商业地产业务。

零售企业应该永远谨记一点：商业地产首先是满足自建自用的拓展需求，绝不能一味为追求利润而舍本逐末，否则就是竭泽而渔。

9.1.6　大卖场不再独领风骚

外资零售企业进入中国市场大多采用大卖场业态开山辟路，这一业态曾经引领了 10 余年的潮流，以至国内企业纷纷效仿。在最初时期，本土企业甚至连卖场布局都全盘克隆，细致到连地砖的规格大小都一模一样。

可惜，大卖场风光不再。2013 年，这一业态仍然有较强的竞争力，而且未来在三、四线市场同样有强大的生命力，但其在一、二线城市被逐步边缘化的命运也基本注定。

从国美、苏宁及其他零售企业近两年关店更为频繁就可看出，租金已经迫使零售企业放弃效益不好的商业网点，而在未来，随着租金的不断上扬，零售企业尤其是以大卖场为业态的企业，极有可能被迫退出一、二线城市的中心商业区，向郊区转移。而一些专业连锁如家电等业态，传统的大店生存方式或将被淘汰。

一站式购物已经不能再成为吸引消费者的理由，大卖场嘈杂的环境、拥挤的人流、收银的漫长等待、服务质量的下降等，都在不知不觉中将顾客挡在门外。与此同时，真正融合便利与服务功能的社区商业将成为下一阶段的热点，就近、便利、物美价廉将成为老百姓消费的最佳选择。但至少截至目前，成功的社区商业企业还屈指可数，偶尔冒出来的也是昙花一现。究竟如何才能做好社区商业，仍有待行业与企业的积极探索。

9.1.7　技术颠覆零售创新

没有了廉价人力、租金等优势，又面临四面夹击，零售商还能靠什么夺取未来？

通过信息系统对人力资源的优化以提升效率、降低成本将是一个选择。而通过专业的解决方案，零售企业的人力成本完全可以在当前基础上降低2%~8%，这已是一笔数目不小的净利。

同时，电子价签、自助结账、RFID技术的全面应用将会加速普及，有些技术已经在一些卖场中出现，2012年9月开业的安徽乐城生活广场是国内首家全面使用电子标签的超市。该超市还引入自助收银系统、全自动生鲜打包机等，迅速取得了日销售过百万的业绩，平均业绩也在40万元以上。

在卖场里进行技术上的全面创新也将会是一条不错的出路。可以肯定的是，未来能够利用技术设备解决问题的岗位，零售企业将不会再吝惜投入，因为技术设备的投入是一次性的，只是外加一部分维护费用，相较而言，比人力成本要低，且更可靠。一些基层的岗位可能会因此而消失，这对于整体就业而言是个利空，但对于越来越难招聘到一线员工的零售业来说倒未必是一件坏事。

9.1.8 资本热潮正渐消退

世事变化太快，几年前还极受青睐的连锁零售企业，对资本市场和投资者的吸引力正在逐渐减少。这是因为，几年前当网络零售尚未风起云涌时，投资机构和证券市场普遍看好连锁零售题材。不过，网络零售给传统零售在两年时间里造成的巨大冲击，让投资者觉得传统零售看不到未来，连锁概念已经失去了头顶上的神奇光环。越来越多的连锁零售企业遇阻上市路，同时零售企业对待证券市场的盲目热情也已回归理性。双方有意识的各自降温，让这轮涨了数年的资本热潮开始消退。

这并不难理解，从投资角度看，零售业对经济的敏感程度要高于医药、食品饮料等其他消费类行业，在经济繁荣期，零售收益会较好，但在经济衰退及缓慢复苏阶段，收益就会大打折扣。同时，上市已变成零售企业可选可不选的项目。

9.1.9 零供关系依然尴尬

2012年商务部等五部委对零售企业违规收取供应商费用的清理整顿，打破了零售关系逐步改善的现状。从初衷来说，这一行动是在供应商连番叫苦后，政府主管部门对零售行业的一次整顿的惩戒行动。

但这绝不是单方面的。就如某零售企业老总所言，支持相关部门提出的零售商对供应商的收费明码标价的要求。但这应该是相互的，也希望供应商对零售商的商品供价明码标价，别搞"差别定价""渠道差异""地区差异"等。零供关系不仅仅是零售商滥用市场支配地位乱收费，强势的供应商、地产商也存在一些问题。零供关系将继续尴尬，供应商的处境绝不会比"清理整顿"前更好。

9.2　电商行业洗牌加剧

随着 20 世纪末期电子商务的概念被引入中国，中国电子商务在过去的十几年中先后经历了开天辟地的创业潮、备受风投青睐的投资热、泡沫破灭的低迷期、摸爬滚打的发展期；从非典刺激下的 B2C 应势兴起，再到时下经济寒流中呈现出反周期增长态势。回顾中国电子商务的十几年的发展，似乎总在重复着"山重水复疑无路，柳暗花明又一村"的命运：盈利问题、趋同问题、诚信体系的建立、支付的安全性、物流环节的无缝衔接、成本结构的优化、社区电子商务的结合趋势、移动电子商务的商机等。在市场竞争日益加剧的时期，电子商务市场多年来的混沌格局势必会被打破，行业洗牌加剧。

电子商务模式界限渐行模糊。

"淘宝从来没有说过自己是 C2C，我们是另一种形式的 B2C……"马云近期的一番"雷人"言论让人们对 B2C 与 C2C 的异同和界限讨论再次提上台面。究竟 B2C 与 C2C 谁能占据电子商务市场的主流？两者谁能率先突破盈利瓶颈，盈利之后能否保证自身生存？而淘宝这样日益火爆的平台，有了很多商家在里面开店卖东西给消费者，到底算是 B2C 还是 C2C？

爱就推门（Edutainment 的中文谐音，Edutainment 的含义是 Education（教育）＋Entertainment（娱乐），是全球玩具产业发展的核心趋势）公司创始人殷建松表示，电子商务已经发展到很难严格区分是 B2B 还是 B2C 的阶段，像爱就推门这样面向广众零售商家的电子商务平台在厂商和零售商之间发挥着重要的网络供应链作用，低廉的成本和广泛、快速的信息资源整合让双方受益匪浅，这种 B2B 的模式是未来的一个发展趋势。

殷建松认为，很多综合类的电子商务网站最早也是从垂直类发展过来的，现在网络供应链的做法很普遍，我们把产品的供应链树立好同时也为更多的创业者提供一个好的创业平台。垂直类和综合类的电子商务企业并不矛盾，现在只谈 B2C 有点落后，在成熟的消费品行业，B2C 有着得天独厚的优势，这是由其刚性需求度决定。但是像新兴品类，对于需要卖方跟顾客深入讲解和交流的产品，只做 B2C 难度很大。

马云说，B2C 电子商务配送跑得多快不关键，看得远才重要。B2C 电子商务市场疯了，"烧钱者"一个比一个出手阔绰。在当当网宣布历经十年全面盈利之后，凡客诚品、京东商城等一批来势凶猛的垂直类网站也先后冲击着业界的视线。但是，当当、卓越自 1999 年诞生至今没能实现盈亏平衡。2008年营业额高达 14 亿元的京东商城，利润几乎为零。漫长的盈利周期着实让投资人和观众大跌眼镜。

卓越网副总裁郭朝晖称："总部对我们没有盈利的要求，也没有规模的增长率要求，只要求我们快速扩充品类，做全做大，完成布局。我们现在坚持低价策略，遇到外面更便宜的产品，先对我们的产品降价，然后再去跟供货商谈。"

垂直类 B2C 网站资本轮番高台跳水，或仅仅为了拉高门槛，抢占行业制高点。数年之后，有几家 B2C 企业归于平淡？谁又能笑到最后，成就真正的辉煌？

近年来，几个平台类电商的价格战越演越烈，无论是互联网出身的京东、天猫，还是传统行业涉足的苏宁、国美，都祭起了价格战这种"伤敌一万自损八千"的法宝。虽然有学者认为，电商更应该注重自己的服务，而不是仅靠价格战，但恐怕电商这个业态，由于对消费者的吸引力很大一块是建立在"便宜"基础上的（相对于线下而言，理由是省略了大量的人工、场地、水电诸如此类的费用），所以价格对抗，大致是避免不了的。

实际上，电商的成本一点也不低。做一个电商怕是比线下开个店的成本低不到哪里去——有两部分的成本它高于线下店：其一是物流费用，消费者去线下店的物流成本由消费者自己承担，买到了货也得自己想法子扛回去，但电商则以满多少包邮来吸引消费者，实质上就是将原来由消费者承担的成本转嫁到自己头上；其二是部分费用用于"吆喝"。电商"全场 3 折起"的这条信息，要让足够多的人看到，是需要再次付出代价的。在对外广告上的投入，电商远远比线下店舍得花钱。

电商真正的优势在于"货架是无限的"——这也是安德森笔下的"长尾理论"。平台类的电商如果在线下开店，估计十层楼面都打不住（比如天猫就有十几万个卖家）；而在线上，每增加一个货品，只是增加一个页面，货品越多，最后所摊薄的宣传成本就越低。这也是线下店不太会如此大规模投入广告的原因之一：摊薄的宣传成本有限。但是，光有货品没有交易显然难以完成摊薄宣传成本的任务，电商必须刺激消费者来到自己的网站，并购买货品。最好的方式，莫过于价格战。

不过，中国电商的价格战使得其毛利率很低。有媒体近日援引一个电商人士的说法，京东的毛利率不过7％～8％。虽然中国电商行业集体以亚马逊为师，但后者的毛利率一直在20％以上（哪怕是最艰难被万夫所指的亏损年代）。对于中国电商而言，追求的似乎更聚焦于"规模"上，也就是销量，而这个规模，直接和公司估值、未来上市有关。

一个公司上市之后，受到公开市场的压力以及每季都必须发布财报，它动用价格战之前就必须异常谨慎。在中国市场上，稍大一点的上市电商（比如当当），对价格战是属于防守性的。而一些没有上市的平台类电商，价格战就是进攻性的。甚至可以这么说，在它们没有上市之前，价格战的对抗将一直是常态，而不是间歇性的"促销战役"。

电商的价格战会不会让它们自身难以承受，最终垮掉？实际上没有那么悲观。即便是打价格战最凶悍的京东，只要管理没有失控，也不会引发崩盘。几大平台类电商，事实上已经绑架了诸多投资者，已经到了"大而不死"的阶段。价格战的后果就是加快垄断的速度，这也为后来者树立了一个极高的进入门槛：没有足够的实力，就不要玩平台类。每一轮价格战都会指向这样一个结果：行业洗牌。

9.3　O2O战略布局

O2O的概念在2011年8月被Alex Rampell提出来，11月引入我国后掀起了一股实践和讨论的热潮。O2O即Online to Offline，就是把线上的消费者带到现实的商店中去，线上支付再到线下去享受产品或服务。普遍认为，这一模式的难点和关键在于如何完成从产品展示到在线支付的闭环，这样营销效果便于监测，各方利益也能得到充分保障。

随着互联网巨头BAT（百度、阿里、腾讯）在生活服务领域先后落下几颗重要的棋子，O2O再次甚嚣尘上，各种评论文章也充斥坊间。其实，这种商业模式并不新鲜，携程、去哪儿以及各种团购网站都是这一概念的践行者，其中有的已经上市。O2O本质上就是生活服务互联网化的过程，这是一种必然，也一直在发生，只是今天这一过程被赋予了一个全新的概念。接下来讨论的生活服务市场主要指餐饮和休闲娱乐，这是目前最火的一个领域，也是大家争夺的焦点。

关于生活服务的各种形式的线上服务早已出现，可是线下商家的不成熟、不规范以及信息化水平、从业人员素质的落后等制约了线上服务的发展，以至于今天这个领域还没有诞生一家上市公司。眼馋这个市场的人有很多，可也基本上"等死了"同样多的人。

今天这些线下的制约因素正在逐步好转，借着巨头布局的时机我们来看一下这个市场的未来会怎样，谁又最有潜力玩转 O2O 打通线上和线下。

9.3.1 消费者和商家眼中的 O2O

生活服务市场的两端是商家和消费者，O2O 承担的是如何建造一座更好的桥梁，使商家和消费者都可以更快、更好地找到彼此的真爱，并相伴一生，不离不弃。

简单而言，消费者对 O2O 最大的诉求是能在合适的时间、地点找到品质与服务俱佳的商家，如果再能提前知道一些店内的信息（人数多少、位置情况）、可以预约服务或者享受一些优惠就更好了。

商家对 O2O 的接受程度取决于是否能给其带来切实的盈利。商家的利润水平取决于用户的数量和单次的消费金额，因此，有效的 O2O 模式应该能帮助商家不断增加用户的存量（留住老用户）和增量（吸引新用户），同时提高用户到店的频次（增加商家曝光度）和单次消费金额。此外，很重要的一点是这种模式简单易用，符合商家的操作习惯。

综合来看，消费者对 O2O 的最大诉求主要是前端信息的获取和检索，而商家则要打通前端和后端系统，通过前端提供消费者信息影响其购买决策，通过后端加强客户关系管理。现在点评网站、地图导航、预订网站、优惠券网站等很好地满足了消费者信息获取和检索的需求，使他们可以方便地查找餐厅以及优惠地享受服务。随着智能手机的深入普及和其与本地化服务的深度融合，这种便捷性在不断提升。但是，这些服务并没有和商家的后台系统进行打通，没有形成闭环，因此营销效果也就无法监测。

9.3.2 基于未来场景看巨头们的战略布局

任何一次 O2O 的消费场景，都可以将这一过程分为以下几个阶段：信息的获取、筛选与决策、到达线下、消费与结算以及点评与分享。在整个过程中，商家可以通过后台的系统进行管理和客户的维护。几大公司O2O的布局也基本上围绕这几个阶段展开。

互联网中讲究入口的概念，那么本地服务的入口是什么？基于上面描述的场景，O2O开始于消费者信息的获取与检索，因此能在这一过程中提供给消费者最好服务的公司无异于把持了本地服务的入口。大众点评是这一领域做得最优秀的公司，截至2015年第三季度，大众点评月活跃用户数超过2亿，点评数量超过1亿条，收录商户数量超过2000万家，覆盖全国2500多个城市及美国、日本、法国、澳大利亚、韩国、新加坡、泰国、越南、马来西亚、印度尼西亚、柬埔寨、马尔代夫、毛里求斯等全球200多个国家和地区的860座城市。截至2015年第三季度，大众点评月综合浏览量（网站及移动设备）超过200亿，其中移动客户端的浏览量超过85%，移动客户端累计独立用户数超过2.5亿。这些数字综合在一起保障了消费者信息获取的数量和质量，形成了信息入口的优势，这是一个非常有价值而且竞争对手短期无法逾越的屏障，而且不管你是用二维码还是其他方式连接线上和线下，这些信息的积累才是关键。有了这样一个入口，大众点评可以以此为平台逐步完善其他方面的功能。

腾讯O2O的战略布局目前是以微信为中心的，先后推出了微信公众账号、会员卡等，并整合了财付通的相关功能。但是微信更像是一个客户管理系统，用于对存量客户的维护和管理，以及与消费者的沟通与交流。2012年腾讯对通卡的收购应该也是加强微信在此领域中的服务能力的一项举措。但是微信更多的还只是一款通信工具，无法提供前端丰富的信息获取和检索服务，当然不排除它会成为一个很好的客户关系管理工具，也不排除腾讯O2O的战略中心会发生改变。

百度的O2O布局是以地图为核心的，逐步融合百度身边、百度外卖、爱乐活等。

阿里巴巴虽然在支付宝、团购、一淘网以及本地服务平台（淘宝本地和丁丁网）四条战线上都有O2O的布局，但是其阿里投资丁丁网，显示了对本地服务平台的重视，也是看到了本地服务平台作为O2O信息入口的价值，因此，阿里巴巴的O2O会走一条类似于大众点评的路，以本地服务平台为核心，把控信息的入口，然后逐步融合支付、CRM、地图等功能环节，形成综合性的O2O服务平台。

今天在生活服务市场上有很多散落的玩家和不同的应用技术，例如，提供商家信息聚合和点评服务的本地生活服务平台、提供餐饮预订服务的平台、提供商家 CRM 解决方案的公司、提供地图服务的公司，此外还有语音服务、移动支付等一些先进的技术，但是这些服务和技术大都是孤立存在的。随着线下标准化和信息化水平的提升，这些服务会进行充分的融合，形成一个大的 O2O 服务平台。

试想这样一个场景、你想选择一个地方和朋友吃饭，首先你会打开一个应用，选择你想去的位置，你会看到这个地点附近所有的餐厅以及它们的类型、折扣、评分等信息，你还可以详细地查看每个餐厅的位置、菜品以及用户的点评，这些信息综合在一起形成了你对某家餐厅的判断和最终的决策，这时你可以轻松进行预订，或者就一些问题与餐厅的服务人员进行实时的沟通。预订好餐厅之后，你可以将信息转发给朋友。在你准备出发赴约的时候，这个应用已经记录了你要去的地方，提示你是否开启地图导航模式，为你提供位置和路线服务。就餐以后，你可以通过应用直接支付，并可以和更多的人分享你对餐厅的评价和就餐情况。

在这一过程中，商家可以从后台看到消费者预订情况以及点评信息，能和消费者进行实时的互动，并可以通过 CRM 系统对就餐客户进行维护和管理，还可以针对客户的情况进行个性化信息的推送。这应符合消费者的使用习惯和消费行为。O2O 平台的盈利可以通过前端的广告价值、消费佣金以及提供商家后台解决方案来实现。

综合来看，未来的 O2O 会是一个融线下信息聚合、点评信息聚合、预订服务、地图导航、CRM、语音以及实时沟通等功能为一体的基于位置的服务平台。

9.4　O2O 的消费体验

昔日传统零售与互联网企业之间无法跨越的楚河汉界正被 O2O 所缝合，不仅阿里、腾讯在线下支付、团购、打车等移动 O2O 入口方面推出了全方位的服务，京东大型 O2O 项目也已经落地，将借万家便利店推出一刻钟送达服务。而消费者在电商大佬们激烈的竞争中逐渐尝到了 O2O 带来的甜头。

虽然电商大佬在 O2O 方面各有千秋，但"土豪"却总是能吸引最多消费者的眼球。为了给赴美上市做铺垫，阿里不惜重金投入本地生活 O2O，并在 2014 年 3 月 8 日打造了一个有异于"双十一"的 O2O 生活节，而该活动也得到了包括腾讯在内多家互联网公司以及王府井百货等实体零售商的呼应。

放言"3月8日请全国人民吃喝玩乐"的阿里在北京、上海、杭州等地砸下不少线下广告，手机淘宝也伴随着"长腿欧巴"李敏镐的高大身影发起在美食、KTV、电影等方面的促销活动，更为引人注目的是王府井百货、朝阳大悦城、北京华联购物中心、富力广场等老牌传统零售商场的鼎力配合。

来自淘点点平台的数据显示，从2014年3月2日零时接受预订开始，2秒钟以后，就有120名"吃货"完成抢单并通过支付宝成功付款；1分钟成功抢单笔数达到2200笔；10分钟以后，全国这个数字已经攀升至5000单。在开始接受预订40分钟后，杭州地区近68.2%的位置已被预订，全国参加"'3·8'手机淘宝生活节"订餐活动的9个城市平均37%的位置被预订一空，其中新白鹿、金钱豹、小南国等19个餐饮商家放出的位置直接售罄。

比"双十一"更引人注目的是，这场促销比传统线上的促销大战来得更加实惠。北京商报记者在活动期间登录手机淘宝发现，消费者可享受3.8元的电影票或是预订3.8折的餐厅，同时，多个商场专卖店都推出了优惠券，如此大力度的活动对于不少零售商和服务商而言都是空前的，而这样的促销力度也让手机淘宝成为了该时段的搜索热点。根据百度指数数据显示，手机淘宝的热点趋势从2014年2月28日开始急速上升，3月8日达到峰值，手机淘宝移动端搜索指数从4014飙升至27602。手机淘宝市场负责人应宏直言，移动商业是阿里巴巴2014年的关键词。如何在移动端再造一个节，让它成为"生活节"的代名词，是手机淘宝面对的问题。

对消费者而言，除了折扣力度外，O2O狂欢在购物体验上也有不少亮点。在阿里巴巴和腾讯"双寡头"的带动下，这场O2O狂欢节整合了大量线上线下资源，并且下探到了此前包括"双十一"在内都没有涉及的娱乐休闲和生活服务领域。

从此次生活节选定的日期，再到手机App上韩国偶像的宣传代言，都可以看出，O2O生活节的打造主要是面向女性消费者，亚马逊针对女性网购做了一个有趣的调查，调查发现，女性在网购上比男性更显慷慨，约半数以上女性网购单品金额在2000元以上。有30%的女性2013年网购单品金额介于2000～5000元，另有21%的单品金额更是在5000元以上。

2014年3月8日的O2O狂欢节主要起到扫尾春节、过渡"五一"的一个纽带作用。例如，商家在6—8月会选择集中促销数码、家电类产品，10—11月则是日用百货的促销，而年后到5月，则是女性市场最为受到关注、促销力度较大的服装、餐饮市场。

同时，也有分析人士指出，2014 年的 O2O 狂欢节的最大亮点在于连锁百货与购物中心的加入。2013 年"双十一"期间甘做天猫"试衣间"的朝阳大悦城与手机淘宝合作，成为此次 O2O 狂欢节北京的主战场之一。此番朝阳大悦城与手机淘宝合作，消费者可关注朝阳大悦城微淘账户，领取用于"3·8"节线下购物的红包。同时，消费者于 3 月 8 日在手机淘宝购物平台进行购物结算，可参与免单抽奖活动，并且 KTV、餐饮订购也有优惠服务。大力度的促销活动，不仅刺激了实体商业的网络传播及线上引流，同时也刺激了手机淘宝客户端的下载量和支付频率，而低价格餐饮、电影票也将线上消费者引入线下消费。

尽管实体零售商加入了 O2O 大军，并开始使用线上支付，打造 O2O 闭环，但考虑到是首次合作，双方仍有可能浅尝辄止。一位供职于某大型商业地产企业的业内人士表示，"与实体零售商相比，餐饮、KTV 和电影院可能会成为这场 O2O 狂欢的最大赢家，这也为今后微信、手机淘宝及大众点评、美团等 O2O 企业提供了更好的环境基础"。

2013 年"双十一"时，天猫与银泰实现了 O2O 的"破冰之旅"，但二者合作仅限于扫二维码拿优惠券等营销层面，并未涉足支付环节。也有分析人士指出，在微信支付和支付宝钱包的推动下，移动支付市场日趋成熟，规模型的 O2O 狂欢也在基础设施的逐渐完善过程中成为可能。

调动消费者积极性最有效的方法莫过于"砸钱"，消费者之所以如此热情高涨地参加"3·8"O2O 狂欢节，最主要的原因是"便宜"。但除了疯狂的阿里和腾讯，恐怕再也没有哪家企业有资格与资本掀起这样的巨浪。在便宜背后，消费者对 O2O 的需求点在哪儿？或者说，在价格红利消失后，消费者凭什么还会选择这样的方式？

O2O 不仅是电商的变革，同时也是传统零售的升级。银泰相关负责人表示，接入支付宝钱包和微信安全支付后，银泰门店里的一部分年轻顾客已经习惯用支付宝了，他们认为相较传统支付方式，支付宝支付更为便捷。尤其是在银泰一些已经实现"柜内收银"的门店，顾客不用拿着"付款清单"在商场里反复奔走，这有效地节约了顾客的时间成本。同时，社交互动也在让消费者感到购物变得好玩，企业应以消费者为先，根据消费者的习惯来定规则，从而使顾客真正地享受消费所带来的乐趣。

北京华联购物中心运营部相关负责人表示，2014 年的 O2O 生活节也是商家在为消费者"造节",商家正在努力打造一个标志性节日,使得消费者看到"3·8"时就会想到这些企业以及它们的服务,使线上消费者的目的性购买转化为线下消费者的体验式购买。北京华联购物中心目前正致力于借助大数据对消费者进行精准营销,从顾客的消费习惯挖掘潜在消费需求。

除传统零售大佬外,电商巨头也对O2O的未来提出了自己的看法。淘宝相关负责人表示,未来的消费和生活一定是线上线下相融合的消费模式。手机淘宝生活节是一次全新的尝试,它打通手机、电脑、线下零售消费路径,通过此次活动让用户体验到移动互联网时代最简单、时尚、便捷、好玩的生活。

价格并不是驱动消费者需求O2O购物模式的唯一因素,在商家未向消费者提供之前,顾客或许并不能知道自己真正想要的服务类型是什么,而O2O的出现给消费者带来了更多的消费体验,O2O目前要做的是通过优质的服务培养顾客的购物习惯。

尽管从顶层合作来看,O2O领域前景看似一片大好,不过在消费者的实际体验方面,线上线下企业还有不少问题需要改进。例如,有的商场已经在手机淘宝上推出购物券,但必须在一层服务台领取实体卡后才能进行购买。如果在顶层的店铺购买商品,扫码后还需要返回一层才能领取,期间还很有可能需要排队。虽然用购物卡能省些钱,却增加了几道购物环节,购买低价格商品的消费者很可能因为觉得麻烦而放弃使用购物券。同时,也有消费者表示,商场内信号不好,并且部分商场不提供WiFi,用户在扫码时经常会遇到登录不上服务器或者无法刷新页面等问题。

目前O2O发展虽然已有几年时间,但模式仍日新月异,发展中的问题也尚未完全浮现出来。从短期内来看,企业引导的O2O行为仍难以摆脱促销范畴,线上线下企业对O2O项目的投入也不知还要持续多久。

O2O在日常生活中的应用已越来越广泛,其覆盖面已包含人们日常生活中的衣食住行多个领域,而移动互联网技术的高速发展也使O2O有了发育的温床。

消费者在传统网购模式下往往难以获得购物所带来的"快感",而实体商店的商品售价往往高于网络商城,O2O的出现则满足了消费者对商品价格及购物体验双方面的需求,例如,美特斯邦威提出了"生活体验店+美邦App"的O2O模式,并在全国推出了6家体验店,店内提供高速WiFi环境和咖啡,并有公用平板供用户使用,消费者可以在App下单后选择送货上门。优衣库则以"门店＋官网＋天猫旗舰店＋手机 App"多渠道布局，消费者可使用优衣库的 App 进行在线购物、二维码扫描、优惠券领取以及线下店铺查询。

在开启的 O2O 狂欢节上，休闲娱乐及生活服务成为了这场"颠覆"游戏的重头戏。有数据显示，在 2014 年 O2O 狂欢节上被手机淘宝包下的 KTV 达到 230 家，电影院有 288 家，这些娱乐场所"极端"到 2014 年 3 月 8 日当天完全没有预留散客接待席位，所有资源全部放到了手机淘宝上。有电商业内人士坦言，电影院和 KTV 在 3 月 8 日当天不对外营业，虽然也可能产生负面影响，但向散客解释为什么不对外营业的同时，也让他们知道了现在 O2O 的热度，让更多线下的潜在人群接触到了 O2O，从而进一步改造了娱乐与休闲业态。

事实上，团购作为消费者最早接触的一种 O2O 模式，已经在一定程度上改造了娱乐休闲业态。不少超大规模的电影院和 KTV，常年依靠团购生存。团购导航网站团 800 公开数据显示，2013 年全国团购成交额达到 358.8 亿元，同比增长 67.7%。团购规模大幅增长的背后，是手机对团购新增使用场景的增加以及团购整体客单价的提升。用户购买习惯的改变，使得团购网站在手机客户端运营上推出新的方式，团购网站可以针对不同系统的用户分别推送其更感兴趣和针对性更强的活动和团单。在手机团购逐渐成为主要销售渠道时，手机团购将成为团购网站主要的研究方向，并成为其在发展中的核心竞争力，未来团购网站围绕手机团购的策略会越来越多。

此外，在交通方面，拼车、打车软件的出现，也为消费者带来更多的出行选择。可以说，O2O 已借助移动互联网逐渐覆盖到人们衣食住行中的每个角落，同时也在不知不觉中改变着我们的生活习惯。

O2O 的消费体验，应该从体验的角度来考虑以下几点。

（1）体验需求的情感化

产品或服务的品质是否和消费者达到心理共鸣？

（2）体验内容的个性化

传统的标准化产品或服务已让消费者感到厌倦，他们开始追求能彰显自己个性的产品或服务，非从众心理日趋增强，这可能是 C2B 电商的源泉。

（3）体验价值的过程化

消费者从注重产品或服务本身转移到注重接受产品或服务的体验，他们开始不再重视结果，而是重视过程。

（4）体验方式的互动化

消费者不再满足于被动地接受企业的产品或服务，而是主动地参与产品的设计与制造。

（5）体验意识的绿色化

消费者开始珍惜周围的生存环境，重视生活质量，追求绿色消费。

（6）体验内涵的文化性

消费者自觉接近或消费与文化相关的产品或服务，以期扩大自己的知识含量和文化修养。

（7）体验动机的美感性

消费者在消费中追求美感的动机越来越强烈，主要体现在产品或服务本身存在的客观形态美的价值以及为消费者创造出的美感上。

如果设计的O2O产品侧重于消费体验的话，建议从以上7个方面去考虑产品设计。在O2O互动的3个基础商务行为中，对于营销、支付和消费体验而言，草根创业者在O2O领域的创业，相对这3个基础商务行为比较，从消费体验着手更存在机会，更接地气。

9.5　O2O创新应用案例

9.5.1　美国O2O创新应用案例

1. O2O在房产方面的应用——美国Airbnb公司和赶集网的蚂蚁短租

Airbnb（www. airbnb. com）成立于2008年8月，是一个旅行房屋租赁社区，用户可通过网络或手机应用程序发布、搜索度假房屋租赁信息并完成在线预订。Airbnb用户遍布167个国家近8000个城市，发布的房屋租赁信息达5万条。Airbnb被时代周刊称为"住房中的eBay"。2011年，Airbnb服务难以置信地增长了800%。

Airbnb让有闲置空间的人将空间提供出来并自行定价出租给需要短期居住的人。想要短租房屋的人不仅可以通过该平台寻找各地满足自己需求的房屋，甚至可以迅速找到所在地附近的住宿，以解决临时性、突发性的住宿需求。并且，从预订到支付的各个环节都可以在平台上进行，消费者只需入住即可。这种平台还可以展现消费者对商品和服务的评价，方便商户的监测。

2011年赶集网投资2000万美元上线O2O产品——蚂蚁短租（www.

mayi.com），抢占短租市场。赶集网推出的民居短租服务平台"蚂蚁短租"基于 O2O 这一理念，为房主和租客搭建一个在线短租交易平台，用户可以完成看房、订房、支付、点评等内容。这有点类似于美国的 Airbnb 平台。

赶集网的优势在于，其本身已经积累了大批量的用户，也就是潜在消费者。而作为团购网站，赶集网所积累的商户信息也是海量的。现在是将这两者通过蚂蚁短租这一 O2O 平台加以整合，通过向线下商家收取佣金来取得收益。

这两个网站的发展速度之所以都很快，是因为它们采用了 O2O 这种新的商务模式，线上完成下单和支付，线下完成交易的方式对于服务行业来说是非常合适的，但也存在一定的问题，比如 2011 年 Airbnb 就发生了房主被房客洗劫的事情，其实这件事情和 2011 年淘宝的 10·11 事件（2011 年 10 月，淘宝商城宣布将正式升级商家管理系统，此次商家管理系统升级，导致很多中小卖家可能由于商城费用的增加而退出商城，部分卖家商品及服务跟不上淘宝商城变革。因此，于 2011 年 10 月 11 日，近 5 万多名网友结集 YY 语音 34158 频道，有组织性地对部分淘宝商城大卖家实施"拍商品、给差评、拒付款"的恶意操作行为）也很相似，所有的网站都一再强调保障消费者利益的重要性，但是却忽略了商家，它们的利益也是需要维护的，类似事件的发生也为我们敲响了警钟——在努力维护消费者权利的同时也要充分考虑到保障商家的利益。

O2O 商务模式在未来的发展前景是很可观的，只要是与体验行业和服务业相关的行业，就一定能够运用这个模式取得成功！

2. Uber 私家车搭乘服务

Uber 是一个允许你通过手机购买一个私家车搭乘服务的应用。其运作方式如下：下载 Uber 应用程序，发出打车请求；几分钟内一辆私家车就会来到你面前（该应用能通过 GPS 追踪定位私家车）；支付和小费通过信用卡自动完成。

现在该服务已经在美国旧金山和我国一些城市得到了很好的推广。虽然费用比出租车要高，但是其舒适性和快捷性却是出租车所无法比拟的。

Uber 将 O2O 与 LBS 结合起来，它是通过无线电通信网络（如 GSM、CDMA）或外部定位方式（如 GPS）获取移动终端用户的位置信息（地理坐标）。用户通过向程序发出请求，服务端接收到信息后立刻搜索附近的已经许可的私家车，然后通知该车接送。在其程序上，你可以看到离你最近的车，然后看看在往哪开就可以订车了。数据会近似实时地发送到顾客和驾驶员那里，系统然后会对行程进行监控并收取费用。

Uber 私家车搭乘服务的优势主要包括以下几个方面。

（1）利用移动线上线下相结合方式

这种打车方式，解决了一些人的紧急之需。

（2）现在是移动互联网时代，手机营销是未来趋势

现在手机服务是一个新兴行业，竞争对手相对较低，创新的营销方式，给出租车行业带来重大革新。

（3）市场易切入

①很多家庭有多辆车，有充足的资源可以提供；②车的安全性由担保公司担保，免去了后顾之忧；③待业者多，司机资源非常容易整合，甚至可以免去司机环节，成本优势明显；④实时供应链管理解决方案控制全局和计费，核心环节自己掌控；⑤利用已经接近普及的智能手机来拉拢客户和自动支付，充分利用高科技的力量实现自助服务。

劣势主要有以下两点：

（1）虽说它方便快捷，但是价格较公交车没有优势。

（2）安全性。不能避免一些犯罪团伙利用此方案做不法之事。

3. Zaarly 的时代

Zaarly 是通过信息化技术，把供需双方更好地结合在一起的 O2O 模式的移动电子商务，是一个在本地化市场中联系买家和卖家的服务。它的运作方式如下：用户在 Zaarly 站点上（或者使用其移动应用程序）贴出需求，包括需要什么东西（比如蛋糕），希望以什么样的价格获得它，以及什么时候需要它；然后 Zaarly 就会通过它的平台分享用户的需求信息，用户也可以选择通过它把信息发布到 Twitter 和 Facebook 上；附近的人或商家可以访问并查看用户的需求信息，然后匿名跟用户联系，完成蛋糕购买交易。卖家为任务进行竞标，买家选择最适合自己的方案，而 Zaarly 通过一个匿名的电话号码把双方连接到一起。用户可以使用现金或 Zaarly 支持的信用卡支付系统来完成付款。

Zaarly 的特点主要有以下几个。

（1）Zaarly 主要运行在移动设备上，利用了当下比较潮流的 LBS（基于位置的服务）技术。Zaarly 已经推出了一款免费的 iPhone 应用，并且还有一个 Facebook 应用。

（2）Zaarly 的服务是实时的、基于地理位置的、通过手机进行的。而且，从某种程度上来说，它不是简单地基于商品和服务，而是基于购买和销售体验，因为对不同的人来说，这些东西的价值是不同的。想象一下，如果您正在现场观看一场篮球赛，但是您想知道您能否获得更好的座位，或者您没能在一家高级餐厅订到座位，但现在您想要找到座位，那么您就可以用 Zaarly 发布您的需要和您愿意出的价钱，看看是否有人能提供座位给你。Zaarly 要促成的就是这种交易。

（3）公司的营收模式可能会涉及信用卡和 PayPal 交易分成。Zaarly 的创始人菲什巴克对 Zaarly 未来的设想是：我们通过手机为万事万物创建一个全新的、买方驱动的、基于地理位置的市场。

（4）Zaarly 类似于一台许愿机，能极大地帮顾客提前实现愿望。它线上将信息流、资金流进行整合，线下物流交换。顾客发布自己的需求信息，发出自己的标价，有意愿者在达成交易后获取报酬。但是它也有局限，它需要各方信息人士多方位的支持。如若发布的信息没人反应，顾客的积极性可能会受到打击，参与度下降，这不利于该目标的实施。

9.5.2 国内 O2O 创新应用案例

2013 年 11 月 5 日，百度指数中"O2O"的搜索指数为 4443，首次超过"电子商务"搜索指数，O2O 成为 21 世纪商业世界里最热的商业模式。

以互联网和实体商业所结合的 O2O 模式，即 Online To Offline（在线离线/线上到线下），是指线下的商务机构与互联网结合，让互联网成为线下交易的前台，这个概念最早来源于美国。O2O 的概念非常广泛，只要产业链中既可涉及线上，又可涉及线下，就可通称为 O2O。数据的爆发性增长显示，2013 年之后 O2O 进入了高速发展阶段。

纵观最火的 O2O 商业模式，它的关键是：在网上寻找消费者，然后将他们带到现实的商店中，它是支付模式和为店主创造客流量的一种结合，对消费者来说也是一种"发现"机制，实现了线下的购买。它本质上是可计量的，因为每一笔交易（或者是预约）都发生在网上。这种模式应该说更偏向于线下，更利于消费者，能让消费者感觉消费得比较踏实。

下面从 O2O 成功的两个必备条件即互联网和实体出发，介绍几个国内 O2O 成功的案例。

1. 佐卡伊——最变革的 O2O

佐卡伊（http：//www.zocai.com），国内首家在网络上进行珠宝销售的电商，也是最具口碑的钻石电商之一。2004 年美国 Bluenile 在纳斯达克上市，宣告了钻石珠宝业电子商务模式的成功，这一年，佐卡伊开始了电子商务体验销售，积累了丰富的经验。

2008 年，佐卡伊开始延伸线下体验服务，经过长期反复的试验，完成了 CRM 系统和 ERP 系统的整合对接，解决了 O2O 形成的内在要素。通过互联网进行精准营销，精细网络展现，多渠道合作，扩大线上浏览量，每天千万级的 PV 增强品牌知名度。再加上各大城市线下体验店的建立，与微应用技术的成熟，形成由外向内，再由内及外的闭环，打通了线下和线上的诸多关键因素，实现网上预约，线下体验，线上线下互为辅助，终于在 2013 年人人都在说 O2O 之时，顺应大潮，成为极少数的成功经营者之一。

2. 绫致——最顺畅的 O2O

作为最早进入中国的服装企业，绫致旗下的 ONLY、JACK & JONES、VERO MODA、SELECTED 一直在中国市场上拥有很高的销量，在全中国覆盖 300 多个城市，有 6000 多家门店。自 2012 年绫致就遭遇了店铺客流下滑明显、客户体验单一、客流转化率低的问题。2013 年，绫致借助与腾讯微信合作，大玩了一把 O2O。

微信给予绫致场景和底层数据上的支持——LBS 导流向店铺，然后再通过服装吊牌上的二维码，打通用户与线下商铺之间的通路，CRM、库存管理等数据管理模块被激活。

这位用户是否是会员，他之前买过或"扫"过哪些货品，更偏爱立领还是圆领，是条纹控还是格子控……一系列的划分都会传送到导购员手机的导购客户端上，如此，导购员可以适时地介入，提供有针对性的建议。同时，用户自己也可以在手机上查看推荐的搭配，自娱自乐。当会员满意时，可以在手机上下单，若有犹豫，也可将相关资料收藏，回家再请家人、密友参考，最终再决定买或不买。

从上述模型中可以看出，用户在店铺中的 5～15 分钟成为决定购买的关键。从引流、驻流到转化，二维码是链接买卖的工具，数据是贯通买卖的主线。只要用户的微信链接在手、数据在手，品牌还可以玩个性化导购、促销、预约试衣。总之，是将顾客黏在品牌的平台上，通过有针对性地个性化推荐和营销，带来销量的提升。

3. 居然之家——最硬气的 O2O

虽有天猫围追堵截，但居然之家这样的传统企业也学会用高筑墙的方式来抵御外来袭击，容不得侵袭者将家居卖场的销售轻易拿走。

以 O2O 的模式切入，按地区设立分站点，同一经营主体、同一产品、同一价格、同一服务的"四同原则"，居然之家毅然决然地要让电商与线下家居卖场之间发生真正的化学反应。让居然之家更为底气十足的，是家居类绝对强势的话语权。这种自给自足的电商模式，或许能够成为家居领域 O2O 模式的标杆。

4. 黄太吉——最有创意的 O2O

在人们的印象中，煎饼似乎是"不上台面"的食品，但有人就是敢把煎饼店开在北京的 CBD，还敢把一张"标配"的煎饼卖到 10 来块钱。这家煎饼铺子叫黄太吉。虽然店内只有十几平方米、16 个座位，却创造出了 500 多万元的年收益，目前风投对其估值超过 4000 多万元。据说，每天都会有人愿意排上半个小时的队，外带一张煎饼回去。

尽管店主、"80 后"青年赫畅将黄太吉的成功归因于"良心用好料，还原老味道"等，但口味这东西还真见仁见智。从相对客观的大众点评的数据来看，黄太吉获得的五星与四星好评比例也没超过 50%。在很大程度上，黄太吉能火要归功于其成功的 O2O 营销方式。

比如，在只有 16 个座位的煎饼铺里，提供无线上网服务。赫畅希望能为顾客营造一个"分享"的氛围，让大家在用餐时就把自己"用餐经验"快速分享出去，达到口口相传的效果。这就是线上线下的打通。当您看到微博、微信上那些黄太吉的忠实粉丝，比如从万里之遥的美国飞过来只为一睹煎饼真容的餐饮爱好者、怀孕了不吃上煎饼就会胎动异常的准妈咪、送情人节礼物不能不选煎饼的痴情男友等，诉说自己在黄太吉店铺里面吃得有多爽时，坐在电脑前的您会不禁批判自己"我只需要换乘 3 条地铁，压 20 分钟马路，有什么理由不去吃黄太吉煎饼呢"！

5. 上品折扣——最全渠道 O2O

上品折扣依托移动端和微信开通的服务号联动线下进行 O2O 试水。虽然上品折扣的线下店数量并不多，但这也为其 O2O 改造和优化体验带来了极大便利。

通过为导购员配备手持终端进行商品录入及收银，构建商品信息数据库，实现线上线下商品库存及物流信息的实时传输和共享，从而掌握商品经营能力，实现了联营框架下的单品管理，通过腾讯微生活优化 CRM 系统，解决与供应商的利益协调。在 O2O 的全渠道经营阶段，上品折扣做了最关键的一件事，即除了向上线下线拓展外，还抓住了几个重要环节保证各个触点的良好体验，如购物入口、商品挑选、下单支付、物流配送以及售后服务，另外，在运营后台的建设及优化方面扎实推进，也使其业务流程能够承受多渠道购物压力。

从以上几个案例可以发现，成功的 O2O 模式中的几个关键词是 CRM、体验、便捷、服务、创新。

10　O2O 的运营支撑

10.1　O2O 的运营支撑技术

在 O2O 的运营支撑技术中，其中关键的就是标准操作规程（Standard Operation Procedure，SOP）的建立和实施，这对企业资源的合理分配、人员的有效利用、公司的高效运转，起到关键性作用。SOP 标准化体系是整个运营支撑体系中最核心的部分。

10.1.1　SOP 标准体系

在 18 世纪或手工业作坊时代，制作一件成品往往工序很少，或分工很粗，甚至从头至尾都是一个人完成的，其人员的培训是以学徒形式通过长时间学习与实践来实现的。随着工业革命的兴起，生产规模不断扩大，产品日益复杂，分工日益明细，品质成本急剧增高，各工序的管理日益困难。只依靠口头传授操作方法，已无法控制流程品质。采用学徒形式培训，已不能适应规模化的生产要求。因此，必须以作业指导书形式统一各工序的操作步骤及方法，此时 SOP 出现了。

从对 SOP 的上述基本界定来看，SOP 具有以下一些内在的特征。

（1）SOP 是一种程序

SOP 是对一个过程的描述，不是一个结果的描述。同时，SOP 既不是制度，也不是表单，是流程下面某个程序中关于控制点如何来规范的程序。

（2）SOP 是一种作业程序

SOP 首先是一种操作层面的程序，是实实在在的、具体可操作的，而不是理念层次上的东西。如果结合 ISO 9000 体系的标准，SOP 属于三级文件，即作业性文件。

（3）SOP是一种标准的作业程序

所谓标准，在这里有最优化的概念，即不是随便写出来的操作程序都可以称做SOP，而一定是经过不断实践总结出来的在当前条件下可以实现的最优化的操作程序设计。说得更通俗一些，所谓的标准，就是尽可能地将相关操作步骤进行细化、量化和优化，细化、量化和优化的度就是在正常条件下大家都能理解又不会产生歧义。

（4）SOP不是单个的，是一个体系

虽然我们可以单独地定义每一个SOP，但真正从企业管理来看，SOP不可能只是单个的，必然是一个整体和体系，也是企业不可或缺的。一个公司要有两本书，一本书是红皮书，是公司的策略，即作战指导纲领；另一本书是蓝皮书，即SOP，标准作业程序，而且这个标准作业程序一定是要做到细化和量化。

每个企业中SOP的内容可能不相同，但是总的来说，大体都包含以下内容。

（1）明确职责

明确职责，包括负责者、制定者、审定者、批准者。

（2）格式

每页SOP页眉处注明"标准操作规程"字样；制定SOP单位全称；反映该份SOP属性的编码、总页数、所在页码；准确反映该项目SOP业务的具体题目；反映该项SOP主题的关键词，以利计算机检索；简述该份SOP的目的、背景知识和原理等。

（3）主体内容

主体内容简单明确，可操作性强，以能使具备专业知识和受过培训的工作人员理解和掌握为原则；列出制定该份SOP的主要参考文献；每份SOP的脚注处有负责者、制定者、审定者、批准者的签名和签署日期；标明该份SOP的生效日期。

SOP就是将一个岗位应该做的工作流程化和精细化，使得任何一个人经过合格培训后都能很快胜任该岗位。做好SOP，对企业的高效运营有着重要的作用。做好SOP，对企业有以下好处：

①将企业积累下来的技术、经验，记录在标准文件中，以免因技术人员的流动而使技术流失。

②使操作人员经过短期培训，快速掌握较为先进、合理的操作技术。

③根据作业标准，易于追查残次品产生之原因。

④树立良好的生产形象，取得客户信赖与满意。

⑤是贯彻 ISO 精神核心（说、写、做一致）之具体体现，实现生产管理规范化，生产流程条理化、标准化、形象化、简单化。

⑥是企业最基本、最有效的管理工具和技术数据。

⑦提高企业运行效率，提高企业运行效果。

SOP 体现了企业管理方法和一套重要的管理体系，通过 SOP 管理工具，使管理和操作标准化、明确化、有序化，做到工作可全面监督、自查、控制、互动。可以实现企业管理理念——透明化工厂（哪里要求透明，就要求写在 SOP 里）；可以完成企业管理措施——细分流程，聚焦数字，其他的成本管理、设备管理等都可以使用 SOP 管理工具，要怎样干，写在 SOP 里。当然，必须有培训、检查监督、整改完善等措施相配合。

SOP 是推动 ISO 9000 体系有效运行的简便、细化操作工具。SOP 是基层操作部门的指导文件，跟 ISO 体系要求大同小异，只不过 ISO 要求覆盖全公司管理范围，更多地以顾客、管理、持续改进为主导。而 SOP 是以标准流程为出发点，更多的是要求职工有章可循、规范操作、严格执行。可以说，只要建立的 SOP 概括了 ISO 体系要求，并且严格执行 SOP，就会满足 ISO 体系的正常运行和内、外审检查。

SOP 是以流程为基础，通过制定一系列的流程程序、控制方法和管理规范，对管理和操作进行事前的防范、事中的控制和事后的监督。它是行动的指南，能够及时纠正过程中发生的问题，避免失误，减少浪费。它能够顺利地进行工作沟通，并进行有效的维护。从管理角度来说，SOP 的内容就是"要你做什么，就写上什么"（当然，必须是正确的、标准的、能够实施的）。那么，让您知道该做什么、按什么程序去做，您没做或没做好，就很容易追查、沟通、纠正，让执行者深思，全面自查，逐渐达到操作、执行标准化。

SOP 能够不断优化（也就是说持续改进），不管是管理方面还是操作方面。SOP 的建立不是一次到位，也不是一成不变的。书写从简，逐步增加要点，管理要求的提高和环境的变化，均要求 SOP 不断补充、修改、完善，当然不是说今天变明天变，而是有一个周期。有的也可能经常补充，如流程调整、安全操作等。

在一个 O2O 企业的运营支撑体系下，SOP 一般分成以下 3 种。

（1）来自质量体系的 SOP 标准文档

这些 SOP 文档更多的是基于企业的内部管理，按照 ISO 质量体系规范（比如 ISO 9001、ISO 27001）产生的，这些 ISO 质量体系本身要求是包含 SOP 在内的一整套体系。SOP 是 ISO 质量体系其中控制的一部分而已。

（2）来自操作优化的 SOP 标准文档

这些 SOP 标准文档更多的是操作员基于工具（系统、终端）等在实战中总结出来的最优操作方式，形成优化操作的标准作业文档，主要是由运营支撑部操作员内部优化和推进的。

（3）来自客户体验的 SOP 标准文档

这类 SOP 对 O2O 运营企业很重要，但目前很少被关注。在 O2O 碎片化渠道和碎片化内容的模式下，客户对体验的要求越来越高，因此，SOP 不仅仅是企业内部支撑行为的标准，还要和客户体验结合在一起，通过手机 App、Web 网站或论坛、电话、通信软件等来调研客户对体验的要求，重新调整和优化 SOP 操作。

SOP 标准化体系是整个运营支撑体系中最核心的部分。运营支撑部门通过对产品的学习和对公司管理规章制度（含质量体系）的理解，撰写出 SOP 初稿，然后通过推演性操作，审核后形成可执行的标准文档。这些 SOP 标准文档首先通过知识库进行归档和管理后，提交给操作员执行，然后需要建立监控机制来检查操作员的执行情况，最后操作员在实际操作中积极提出 SOP 标准文档的优化建议，再进入推演性操作、审核、归档等步骤，这样周而复始。

SOP 标准化体系是运营性企业永恒的话题，随着企业市场的发展、新产品的推进、客户体验的要求越来越高，需要 SOP 标准体系持续运营。

当完全了解 SOP 标准体系后，O2O 运营支撑行为中的线上操作和线下操作就有了指导手册，无论是线上还是线下的操作员，都可以根据 SOP 进行岗位操作行为。

10.1.2　如何做 SOP

做 SOP 的方式可能因为基于不同的管理模式和管理方式而有一定的区别。在 O2O 的运营模式中，大体上可以按以下几个步骤来进行。

1. 确定流程

确定流程和程序。按照企业对 SOP 的分类，各相关职能部门应首先将相应的主流程图做出来，然后根据主流程图做出相应的子流程图，并依据每一子流程做出相应的程序。在每一程序中，确定有哪些控制点，哪些控制点需要做 SOP，哪些控制点不需要做 SOP，哪些控制点是可以合起来做一个 SOP 的，包括每一个分类，都应当考虑清楚，并制定出来。

2. 明确步骤

确定每一个需要做 SOP 的工作的执行步骤。对于在程序中确定需要做 SOP 的控制点，应先将相应的执行步骤列出来。执行步骤的划分应有统一的标准，如按时间的先后顺序来划分。如果对执行步骤没有把握，要及时和更专业的人员进行交流和沟通，把存在的障碍扫除掉。

3. 制定 SOP

套用公司模板，制定 SOP。在按照公司的模板编写 SOP 时，不要改动模板上的设置；对于一些 SOP，可能除了一些文字描述外，还可以增加一些图片或其他图例，目的是能将步骤中的某些细节进行形象化和量化。

4. 执行操作

用心去做，才能把 SOP 做好。编写 SOP 本身是一个比较繁杂的工作，往往很容易让人产生枯燥的感觉，但 SOP 这项工作对于企业来说又非常重要，企业在这方面也准备进行必要的投放，特别是用 2～3 年的时间来保证，因此，必然用心去做，否则不会取得真正好的效果。认真做事只能把事情做对，用心做事才能把事情做好。

SOP 里面的每一个字都得在员工作业中有所体现。当然，初期或许 SOP 准确度不高，这没有关系，关键就在后继的 SOP 持续改进过程中，让 SOP 趋于完美。

10.2　O2O 的运营支撑体系

很多人都在微博和 QQ 群里讨论 O2O，各抒己见。有的人认为海鲜店做个网络推广就是 O2O，有的人认为独立的商场做网上零售就是 O2O，还有的人认为微博、微信等工具就是 O2O，相应的 App 软件就是 O2O，可谓五花八门。这些只能算是线上线下两套独立的营销体系，还是在 B2C 零售范畴，真正意义上的 O2O 运营支撑体系具体来说主要包含以下 3 个体系。

1. 统一供应链管理系统支持线上线下零售体系

这个统一的供应链管理系统是指仓储物流的统一化管理，通过仓储物流的统一电子化系统管理，支持线上和线下零售。比如，上海市有仓库，上海市的实体店销售数据和上海网购订单数据与仓储数据同步，同一产品仓储10件，实体店销售5件，网上销售3件，那仓储系统就会自动减少库存变更为2件，实体店和网站数据也同步更新，一旦库存的2件也销售完毕，产品实体店和网上零售将同时收到信息，对缺货产品进行处理；仓储发货到实体店及网上销售发货配送，也可由第三方配送。通过统一采购，统一配送，降低实体店仓储，保证网销及时性，缺货产品及时管理和补充，避免两套零售体系独立采购、独立仓储的浪费，降低营销人员和仓储人员的沟通成本，降低退换货成本，提高仓储产品周转率。

2. 独立的电商零售体系

由于目前各大平台表面开放，实则封闭数据端口的现状，需要一套完善的网上销售系统，满足客户网购体验、供应链管理系统对接，实体店系统对接。因为O2O是需要线上线下结合来完成整个运营销售过程的，也就是说，与纯电商相比，售前、售中、售后是由不同角色完成的，网络销售只是其中一部分而不是全部。网上承载着宣传、推广、营销、咨询、数据统计、支付等职责，销售完毕就需要把订单跟进客户需求分配到仓储和实体店，由实体店和仓储承担接下来的任务，那就是说，实体店要随时清楚网上销售订单到达店铺的情况，这个前期是由人工完成的，后期一定是系统对接后的实时更新。打个比方，客户网上订购一台笔记本电脑，到离客户最近的实体店自提，而网上下单看到实体店有货就购买了，实体店笔记本消减一台，除非客户退货，这个产品是作为虚拟销售出去，客户如果未到店取货，实体店负责联系客户，确认自提时间直至客户取货销售完毕；如果客户下单到实体店，实体店恰巧没货，仓储就要及时配送笔记本电脑到实体店，确保客户自提时有货。

3. 实体店零售系统

实体店的进销存系统与仓储和网上销售系统全部打通，除实体店零售外，因为实体店空间有限，产品如果不能满足消费者需求，可以在店直接查询网上产品并下单，也是直接消减实体店本身库存，如果实体店没有可以安排仓库直接配送或者客户改天到店自提，从这个意义上来说其实O2O的本质不是线下线上相连，而是互相融合，互相补充，互相协调，不是单循环，而是真正意义上的闭环。

如果不能实现这 3 套体系的整体规划、整体运营，那就只会是失败，而要满足这 3 套体系，又需要四大基础支撑。

（1）消费者行为掌握

消费者，特别是城市中的居民，被丰盛的、系列化的或杂乱无章的商品和服务所包围。在人们的消费活动中，既追求能带来感官刺激和物质享受的产品，也追求只具有象征意义或符号化的产品。获取收入，积极消费，从消费中获取快乐成了当代社会的重要行为特征。当前，能准确把握这一消费趋势几乎是每个企业的生存根本。如何把握消费者的心理与行为的变化规律与趋势，调整自己的经营哲学，是 O2O 运营中必须面对的问题。

掌握消费者行为，包括消费者线下购买路径和网上购买习惯，需要按照线下销售习惯设计系统管理，按照线上消费习惯进行展示和购物流程设计并把两者有机结合，通过 CRM 系统进行统一管理，不懂消费者就无从谈起客户体验。

（2）对行业供应链的熟练掌握

对运营的行业产供销物流、资金流、信息流需要熟练掌握，了解现有供应链存在哪些弊端，厂家、渠道商、实体店有哪些需求，这样才能在供应链管理上降低库存风险和物流成本。

（3）对产品熟悉

只有对产品熟悉才能进行更好的营销和导购，包括采购、定价等，才能更好地宣传产品、销售产品，满足客户需求。

（4）对电商平台和零售商业模式熟悉

如果不对电商平台运营模式和零售模式熟练掌握，在资源整合和销售端是很难从宏观大局设计，做到将三者有机结合的，只是从一个角度看另外 3 个问题，而不能站在 4 个问题上统筹规划，这样会导致全盘皆输。

在 O2O 的运营中，需要大量的资金、人才和资源。没有这些基础的资源作为支撑，是很难发展起来的。具有一定品牌知名度的零售连锁公司可以转型，可以通过直销和整合来实现线上线下一体化运营，而不是纯整合。只有这样，才能实现企业和消费者的双赢。

从抽象的概念上来说，O2O 的运营支撑体系如图 10－1 所示。运营支撑体系设计的基础来自于组织的 O2O 产品（含平台、工具）和组织的制度（含规程、标准）。

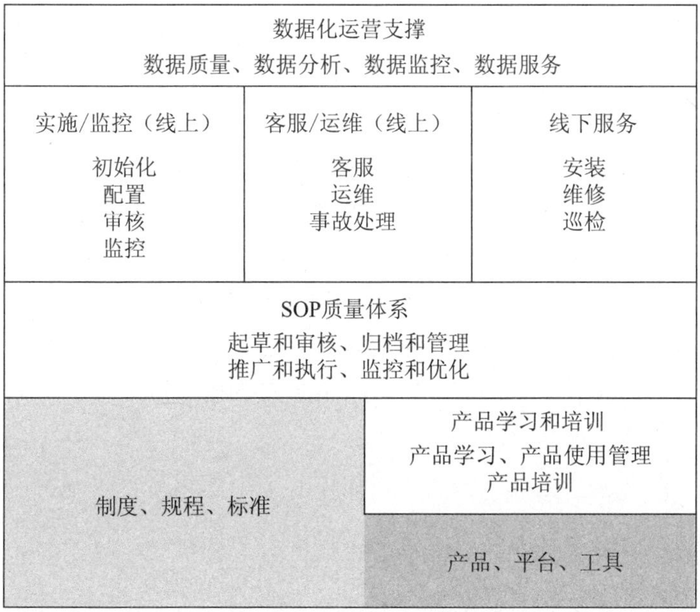

数据化运营支撑		
数据质量、数据分析、数据监控、数据服务		
实施/监控（线上）	客服/运维（线上）	线下服务
初始化 配置 审核 监控	客服 运维 事故处理	安装 维修 巡检
SOP质量体系		
起草和审核、归档和管理 推广和执行、监控和优化		
制度、规程、标准	产品学习和培训 产品学习、产品使用管理 产品培训	
	产品、平台、工具	

图 10－1　O2O 运营支撑体系

O2O运营支撑体系的设计范围包括以下组成部分。

（1）产品学习和培训：包括产品学习、产品使用管理和产品的培训等。

（2）SOP 质量体系：包括 SOP 的起草和审核、归档和管理、推广和执行、监控和优化等。

（3）实施/监控：包括初始化、配置、审核和监控等。

（4）客服/运维：包括客服、运维、事故处理等。

（5）现场服务：包括现场安装、现场巡检和现场维修等。

（6）数据化运营支撑：包括数据质量、数据分析、数据监控和数据服务等。

在企业中从来就不缺乏好的运营支撑体系，可是有的企业还是不能很好地运营，最主要的原因是缺乏强有力的执行力的支持。一个企业的成功是要靠出色的执行力来做保证的。如果没有出色的执行力，那么即使企业有再好的发展战略目标、再高的经营利润率、再好的管理机制、再细的管理制度，也只能是沙盘上的宏伟蓝图、贴在墙壁上的标语、挂在口边的伟大口号，永远不会实现。

团队是一群不同专业、经验及背景的人，为了达到一个共同的临时性目标而组合在一起的。每个人都要承担起一定的责任，就像一个机床的各个齿轮，只有每个齿轮都运转起来，整个机床才能良性运转。现代社会组织是靠流程来运作的，个体都是这个流程环节上不可或缺的一个节点，如果某个人没有按照事先定义的流程来做的话，整个流程执行的效果就会大打折扣。

春来秋去的大雁为什么总是结队为伴编队飞行呢？原来，大雁编队飞行能产生一种空气动力学的作用，一群编成"人"字队形飞行的大雁，要比具有同样能量而单独飞行的大雁多飞70％的路程，也就是说，编队飞行的大雁能够借助团队的力量飞得更远。这就是著名的"雁行理论"。这个理论强调的是团队合作的力量，也更突出了每只雁的重要性，试想：如果每只雁都消极怠工不奋力飞行的话，那么"人"字形的队形恐怕难以形成，也不会产生协同效应。只有每只雁在自己的位置上认真飞行，尽职尽责，整个团队才能飞得更高、飞得更远。在一个团队里，如果某个个体事情到了他的手里会很快地完成并且把结果及时反馈给团队中的其他人，那么该个体流程下游的其他人也会受他的正面影响而主动去处理后面的工作，形成了一个良性循环后，整个团队就会营造出一种做事积极不拖沓的氛围，每个人都会在这个团队里感觉做事很愉快，自然团队也会更加的团结、高效、持续发展。

执行力对一个企业的重要作用一定要明确，这是做好一切事情的基础。好的企业战略还要靠强的执行力来保证实施。

10.3　O2O 的运营支撑行为

O2O，可以简单地认为将线下商务的机会与互联网结合在了一起，让互联网成为线下交易的前台。这样线下服务就可以用线上来揽客，消费者就可以用线上来筛选服务，还有成交可以在线结算，然后消费者到线下去获得服务。所以，在O2O的运营中，既要支撑线上的业务，又要支撑线下的服务。总的来说，O2O的支撑行为分为线上和线下两个层面。其中，线上主要包括业务实施、客服和运行维护；线下则是现场服务，根据不同顾客的具体消费而定，如餐饮、电影、车票等。

10.3.1　线上行为

首先，支撑线上非常重要的行为就是业务实施。一个业务的良好、高效的实施不是由一个人完成的，这需要一个团队。通过团队的力量，业务会得到更好的实施。所以，谈到业务实施，就不得不先说一下业务流程管理。

业务流程管理（Business Process Management，BPM），是将生产流程、业务流程、各类行政申请流程、财务审批流程、人事处理流程、质量控制及客服流程等70%以上需要两人以上协作实施的任务全部或部分由计算机处理，并使其简单化、自动化的业务过程。

20世纪90年代，Michael Hammer和James Champy的成名之作《公司再造》（*Reengineering the Corporation*）一书在全美公司领域引发了一股有关业务流程改进的浪潮。这两位管理学宗师在书中展示了这样一个观点——重新设计公司的流程、结构和文化能够带来绩效上的显著提高。但是由于缺少对变革管理以及员工变革主动性的关注，在很多致力于把他们的理论付诸实践的公司身上产生了反作用的结果。今天，业务流程改造有了新名字——业务流程管理（BPM），而且再次进入了流行时段。

业务流程是为了实现一定的经营目的而执行的一系列逻辑相关的活动的集合，业务流程的输出是满足市场需要的产品或服务。根据功能、管理范围等的不同，企业的流程管理一般分为生产流程层、运作层、计划层和战略层4个层次。

流程管理的各层次均有相对独立、特定的方法，但层次之间也有着密切的联系。首先，高层的管理目标最终要通过低层的业务活动来实现；其次，当低层的管理解决不了实际问题时，就需要引入高层的管理，例如，当运作层的调度无法解决资源的配置问题时，就说明分配给该流程的资源数目需要修改，此时需要引入计划层的管理，重新进行资源能力计划的计算；最后，低层的数据为高层的管理决策提供依据，企业的策略管理和战略管理中的模型和参数来自对企业实际经营活动统计数据的积累。因此，从整个企业流程管理的角度来看，有必要将这4个层面上的流程管理统一到一个框架下，并和企业的信息系统联系起来。

从企业信息系统的角度来看，办公自动化系统、事务处理系统和决策支持系统等都是常见的企业信息系统，但这些系统并没有加入流程的因素，只是用来帮助员工更好地完成某些特定的任务。工作流系统的出现使得整个流程的自动流转或自动执行成为可能。

工作流管理联盟（WFMC）定义工作流为："工作流是一类能够完全或者部分自动执行的经营过程，它根据一系列过程规则、文档、信息或任务能够在不同的执行者之间进行传递与执行。"工作流管理系统（WFMS）的定义是："工作流管理系统是一个软件系统，它完成工作流的定义和管理，并按照在计算机中预先定义好的工作流逻辑推进工作流实例的执行。"上述两个定义的重点都在于工作流的执行，也就是使用软件支持操作流程的执行。在过去的几十年里，很多研究学者开始意识到仅仅把重点放在工作流执行上过于局限，于是新的术语BPM诞生了。现今存在很多BPM的定义，但是从中我们可以看到大多数定义都包含了工作流管理的内容。

业务流程是把一个或多个输入转化为对顾客有价值的输出的活动。简而言之，业务流程是以涉及为顾客提供产品或服务为最终目标的组织活动的集合。一个典型的业务流程应该包括下面六大要素：流程目的（它存在的理由）；输入资源；按一定秩序执行的活动；这些活动之间的结构（相互关系和作用）；输出结果；该流程创造的价值。

从管理理论或战略的层面看，业务流程管理（BPM）就是在一个存在内部事件和外部事件的环境中，由一组相互依赖的业务流程出发，对业务进行描述、理解、表示、组织和维护。从具体实施的层面看，BPM还可分为流程分析、流程定义与重定义、资源分配、时间安排、流程管理、流程质量与效率测评、流程优化等。

运用BPM的思路，实现O2O线上运营支撑的业务实施过程，如图10-2所示。

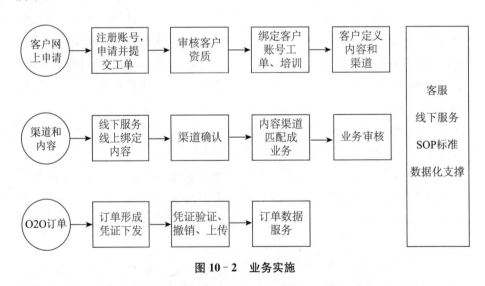

图 10-2　业务实施

如图10-2所示，这是O2O企业应该所包含的最为简单的业务实施，企业应根据实际情况需要添加自己对应的业务。在这里面主要包括 3 个阶段：客户网上申请、内容渠道匹配成业务和最终 O2O 订单的生成。在这 3 个阶段中，每一阶段都由不同的子阶段组成，并且在客服、线下服务、SOP 标准和数据化支撑下共同协助完成。

以从百度糯米网上订购电影票为例。消费者在购票之前，首先，相应的电影院会在网站上申请，打通在糯米网上售票的通道，在这个阶段，电影院会提供相应的资料证明其身份和其他具体信息。这个就是第 1 个阶段。接下来，网站会对电影院所提供的资料进行确认，在确认完成后，网站上会形成一个业务，授予电影院售票资格。这两个阶段完成后，此时，消费者就可以在糯米网上找到此电影院的相关信息，包括位置、热映电影、场次、票价、座位等一系列的相关信息。在消费者中意后，完成下单，此时，糯米网会发给消费者一条短信作为电子凭证，凭借此短信可以到电影院取到具体的电影票。这整个一系列的过程，就是糯米网 O2O 模式的一个完整的业务实施。

在业务实施完成之后，需要客服运维的支撑。客服运维是 O2O 企业极为重要的一部分，它是企业运营的全面支撑。因此，提高客服运维的效率，就显得极为重要。总的来说，提高客服运维的效率主要考虑两个方面：制度和人员。

1. 从制度来说

（1）需要建立考核和监督机制

建立考核监察制度，明确各部门的具体工作职责，强调各部门具体执行者对规章制度的执行力。对具体工作执行者进行执行力的监督、考核并进行总结、存档、备查，为日后的人才任用、绩效发放提供依据。客服运营团队，每天任务繁重，明确有效的机制，可以提高其工作效率。

（2）需要加强紧急事故处理能力，建立应急处理机制

在 O2O 企业中，客服运维团队，每天需要处理各种各样的问题，我们不能保证所有的业务都能完美无缺完成，所以紧急事故处理能力就显得尤为重要。一个环节的突发事故可能影响到其他阶段的正常运行，如果客服运维团队具备了很强的紧急事故处理能力，那么企业才能很好地、正常地运营，给消费者带来更好的消费体验。

2. 从人员来说

加强人员的技术培训，提高客服运维人员的操作能力。随着 O2O 企业的不断发展、机制的完善，企业内会有更多的业务得到实施。这就不断对客服

运维人员提出新的要求。客服运维人员面对的问题也日益增多。所以，他们必须要时刻适应新的形势，来满足各种不同的、新的需要。加强客服运维人员的培训，不断提高客服运维人员的技术操作水平。

10.3.2 线下行为

O2O 的运营支撑体系支撑的线下行为对于不同的企业来说可能不太一样，但大体可以分为两部分：一部分是相对于网络平台运营商；另一部分则是对应于线下服务的提供商。

对于网络平台的运营商来说，线下最为重要的行为就是现场服务，即售后服务。在这一行为中，最为直接的施行者就是售后支持工程师了。作为 O2O 企业面向线下商户最为直接的代言人，售后支持工程师向线下商户提供了直接的服务体验。让线下商户体验到良好的体验感知是售后工程师的重要职责。

售后工程师主要的工作职责包括以下几个方面。

（1）负责现场的设备安装、调测等各种技术支持工作。

（2）接收和协助解决客户遇到的各类现场技术问题，及时、准确地把现场信息反馈给销售和研发部门。

（3）负责发货设备、软件配置清单的制作。

（4）负责方案建议书中技术方案部分的编制。

（5）支持市场和销售，为客户和工程人员提供相关培训。

（6）负责销售工作中技术简报的制作。

（7）为销售管理部门提供市场竞争信息。

对于线下服务提供商来说，最为主要的行为就是为消费者提供良好的服务。尽管不同的企业提供的服务不尽相同，但每个企业都明白消费者满意度的重要性。线下良好的服务至关重要，那些已经在 O2O 摸爬滚打过的店商大佬们认为，O2O 的核心竞争力还是要看线下经营的能力。

"对于传统零售来说，技术绝对不是 O2O 的大问题，会有专门的软硬件公司帮你解决。但取胜的关键点却是品牌和服务。"宝岛眼镜董事长王智民认为，品牌的美誉度可以摆脱线上对搜索网站的依赖，吸引自然流量。到位的服务则可以让消费者给予好评。

线下的精益服务带来的满意，转化到线上则是几何级数增长的流量和转化率。王智民透露，2013 年"双十一"当天，宝岛眼镜卖出了 5000 份 O2O

团购套餐。另一家在内地门店数仅次于宝岛的眼镜店却仅卖出了 13 份。"线下我们的门店数是它们的 3 倍多，但网上的差距却是几百倍。也就意味着当你有品牌能力、当消费者愿意给你好评的时候，线上的占有率会高得惊人。"

10.4　O2O 的运营优化

O2O 的运营优化，主要从 3 个方面来考虑：线上的优化、线下实体的优化、线下线上融合。

10.4.1　线上的优化

1. 网站优化

根据大量电商经验，最好的方法依旧是通过 SEO 优化来获取流量。SEO（Search Engine Optimization），即搜索引擎优化。SEO 是指从自然搜索结果获得网站流量的技术和过程，是在了解搜索引擎自然排名机制的基础上，对网站进行内部及外部的调整优化，改进网站在搜索引擎中的关键词自然排名，获得更多流量，从而达成网站销售及品牌建设的目标及用途。

SEO 的目的：为网站提供生态式的自我营销解决方案，让网站在行业内占据领先地位，从而获得品牌收益。SEO 包含站外 SEO 和站内 SEO 两方面；SEO 是指为了从搜索引擎中获得更多的免费流量，从网站结构、内容建设方案、用户互动传播、页面等角度进行合理规划，使网站更适合搜索引擎的索引原则的行为；使网站更适合搜索引擎的索引原则又被称为对搜索引擎优化，对搜索引擎优化不仅能够提高 SEO 的效果，还会使搜索引擎中显示的网站相关信息对用户来说更具有吸引力。

SEO 优化主要从以下几个方面来进行。

（1）关键词的分析和定位

不仅仅是 O2O 网站，很多网站的首要工作就是制定关键词，关键词的重要性对于网站来说不言而喻。在制定关键词的时候，主要考虑以下几个方面：

①本行业行话以及使用的专业术语；

②研究客户是在找产品本身还是找解决问题的办法；

③注重品牌名与通用名；

④同类产品的其他叫法或别名；

⑤关键字的相关扩展，比如地名、规格型号等；

⑥零星分散的长尾关键词积少成多。长尾关键词（Long Tail Keyword）是指网站上非目标关键词但也可以带来搜索流量的关键词。存在大量长尾关键词的大中型网站，其带来的总流量非常大。例如，目标关键词是服装，其长尾关键词可以是男士服装、冬装、户外运动装等。长尾关键词基本属性是可延伸性、针对性强、范围广。

以上六点就是做关键词定位和分析的主要思路。

（2）顺向布局与逆向优化

对于很多网站来说，一般优化的重点都放在首页的核心关键词上，但是对于O2O，在布局关键词的时候大同小异，都是从首页开始布置，呈现金字塔结构，但是在优化的时候需要逆向思维，从最常带来流量的内容页开始，即最终页＞专题页＞栏目页＞频道页＞首页。所以关键词分配可以按照以下原则：

最终页：针对长尾关键词。

专题页：针对热门关键词。

栏目页：针对固定关键词。

频道页：针对核心关键词。

首页：以主关键词和品牌词为主。

很多大型网站，产品分类的一级、二级一般对应的页面分别是频道页和栏目页，页面内容围绕设定的关键词展开，产品页都是与栏目相关的，所以相关度是极高的，再加上规范的 URL，这两种页面的权重一般都相当不错，而着重要下功夫的是最终页和首页。最终页的长尾关键词及首页主关键词通常是比较符合用户搜索习惯的，一个靠数量，一个靠需求都获得用户最多的搜索，所以网站优化重点应该放在这两个页面，塔尖、塔底两头并进。

（3）网站代码结构策略

首先，清晰合理的网站导航，扁平的树状网站结构，可以让搜索引擎爬虫更方便、快捷地遍历整棵大树的枝枝叶叶，尽可能多地收录网站更深层次的页面及新生成内容页面，保障网站每个有实际内容的页面都能有为网站增加流量的机会。同时，网站导航应尽量不要使用 Flash 或图片、iframe 框架，纯文本导航更有利于搜索引擎的爬行、判断。

其次，精简页面多余无效代码，减少页面的体积，使页面在浏览器能够快速读取，如果页面太大，无法快速读取完，面对搜索引擎爬虫每秒上亿次的运算速度而无法跟上，搜索引擎一般会选择放弃索引此页面或者只是抓取到这个页面的部分内容，影响网站的得分与排名。目前搜索引擎爬虫比较友好的页面代码编写方式是 DIV＋CSS，应该尽量减少大量表格。对各种广告、合作、交换内容以及其他没有实质相关性的信息，可以选择使用 javas-cript，iframe 等爬虫无法识别的代码进行人工消噪，提高搜索引擎在网站的工作效率。

（4）内部与外部链接并重

如果仅仅重视外部链接的话，那么您只成功了一半。可能对于规模小的网站，多重视外部链接就会有不错的收录，但是对于 O2O 网站来说，内部页面众多，不同产品，不同分类，可能是几十万或者上百万的页面，这么庞大的页面不仅是依靠外部链接，更重要的是通过强大有序的内链来保证网络爬虫的顺利抓取，有些 B2C 网站收录不理想，仔细研究 Web 服务器日志之后就会发现，有些页面 URL 爬虫一年甚至几年都从来没有爬行过，所以这就不是网站权重低的原因，而是网站的结构不合理了。只有增加有序的内部链接，才能让网站整体上呈现一个网状结构，让搜索引擎爬虫爬行得更容易、更顺利。但是外部链接也不能丢，只不过内部链接更需要引起我们的重视。

网站内链对于网站来说是非常重要的，丝毫不亚于外链，内链是网站每个页面直接的桥梁，是用户浏览网页的基础，特别是一些大型网站，整站页面成千上万，通过强大有序的内部链接形成一个大网，让网站所有页面互联互通，来提高搜索引擎对网站的爬行索引效率，增强页面收录，同时也有利于权重值的传递，平均站内网页的权威度，还可增加网站内部流量的循环，提高网站的 PV 值。

网站的外部链接也是搜索引擎优化非常重要的工作，特别是在网站前期，排名和知名度都不是很高，用户不能很快找到网站，搜索引擎过来抓取网站的渠道也不多，而外部链接不仅能对网站起到推荐作用，而且可以引入爬虫，带来流量。

增加外部链接，应该遵循的原则是：数量与质量并重。链接文字中尽量包含关键字，尽量得到内容相关的网站外部链接，尽量广泛地加入外链，尽量保证外链来自真实的推荐等。

（5）数据分析及策略调整

任何一个完美的方案都需要市场和用户的检验，需要网站管理人员做大量的数据统计、检测、分析，比如，我们通过后台的统计可以清晰地反映出大部分客户的一些基本参数。例如，来源流量、整体访问量、IP 与 PV、浏览器以及屏幕尺寸、主要地区分布、网站跳出率等，通过这些数据的挖掘和分析，从而为以后的工作提供指导。尤其是对长尾关键词的分析，看看已经收录的页面能带来多少流量，哪些页面带来的流量是最多的，有哪些是收录却没有流量的。往往通过数据能看到最容易发生在用户身上的一些意想不到的情况，从而帮助调整策略。

O2O网站的前期是通过SEO做优化，在做SEO优化的前期重点是内容页的长尾关键词，只有对大量的长尾关键词进行挖掘，用户才能找到我们的网站，品牌才能逐渐建立，也就是部分网站熟悉的让长尾关键词盈利。同时，也能不断去累计网站的权重和资金，然后开始做部分推广，把网站的推广效果最大化。

2. 移动客户端的优化（以微信为例）

时至今日，微信运营已进入深水区。从2012年8月微信发布公众平台，到2015年4月，微信每月活跃用户已达到5.49亿，用户覆盖200多个国家、超过20种语言。品牌的微信公众账号总数已经超过800万个，移动应用对接数量超过85000个，微信支付用户则达到了4亿左右。从大量的账号可以看出，做好一个微信公众号并能产生实际效果，确实不容易。能从下列7种问题中突围而出的企业，才会真正找到微信运营的价值。

（1）多个账号的麻烦

不知"账号矩阵"这个概念是谁提出的。有些企业也确实需要多个账号，比如，不同品牌和不同产品线可以用不同的账号。而一个品牌或者一个类目开多个账号，效果并不好。

某美妆电商企业运营了多个账号，用订阅号吸引和沉淀粉丝，用订阅号通知优惠，然后引导到服务号上交易。可从订阅号引导到服务号再成交，对粉丝来说很麻烦。由于这个麻烦的存在，成交效果不理想。某高尔夫俱乐部运营两个账号，一个账号的目标粉丝是合作伙伴，另一个账号的目标粉丝是消费者，但是两个账号都没有做起来。

还有一些企业有更多账号，仅订阅号就有两个，一个用于吸引新客户，一个用于沉淀老客户，而两个账号的内容和功能并没有本质的区别。该企业同时还有多个服务号，分别对应不同的电商平台，但并不是每个渠道都能有成交。

参考建议：思考清楚，该舍就舍，重点运营一个号。早点做决定，反而能走出困境，不要可惜现有的几百个粉丝的积累。

（2）粉丝无法转化为消费者

有个很热的概念叫作新媒体，很多企业都在微信做新媒体。按此思路，企业的微信运营就是发布知识、信息，并配合抽奖活动。这样也确实积累了一定数量的粉丝。可是，企业逐渐发现，这些粉丝并不购买商品。

某女装企业，其账号所有者是一名服装设计师，主要发布时尚潮流、服装搭配、色彩趋势等信息，专业性很强。账号运营按照通常的评判标准，可谓优秀，粉丝数将近2万，基本全是女性，图文消息的打开率达到50％左右，互动活跃。可是，其设计的衣服，没有人买。这个现象很普遍，除了女装，还有玉石、食品、数码等商品，也都遇到这样的困境。

其实也好理解，我欣赏你的内容与我买你的东西，本来就不是一回事。

参考建议：认清楚做公众号的目的，是销售还是传播品牌。如果是做销售，那就不要不好意思，可以更加直接一点。

（3）缺乏与业务相关的服务意识

很多账号以推送内容为主，没有引导粉丝获取服务，或者干脆就不提供服务。现在不谈个性化服务，也不谈服务的深化，因为很多账号根本就没有服务。

某母婴企业，账号已开通店铺，粉丝通过账号咨询商品信息，得不到回复。问这家企业的老板，你们在开了店的情况下为什么不设人工客服？老板说，设了人工客服的。那么，是否有相应的考核及监督机制？如果没有，人工客服便形同虚设。

某淘宝服务商，目标粉丝是淘宝卖家，其产品具有持续服务的特征。有这种特征的企业最容易发挥微信价值。但这家企业的账号只发送知识和产品优惠消息，并不提供在线咨询的服务，这就没有实现账号价值的最大化。

参考建议：对运营人员设定要求和考核机制，提供在线服务的成本并不高，做好了事半功倍。

（4）引流困境

微信运营总归是要向销售渠道引流的。如果只有单一的销售渠道，还好办；如果有多个销售渠道，公众号在一条图文消息里同时让粉丝去多个销售渠道，就很不好。

某母婴企业做一次促销活动，同时告知粉丝通过热线电话订购，去门店购买，去网上官方商城购买，同时还引导粉丝在公众号留言。某女装企业做一次促销活动，同时告知粉丝去店铺活动专题页面、聚划算页面、秒杀商品页面、微淘的多个活动，甚至还有来往扎堆的活动。

某中医馆在每一篇养生知识的图文消息里，同时告知粉丝去线下的多家医馆，去淘宝商城，电话订购，描述篇幅比养生知识的正文还长。这让粉丝的体验很差。

引导的混乱，实质有 3 个层面的问题：

第一，文字表达能力弱，无法做到字字珠玑。

第二，没有主动策划微信与销售业务结合，把所有的销售渠道一股脑告诉粉丝就不管了。

第三，企业内部各部门间的利益、壁垒、博弈，让微信运营人员很难办。

参考建议：可以多次测试，跟踪数据，找出引流效果最好的，然后持续优化。做出实际效果了，就会得到公司的重视，走向良性循环。

（5）自己开发的痛

微信公众平台有一种模式叫开发模式，企业可以做个性化开发。可是，很多企业自己开发的平台是不可用的。

某高尔夫俱乐部，做了公众号开发，本想做预订场地、年费缴纳等功能，钱花掉了，功能没有实现。项目已经搁置。某母婴企业，自己开发线上商城并接入公众号，但粉丝看到这个店铺的页面，肯定不会有购买的欲望，因为页面很不友好。仅仅只是页面不美观，就已经足够把来的人吓退，更不用说交互体验不好了，进而会影响用户对平台的信任度。

这种失败的开发项目到现在已有不少。还有的企业已投入 50 万元，却没有开发出任何可用的功能。所以，有开发能力的第三方服务商，如果愿意深入行业去踏踏实实做点事情，或许大有可为。

参考建议：建议企业一开始不要自己做开发，待经营一段时间，清楚知道自己需要什么以后再决定是自己开发还是使用现有的第三方工具。

（6）账号的用户体验很差

第一，要注意最基础、最简单的排版。避免文字有白底、字体大小不统一、五颜六色。

第二，账号交互功能的设计是有难度的。微信把功能都提供了，但很多企业没有能力用好这些功能。单说自定义菜单，什么东西放在一级菜单，什么东西放在二级菜单，菜单标签怎么写才能让粉丝一看就明白，并不是一件简单的事。

第三，很多账号设置的自动回复并不能对粉丝起到指引作用，不能告诉粉丝在这个账号里可以去哪里，以及怎么去。

微信运营者，需要具有一些编辑的素质、一点产品经理的素质、一点平面设计师的素质、一点交互设计师的素质，还要具有进行店铺运营和活动策划的能力。即使这样依然不够，很多表面现象的背后，是企业根本没想好在账号里究竟做什么事情。

（7）没有交流能力

微信公众号是连接企业和客户的通道，通道是用来交流的，但很多账号完全没有交流。最简单的交流是鼓励用户留言，告诉粉丝有事可以通过公众号找企业，企业要么有人及时回复，要么告知在一定周期内回复。

某美妆企业设计了问答互动，却把问答内容放在多图文的第二条图文的末尾，而第二条图文的主体内容是产品推荐，那么问答互动就很不容易让粉丝注意到。粉丝注意不到，参与的人数就不会多。

除去操作层面，更本质的问题是企业缺乏直接与消费者交流的能力。过去没有交流通道，与消费者交流交由广告公司去干。现在有了微信这个交流通道，却不知道怎么交流。这个能力不是通过方法的学习就能掌握的，而是需要进行尝试，需要真的和消费者对话。企业的微信运营人员应该问问自己，是否在论坛、社区这些地方真正互动过，自己为什么要在这些地方互动。理解了这个，再在微信公众号里做互动，想必会游刃有余。

参考建议：可以收集粉丝的常见问题，经常地推送回复。让运营人员没事的时候在上面陪客户聊天也是个不错的选择。

10.4.2　线下实体的优化

线下实体的优化，主要是提升线下的服务能力，为顾客提供高质量的服务，从而提高自己的品牌知名度，达到提升业绩的目的。线下的优化，主要包括以下几个方面。

1. 丰富产品结构

以服装企业为例，如果企业的产品种类不够丰富和新颖，新品更新速度慢，大部分以库存货品为主，当季新产品中仅有 40% 的新品会在其线上平台销售。这样一来，因为没有足够丰富、吸引人的货品，就很难保持顾客持续在线光顾。更麻烦的问题是，当线下销售缺货的时候，又会调拨线上的预留产品。长期以来，就会出现顾客要的货品缺货或尺码不全的现象。所以，要丰富产品结构。

2. 精准细分商品定位，提升客户服务体验

大闸蟹是个不折不扣的传统产业，以王氏为例，过去几年，他们专心、专注在一只蟹上的商品细分定位，不断更新变化，敏锐洞悉互联网市场趋势，依托实体门店基础大力发展电子商务，实体门店与网络合一，线下渠道与线上推广结合的模式。不做加法，做减法，有所为，有所不为，不追求多商品SKU（Stock Keeping Unit，库存量单位）数量，但是追求极致的商品体验、用户服务体验；王氏人一心一意"只为那只蟹"，这种单品定位本身也非常符合网络消费需求。未来他们会从"只为那只蟹"的精准切入点升级到"只为一种健康生活方式"的全面布局，完成从"王氏水产"到"王氏原产"的蜕变。王氏的销售业绩更是每年超过300%的飞速增长。产品以及服务的质量直接关系到用户的满意度，企业必须不断提升其服务质量，从而提升企业的竞争力。

3. 整合供应链

（1）开发环节的供应链整合

因为需要提供满足O2O销售模式的产品，企业一定会整合出一条最快速有效的供应链，作为从货品研发到生产上市的支持保证。企业为了能实现货品快速反应，对各个品牌不同的产品线需要做灵活的组织调整和人员配置。目标是支持线上和线下的销售。

（2）物流资源的共享

如果企业拥有自主的物流系统，并且其旗下的各个子品牌都分别拥有自己独立的物流仓库管理配置，线上线下打通后，每个仓位都可以充分利用，从而大大提高仓储能力和周转速度。配货也会更灵活、快速。

（3）渠道资源的共享，商品信息确保一致性

大部分的商品不会因为渠道的不同而有差异性。例如，M服装品牌的一件女装上衣，线上销售及描述的产品信息是应该和线下实体店铺里面的产品信息一致的。但是，由于服装公司线上和线下是两套运行系统，如果前期两套运营方案没有及时共享，就会出现商品的价格和促销活动的差异性。而产品信息的不对称会降低顾客的消费感知。O2O模式的建立，就可以统一地管理线上和线下运营和营销，有利于全线渠道的资源整合，从而提高产品动销率。

10.4.3 线上线下的融合

O2O的融合过程，也是线上线下渠道冲突不断弱化、趋于统一的过程，

不管 O2O 如何发展，均要做到以客户为中心来开展 O2O 业务。

首先，O2O 要实现闭环，最重要的是要实现 online 和 offline 之间的相互对接循环，O2O 对用户最大的吸引力，并不是所谓的线上展示和线下体验，而是商家为消费者提供系统性的完整服务并贯穿于整个交易流程，甚至后续的跟踪维护。只有这样，才能让用户享受完整的购物体验和服务，才更乐意分享，从而形成口碑的二次传播和持续购买的保证。可以将 O2O 看做一个生态链，要把生态供应链链条的各个节点打通顺畅，才能走得更远，这是一个资源及供应链协同整合的过程。

其次，O2O 是一个系统性的工程，要做好 O2O，两个 O 都要强，如果线上的 O 不强，体验、服务不好，客户无法便捷地获取商家及产品的各种信息，那么，很难做好 O2O。同样，线下的 O 没有电商化、信息化的改造，线下资源及大数据无法整合到位，线上线下的销售系统、信息系统没有打通，线下的终端体验、支付衔接、服务售后、配送无法有力支撑，同样做不好 O2O。两个 O 就像两个车轮，平衡了才能跑得利索，同时，连接两个车轮的"2"也不能忽视，它起到桥梁的作用，目前更多靠移动设备及移动互联网技术实现，如智能手机、平板电脑等移动支付、微信、微博、二维码技术，近场技术等。如果没有这个"2"作为桥梁，两个轮子也跑不了多远。

再次，客户选择在线订购是有多方面因素的，第一是网购产品性价比较高，第二是便捷省心，第三是能够通过获取目标产品分享信息及商家的各种信息来进行决策，如大众点评网的客户口碑及评价、商家信息、促销信息、售后服务信息等，能够最大限度减少购买风险和缩短购买决策时间。反过来说，线上将不断影响线下的运作并且持续督促着商业经营的改进，使其更加符合消费者的需要。从这点来讲，线下渠道将不断受益，O2O 的融合过程，也是线上线下渠道冲突不断弱化、趋于统一的过程。

最后，线上线下二者的客户大数据是相互共享完善的，线上把购买前端的数据对接给线下，线下把购买的后端体验及服务、购买数据等反馈给前端，反向影响商家的产品、价格体系设计，供应链的完善、客户体验及服务的提升，二者是相互循环、相互促进的。只有这样，品牌商的电商与经销商的分工才能更加明确，二者的利益冲突才能减到最小。如果商家一味追求线上卖货，只会适得其反。

O2O 企业的运营模式如图 10-3 所示。每个企业都应根据自己的实际情况，制定适合本企业的合理的 O2O 运营优化策略。

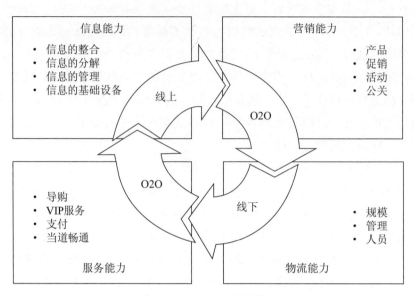

图 10-3 O2O 的运营模式

11   大数据时代的O2O运营

11.1   大数据时代

最早提出"大数据"时代到来的是全球知名咨询公司麦肯锡，麦肯锡称："数据，已经渗透到当今每一个行业和业务职能领域，成为重要的生产因素。人们对于海量数据的挖掘和运用，预示着新一波生产率增长和消费者盈余浪潮的到来。""大数据"在物理学、生物学、环境生态学等领域以及军事、金融、通信等行业存在已有时日，却因为近年来互联网和信息行业的发展而引起人们关注。大数据是云计算、物联网之后IT行业的又一大颠覆性技术革命。云计算主要为数据资产提供了保管、访问的场所和渠道，而数据才是真正有价值的资产。企业内部的经营交易信息、互联网世界中的商品物流信息、互联网世界中的人与人交互信息及位置信息等，其数量将远远超越现有企业IT架构和基础设施的承载能力，实时性要求也将大大超越现有的计算能力。如何盘活这些数据资产，使其为国家治理、企业决策乃至个人生活服务，是大数据的核心议题，也是云计算内在的灵魂和必然的升级方向。

11.1.1   经典案例

2009年出现了一种新的流感病毒。这种甲型H1N1流感结合了导致禽流感和猪流感的两种病毒的特点，在短短几周之内迅速传播开来。全球的公共卫生机构都担心一场致命的流行病即将来袭。有的评论家甚至警告说，可能会爆发大规模流感，类似于1918年在西班牙爆发的影响了5亿人口并夺走了数千万人性命的大规模流感。更糟糕的是，我们还没有研发出对抗这种新型流感病毒的疫苗。公共卫生专家能做的只是减慢它传播的速度。但要做到这一点，他们必须先知道这种流感出现在哪里。

美国，和所有其他国家一样，都要求医生在发现新型流感病例时告知疾病控制与预防中心。但由于人们可能患病多日实在受不了了才会去医院，同时这个信息传达回疾控中心也需要时间，因此，通告新流感病例时往往会有一两周的延迟。而且，疾控中心每周只进行一次数据汇总。然而，对于一种飞速传播的疾病，信息滞后两周的后果将是致命的。这种滞后导致公共卫生机构在疫情爆发的关键时期反而无所适从。

在甲型H1N1流感爆发的几周前，互联网巨头谷歌公司的工程师们在《自然》杂志上发表了一篇引人注目的论文。它令公共卫生官员们和计算机科学家们感到震惊。文中解释了谷歌为什么能够预测冬季流感的传播：不仅是全美范围的传播，而且可以具体到特定的地区和州。谷歌通过观察人们在网上的搜索记录来完成这个预测，而这种方法以前一直是被忽略的。谷歌保存了多年来所有的搜索记录，而且每天都会收到来自全球超过30亿条的搜索指令，如此庞大的数据资源足以支撑和帮助它完成这项工作。

谷歌公司把5000万条美国人最频繁检索的词条和美国疾控中心在2003—2008年季节性流感传播时期的数据进行了比较。他们希望通过分析人们的搜索记录来判断这些人是否患上了流感，其他公司也曾试图确定这些相关的词条，但是它们缺乏像谷歌公司一样庞大的数据资源、处理能力和统计技术。

虽然谷歌公司的员工猜测，特定的检索词条是为了在网络上得到关于流感的信息，如"哪些是治疗咳嗽和发热的药物"，但是找出这些词条并不是重点，他们也不知道哪些词条更重要。更关键的是，他们建立的系统并不依赖于这样的语义理解。他们设立的这个系统唯一关注的就是特定检索词条的使用频率与流感在时间和空间上的传播之间的联系。谷歌公司为了测试这些检索词条，总共处理了4.5亿个不同的数学模型。在将得出的预测与2007年、2008年美国疾控中心记录的实际流感病例进行对比后，谷歌公司发现，他们的软件发现了45条检索词条的组合，将它们用于一个特定的数学模型后，他们的预测与官方数据的相关性高达97%。和疾控中心一样，他们也能判断出流感是从哪里传播出来的，而且判断非常及时，不会像疾控中心一样需要在流感爆发一两周之后才可以做到。

所以，2009年甲型H1N1流感爆发的时候，与习惯性滞后的官方数据相比，谷歌成为了一个更有效、更及时的指示标。公共卫生机构的官员获得了非常有价值的数据信息。惊人的是，谷歌公司的方法甚至不需要分发口腔试纸和联系医生——它是建立在大数据的基础之上的。这是当今社会所独有的一种新型能力：以一种前所未有的方式，通过对海量数据进行分析，获得有巨大价值的产品和服务，或深刻的洞见。基于这样的技术理念和数据储备，下一次流感来袭的时候，世界将会拥有一种更好的预测工具，以预防流感的传播。

11.1.2 什么是大数据

进入 2012 年，大数据一词越来越多地被提及，人们用它来描述和定义信息爆炸时代产生的海量数据，并命名与之相关的技术发展与创新。它已经上过《纽约时报》《华尔街日报》的专栏封面，进入美国白宫官网的新闻，现身在国内一些互联网主题的讲座沙龙中，甚至被嗅觉灵敏的国金证券、国泰君安、银河证券等写进了投资推荐报告。

数据正在迅速膨胀并变大，它决定着企业的未来发展，虽然很多企业可能并没有意识到数据爆炸性增长带来的隐患，但是随着时间的推移，人们将越来越多地意识到数据对企业的重要性。

正如《纽约时报》2012 年 2 月的一篇专栏中所称，"大数据"时代已经降临，在商业、经济及其他领域中，决策将日益基于数据和分析而作出，而并非基于经验和直觉。

哈佛大学社会学教授加里·金说："这是一场革命，庞大的数据资源使得各个领域开始了量化进程，无论学术界、商界还是政府，所有领域都将开始这种进程。"

随着云时代的来临，大数据也吸引了越来越多的关注。大数据通常用来形容一个公司创造的大量非结构化和半结构化的数据，这些数据在下载到关系型数据库用于分析时会花费过多时间和金钱。大数据分析常和云计算联系到一起，因为实时的大型数据集分析需要像 MapReduce（一种编程模型）一样的框架来向数十、数百甚至数千的电脑分配工作。

"大数据"在互联网行业指的是这样一种现象：互联网公司在日常运营中生成、累积的用户网络行为数据。这些数据的规模是如此庞大，以至于不能用 G 或 T 来衡量。

大数据到底有多大？一组名为"互联网上的一天"的数据告诉我们，一天之中，互联网产生的全部内容可以刻满 1.68 亿张 DVD；发出的邮件有 2940 亿封之多（相当于美国两年的纸质信件数量）；发出的社区帖子达 200 万个（相当于《时代》杂志 770 年的文字量）；卖出的手机为 37.8 万台，高于全球每天出生的婴儿数量 37.1 万……

截至 2012 年，数据量已经从 TB（1024 GB＝1 TB）级别跃升到 PB（1024 TB＝1 PB）、EB（1024 PB＝1 EB）乃至 ZB（1024 EB＝1 ZB）级别。国际数据公司（IDC）的研究结果表明，2008 年全球产生的数据量为 0.49 ZB，2009 年的数据量为 0.8 ZB，2010 年增长为 1.2 ZB，2011 年的数量更是高达 1.82 ZB，相当于全球每人产生 200 GB 以上的数据。而到 2012 年为止，人类生产的所有印刷材料的数据量是 200 PB，全人类历史上说过的所有话的数据量大约是 5 EB。IBM 的研究称，整个人类文明所获得的全部数据中，有 90％是过去两年内产生的。而到 2020 年，全世界所产生的数据规模将达到 2012 年的 44 倍。

11.1.3　大数据的 4 个特征

1. 数据量大

第 1 个特征是数据量大。大数据的起始计量单位至少是 PB（1000 多个 TB）、EB（100 多万个 TB）或 ZB（10 多亿个 TB）。企业面临着数据量的大规模增长。目前，大数据的规模尚是一个不断变化的指标，单一数据集的规模范围从几十 TB 到数 PB 不等。简而言之，存储 1 PB 数据将需要两万台配备 50 GB 硬盘的个人电脑。此外，各种意想不到的来源都能产生数据。

2. 类型繁多

第 2 个特征是数据类型繁多，包括网络日志、音频、视频、图片、地理位置信息等，多类型的数据对数据的处理能力提出了更高的要求。

一个普遍观点认为，人们使用互联网搜索是形成数据多样性的主要原因，这一看法部分正确。然而，数据多样性的增加主要是由于新型多结构数据，以及包括网络日志、社交媒体、互联网搜索、手机通话记录及传感器网络等数据类型形成的。其中，部分传感器安装在火车、汽车和飞机上，每个传感器都增加了数据的多样性。

3. 价值密度低

第 3 个特征是数据价值密度相对较低。如随着物联网的广泛应用，信息感知无处不在，信息海量，但价值密度较低，如何通过强大的机器算法更迅速地完成数据的价值"提纯"，是大数据时代亟待解决的难题。

大数据具有多层结构，这意味着大数据会呈现出多变的形式和类型。相较传统的业务数据，大数据存在不规则和模糊不清的特性，造成很难甚至无法使用传统的应用软件进行分析。传统业务数据随时间演变已拥有标准的格式，能够被标准的商务智能软件识别。目前，企业面临的挑战是处理并从各种形式呈现的复杂数据中挖掘价值。

4. 速度快、时效高

第4个特征是处理速度快，时效性要求高。这是大数据区别于传统数据挖掘最显著的特征。在高速网络时代，通过基于实现软件性能优化的高速电脑处理器和服务器，创建实时数据流已成为流行趋势。企业不仅需要了解如何快速创建数据，还必须知道如何快速处理、分析并返回给用户，以满足他们的实时需求。根据 IMS Research 关于数据创建速度的调查，据预测，到2020年全球将拥有 220 亿部互联网连接设备。

既有的技术架构和路线已经无法高效处理如此海量的数据，而对于相关组织来说，如果投入巨大采集的信息无法通过及时处理反馈有效信息，那将是得不偿失的。可以说，大数据时代对人类的数据驾驭能力提出了新的挑战，也为人们获得更为深刻、全面的洞察能力提供了前所未有的空间与潜力。

11.1.4　大数据之于 O2O

O2O 概念从诞生到今天的风生水起已经有一段时间了，关于 O2O，也在不断变换新的策略。有平台战略如阿里的手机淘宝，有线下实体合作，平台推进有如京东……但众多玩法始终都在强调流量、入口、价值，大大忽略了数据的价值。如果缺失了大数据分析，就谈不上是真正的 O2O 了。

对于传统企业而言，线上和线下数据分别掌握在不同部门或者不同公司手里。电商部门的数据基本都交给阿里、京东等平台，电商部门基本只是掌握了用户的订单等简单信息，而这些又实在谈不上是数据。电商平台经过云计算以数据魔方（http://mofang.taobao.com）以及生意经等产品反卖给店主，随着用户以及产品的品类不断增多，电商平台数据的可靠性就越来越强。电商平台也在不断打通用户的全平台数据，通过用户在不同店铺的消费习惯金额基本就可判断用户的消费能力以及消费类型（保守、冲动等）。而这些研判也为电商公司的营销提供了非常精准的数据支持。线下数据基本是掌握在线下销售部门以及一些线下调查公司手里以调查问卷等形式实现的。

表面上看线上数据为企业电商部门提供了非常好的营销支持，而线下又在指导商家的线下开店、线下促销等方面提供理论支持。但实际上，线上线下数据各自为战，数据的很多潜力无法挖掘。例如，如果线上购买转化成线下的消费人群，就无法监控，追踪一半的用户会突然失踪，会出现数据断层。

反之，线下用户突然去线上消费，而系统依然会记录为线上新用户。如此这般，当线下数据与线上数据配比时是难免要失真的。

O2O 的出现则能够有效整合线上和线下的双平台数据。O2O 本质上讲就是线上与线下的二合一，打破以往线上线下的绝对界限。在 O2O 世界中已经不存在绝对的线上以及线下。因此，O2O 要实现真正的整合，数据是第一位的。

以微信平台为例，线上用户通过微信或是其他移动平台进入商城，通过营销鼓励以及技术等手段获取用户的年龄、性别、往常消费习惯等数据，而根据以上几个维度基本可以判定该用户的消费习惯，以此进行有效的精准营销，这一点与传统电商并无本质区别。但移动互联网有个非常好的功能，即 LBS 定位，通过技术以及营销的奖励措施鼓励用户分享其地址，当地址积累到足够多时，基本就可以描绘出企业在某具体街道的消费人群聚集区，而此数据可直接转给线下提供开设实体店的数据支持。在此，移动电商数据已经不仅仅是便于线上的营销，而且在影响线下的实体决策了。

而对于线下，用户的签单以及会员信息就可以直接与线上打通，互相配比。如此可判断用户在线上线下的习惯分别如何，如对于服装品牌，线上重价格、线下重体验是否可以基于数据的分析结果指导商家的摆货？除此之外，数据与 LBS 的定位打通也可获得区域内购物的习惯，如某区域用户偏网购而在其他区域偏线下，如此可有针对性地进行营销。

11.1.5　大数据之于企业

从数据源来看，之前不能得到量化的数据，随着技术手段进步都可以量化。例如，线下消费者的数据。过去，消费者在线下的数据无法了解和掌握。虽然一些线下企业拥有会员卡数据，但这些数据并不是 online 的。会员卡数据是"死"的，就像一个个盒子放在地下室，但不知道盒子里装的是什么。如果要找数据，需要把一个个盒子打开。

随着智能手机的普及，线下公司终于可以像电商公司一样开展一系列的定位、洞察用户、数据分析，从而更好地掌握实体店铺内的动线和消费者行为轨迹，让线下也成为流量入口。

线下数据包括用户进入停车场、进店、出门、访问 App 等。未来，用户在线下消费时的每个触点，都有可能产生数据，存在营销的机会。在上述过程中，应用到的技术有 WiFi、蓝牙、定位等。

　　大数据的核心内涵是基于应用提高企业的商业价值，提高效率，降低成本。但很多企业有两个误区：一是不懂得管理数据，很多人把数据比喻成石油，实际上有的数据是原油，不能用，需要提炼加工，变成汽油、柴油等材料，数据管理是大部分公司所欠缺的；二是很多公司盲目上线大数据项目，但并没有想清楚如何应用。

　　数据的应用有两个方向：一是营销；二是企业内部运营管理。以广告投放为例，数据可以指导公司在什么地方投放广告，某一产品在哪些渠道更好销售，不同渠道、不同接触点为客户提供个性化的信息和商品推荐。

　　过去，传统企业的数据散落在不同的部门。将不同形态的数据串起来后可以变成有用的资产。未来企业之间的核心竞争将变成对于数据分析、挖掘、利用、商业变现能力的竞争。

11.2　O2O 的数据化运营

11.2.1　什么是数据化运营

　　尽管各行业对"数据化运营"的定义有所区别，但其基本要素和核心是一致的，那就是"以企业级海量数据的存储和分析挖掘应用为核心支持的，企业全员参与的，以精准、细分和精细化为特点的企业运营制度和战略"。换种思路，可以将其浅层次地理解为，在企业常规运营的基础上革命性地增添数据分析和数据挖掘的精准支持。这是从宏观意义上对数据化运营的理解，其中会涉及企业各部门以及数据在企业中所有部门的应用。总的来说，数据化运营主要包含以下几个方面：

　　(1) 流程化的管理，使数据成为各个环节点考核的依据；

　　(2) 个性化的选型，同样需要海量的市场数据和供应链数据做依据；

　　(3) 数据不仅成为流程各个环节考核的依据，同时也成为流程各个环节优化、决策的依据；

　　(4) 数据化运营，实质是随着行业的发展进步，逐步走适合自己的科学化管理之路。

　　数据化运营，首先是要有企业全员参与意识，要达成这种全员的数据参与意识比单纯地执行数据挖掘技术显然要困难得多，也重要得多。只有在达成企业全员自觉参与意识后，才可能将其转化为企业全体员工的自觉行动，才可能真正落实到运营的具体工作中。也只有这样，产品开发人员所提出的新概念才不是拍脑袋拍出来的，而是来自于用户反馈数据的提炼；产品运营人员也不再仅仅是每天被动地抄报运营的 KPI 指标，通过数据意识的培养，他们将在运营前的准备，运营中的把握，运营后的反馈、修正、提升上有充分的预见性和掌控力；客户服务部门不仅仅满足于为客户提供满意的服务，他们学会了从服务中有意识地发现有代表性的、有新概念价值的客户新需求；销售部门则不再只是具有吃苦耐劳的精神，他们可通过数据分析挖掘模型的实施来实现有的放矢、精准营销的销售效益最大化。而企业的数据挖掘团队也不再仅仅局限于单纯的数据挖掘技术工作及项目工作，而是肩负在企业全员中推广、普及数据意识、数据运用技巧的责任，这种责任对于企业而言比单纯的一两个数据挖掘项目更有价值，更能体现一个数据挖掘团队或者一个数据挖掘职业人的水准、眼界以及胸怀。只有让企业全员都参与并支持企业的数据挖掘分析工作，才能够真正有效地挖掘企业的数据资源。现代企业的领导者，应该有这种远见和智慧，明白全员的数据挖掘才是企业最有价值的数据挖掘，全员的数据化运营才是现代企业的竞争新核心。

数据化运营，其次是一种常态化的制度和流程，包括企业各个岗位和工种的数据收集和数据分析应用的框架和制度等。从员工日常工作中所使用的数据结构和层次就基本上可以判断出企业的数据应用水准和效率。在传统行业的大多数企业里，绝大多数员工在其工作中很少（甚至基本不）分析使用业务数据支持自己的工作效率，但是在互联网行业，对数据的重视和深度应用使得该行业数据化运营的能力和水平远远超过传统行业的应用水平。

数据化运营更是来自企业决策者、高层管理者的直接倡导和实质性的持续推动。由于数据化运营一方面涉及企业全员的参与，另一方面涉及企业海量数据的战略性开发和应用，同时又是真正跨多部门、多技术、多专业的整合性流程，所有这些挑战都是企业内部任何单个部门所无法独立承担的。只有来自企业决策层的直接倡导和实质性的持续推动，才可以在企业建立、推广、实施、完善真正的全员参与、跨部门跨专业、具有战略竞争意义的数据化运营。所以，我们不难发现，阿里巴巴集团也好，腾讯也罢，这些互联网行业的巨人，之所以能在大数据时代如火如荼地进行企业数据化运营，自始至终都离不开企业决策层的直接倡导与持续推动，其在各种场合中对数据的重要性、对数据化运营的核心竞争力价值的强调和分享，都证明了决策层是推动数据化运营的关键所在。

11. 2. 2　为什么数据化运营

1. 数据化运营是现代企业竞争白热化、商业环境变成以消费者为主的"买方市场"等一系列竞争因素所呼唤的管理革命和技术革命

中国有句古语"穷则思变"，当传统的营销手段、运营方法已经被同行普遍采用，当常规的营销技术、运营方法已经很难明显提升企业的运营效率时，竞争必然呼唤革命性的改变去设法提升企业的运营效率，从而提升企业的市场竞争力。时势造英雄，生逢其时的"数据化运营"恰如及时雨，登上了大数据时代企业运营的大舞台，在互联网运营的舞台上尤为光彩夺目。

2. 数据化运营是飞速发展的数据挖掘技术、数据存储技术等诸多先进数据技术直接推动的结果

数据技术的飞速发展，使得大数据的存储、分析挖掘变得成熟、可靠，成熟的挖掘算法和技术给了现代企业足够的底气去尝试海量数据的分析、挖掘、提炼、应用。有了数据分析、数据挖掘的强有力支持，企业的运营不再盲目，可以真正做到运营流程自始至终都心中有数、有的放矢。比如，在传统行业的市场营销活动中，有一个无解又无奈的问题："我知道广告费浪费了一半，但是我不知道到底是哪一半"。这里的无奈其实反映的恰好就是传统行业粗放型营销的缺点：无法真正细分受众，无法科学监控营销各环节，无法准确预测营销效果。但是，在大数据时代的互联网行业，这种无奈已经可以有效降低，乃至避免，原因在于通过数据挖掘分析，广告主可以精细划分出正确的目标受众，可以及时（甚至实时）监控广告投放环节的流失量，可以针对相应的环节采取优化、提升措施，可以建立预测模型以准确预测广告效果。

3. 数据化运营更是互联网企业得天独厚的"神器"

互联网行业与生俱来的特点就是大数据，而信息时代最大的财富也正是海量的大数据。阿里巴巴集团董事局主席兼首席行政官马云曾经多次宣称，阿里巴巴集团最大的财富和今后核心竞争力的源泉，正是阿里巴巴集团（包括淘宝、支付宝、阿里巴巴等所属企业）已经产生的和今后继续积累的海量的买卖双方的交易数据、支付数据、互动数据、行为数据等。2010 年 3 月 31 日，淘宝网在上海正式宣布向全球开放数据，未来电子商务的核心竞争优势来源于对数据的解读能力，以及配合数据变化的快速反应能力，而开放淘宝数据正是有效帮助企业建立数据的应用能力。2010 年 5 月 14 日阿里巴巴集团在深圳举行的 2010 年全球股东大会上，马云进一步指出"21 世纪核心的竞争就是数据的竞争","谁拥有数据，谁就拥有未来"。企业决策者对数据价值的高度认同，必然会首先落实到自身的企业运营实践中，这也是"因地制宜"战略思想在互联网时代的最新体现。

11.2.3 O2O 怎么数据化运营

对于 O2O 企业而言，运营的数据存在于线上和线下，所以数据采集的闭环形成很重要。线上运营数据，是存放在运营者手里的，因此对这些重要的数据有自由的控制力和访问权，线下的运营数据，如何掌握，所以采用类似电子标签和电子凭证的采集手段很重要。对于线上数据，可以通过日志、数据库等多种数据综合分析；对于线下数据（如手机 App、电子凭证验证设备），也同样可以记录界面点击、功能操作的日志并通过某种方式将记录结果统一收集、整理。可以这样说，只要我们能想到的想去分析的东西，我们都可以借助数据采集去逐个收集，集中分析和处理，那现在，剩下的就是运营者该如何好好理理头绪，把这件事一步步做起来了。

数据化运营本质就是要找到并做好以下 7 个"适当点"，如表 11-1 所示。

表 11-1　　　　　　　　数据运营的 7 个"适当点"

运营	线上指标	线下指标
时间	纯时间属性（年、季、月、周、日）、时间模板属性（节假日、生日、特殊日）	纯时间属性（年、季、月、周、日）、时间模板属性（节假日、生日、特殊日）
地点（渠道）	到达率、转化率、渠道贡献率、渠道购买率	营业额增长率、开店速度、营业利润增长率、门店面积增长率、人均劳效
商品	热销品类、商品购买频次、购买时间、购买单价	每平方米销售额、商品体验时效
数量	商品周转率、单次采购数	经营安全率、商品周转率、单次体验数
价格	客单价、商品均价	客单价、商品均价、线上线下均价差异率
使用者（消费者、客户）	访问深度、访问频度、会员占比、会员引入费用、睡眠客户激活方式、浏览习惯、停留时间、浏览路径	来客数、盈亏平衡点、消费习惯、停留时间、来店次数、来店频率等
利润（营销）	毛利率、销售额、重复购买能力	交叉比率、销售额、毛利率、单店营业费用率、单店净利额达成率、单店净利率

对于 O2O 这样面向用户的企业来说，就是以用户和业务为核心，对用户的相关维度进行数据挖掘，构建用户和业务的属性和特征库，服务业务需求。具体在实施过程中，还需要重点考虑以下问题。

1. 以用户和业务为核心，以思路为重点，以数据挖掘技术为辅助

企业使用大数据的目的是解决问题，也就是为企业赢得利润。企业获利的方法与企业的商业模式密切相关。在这个过程中，大数据技术只是一个手段，是帮助企业解决业务问题的。所以说，在大数据技术选型和架构的时候，一定要搞清楚自己的商业模式，不能别人用什么架构就跟着用，别人挖掘什么就跟风挖。

2. 小步快跑，快速迭代，持续优化

千万别想着一次就搞出个大新闻，在互联网领域永远是 beta 版的，只要这次比上次好就行了。大数据的思想就是把现实世界中的现象用数学的形式表示出来，分析和挖掘这些现象之间的关系，并且能够定位到哪些群体具备哪些特征，哪些特征会影响企业的盈利。因此，很多问题并没有或者需要严谨的数学证明，重点关注的应是关联关系而不是因果关系。

3. 用户的反馈很重要，要积极调动用户的参与度

传统的调动用户参与度的方式就是发优惠券或者促销券。这种方法在有些情况下是有效的，有些情况下可能需要更深入地了解用户的需求，例如，用户为什么来这个平台？为什么流失了？打个比方，对于有些用户，你给他发了 10 块钱优惠券，但是他没有买的需求或者找不到他想买的东西，那么他不会因为这 10 块钱的优惠券去制造一个需求。或者有些用户可能比较有钱，每次买东西都是大手笔，你给他 10 块钱优惠券可能他根本看不上。用户细分模型可以帮助企业针对不同的用户群体采用不同的调动用户参与的方式。

大数据是帮助我们补充行业知识的一种重要方式。现在越来越多的行业是数据驱动的，那么这个行业的很多行业知识都是通过大数据挖掘出来的。而获取这些数据的主要方式就是用户的行为和对运营动作反馈的挖掘，这也是未来以数据为核心的企业的价值所在。

4. 从运营驱动到数据驱动

关于谁来主导大数据服务用户这个需求，其实有很多应用场景。例如，一个推荐系统由产品经理来主导比较合适；对于一个数据化运营系统，那么从事运营或者市场相关的人员来主导会比较合适。对于很多大公司来说，慢慢地会发展出专门从事数据驱动业务的部门和人员，例如，我们经常提到的

"数据科学家"的概念。

5. 业务人员和数据挖掘人员的密切配合

这个也是大部分企业经常遇到的一个问题：做业务的不太懂技术或者数据，做数据挖掘的对业务又不是特别了解，目前社会上最缺的就是既懂业务又懂技术的。如何把数据挖掘的结果应用到业务中，是个比较难的问题，我们常说没有数据是无价值的，只是要找到它发挥价值的地方。因为数据挖掘的结果往往表现出的是用户在某一方面的属性或者特征，那么，在实际业务中，用户的行为往往受到多个因素的影响，所以在把数据挖掘的结果推广到具体的业务过程中要和业务方密切合作，找到合适的促销方式、展位、文案、刺激手段、效果评估方法等。

大数据的范畴内我们应该把用户还原成一个人，而不能割裂地看他的某些行为，要把这些行为和他的社会学属性、生活背景、活动时间、地点、气候因素和应用上下文联系起来。目前的大数据生态系统还没有一个很好的商业智能工具，这给对应的分析师或者挖掘工程师带来了很大的难度。

6. 与客户的沟通方式（运营手段）很重要

现代社会大家都很忙碌，像过去那种通过呼叫中心给用户打电话推销的方式效果越来越差，因为用户很忙碌的时候是不希望被打扰的。那么，异步通信的需求就比较强烈，典型的应用就是微信，可以很好地利用碎片时间，那么对于企业营销来说也是非常好的通道。同样，对于企业给用户的各种促销或者运营手段的时机也会比较重要，而且不同兴趣偏好的用户的浏览和购买时间最好也要区别对待。

同时，运营活动设计的巧妙程度、文案和展位的设计可能会比大数据技术发挥更重要的作用。某公司的推荐系统在模型完全没有改变的情况下只是改了下展位的位置，导致最后的下单率有明显的提升。

11.3 挖掘大数据金矿

互联网作为O2O的线上依托平台发展到今天，从某种意义上讲可以看作一个庞大的数据库。在这个庞大的数据库中，数据挖掘技术就有了用武之地。基于互联网上大数据挖掘技术存在如下难点：首先，互联网上的数据是十分庞大的，而这种庞大的数据还是动态的，并且增长速度惊人。如果简单地为其创建一个数据仓库，显然是不现实的。目前一般的做法是采用多层Web信息库的构造技术来处理，将互联网目前的庞大数据统一看成 0 层，最详细的一层，而不像一般数据库挖掘分析那样另外单独做一个历史数据的数据仓库。其次，Web 页面的结构比一般文本文件复杂很多，它可以支持多种媒体的表达。毕竟人们原来就希望通过 Web 来实现世界各种信息的互通，在这个平台上自然希望任何的信息都可以表达了。因此，也造成了互联网数据的复杂性这个特点。而在互联网上，文档一般是分布的、异构的、无结构或者半结构的。XML 技术的出现，一定程度上为解决这个难题提供了一条可行的道路。最后，虽然说互联网上信息很多，但实际上每个个体需要的信息却不多，如何在信息海洋中不被淹没，尽可能地找到你所需要的信息也是一个难题。

由于 O2O 商业模式中是用线上来揽客，筛选服务和在线结算的消费过程都是在线上完成的，所以基于线上的数据对用户的行为、兴趣和地理位置做建模分析就有很强的意义。

11.3.1　线上用户行为建模

人类行为，由于其自身复杂性，使得探索人类的行为规律变得十分重要和有趣。也正是因为人类行为的高度复杂性，如何发现、揭示其客观规律，一直以来都吸引着来自社会学、心理学、经济学等多个学科领域学者的研究兴趣。随着网络技术的快速发展，特别是近年来云计算技术和以电子商务、社交网络为代表的在线社会网络得到迅速发展，应用的普及直接带来数据量的激增，大量细致的用户行为数据被记录，大数据时代给了我们前所未有的机会来研究人类行为。

目前，对线上用户行为的相关研究主要集中在实证研究和量化模型研究两个方面。从研究方法上来说，主要是从时间和空间两个维度来进行研究。其中，线上用户行为模型研究，是指在众多的实证实验中发现人类行为在时间和空间上的幂律特性，量化地提出用户行为的动力学模型来解释这一现象。以下是几个较有代表性的用户行为模型：任务优先级排队模型、自适应兴趣驱动模型、非齐次泊松模型、其他基于时间特性的行为动力学模型和基于空间特性的行为动力学模型。

1. 任务优先级排队模型

这个模型中，为了能对复杂的用户行为进行研究，模型设计者做了一些必要的简化和假设。

（1）时间离散化

即将连续的时间离散化为时步。

（2）单位化处理时间

模型假设用户在每个离散的时步处理一个任务。

（3）永不停止的工作

用户每一时步都从任务队列里取出一个任务并消费。

（4）相同的生产和消费速率

这一模型实质上可以理解为生产者和消费者的问题，生产者不停地生产任务，消费者不停地执行任务。模型假设他们的速率是相同的，即每一时步生产一个任务，用户每一时步消费一个任务。

（5）消费方式的选择

模型中，假设用户代理执行任务有 3 种方式：先来先服务、随机选择、最高优先级任务优先。

2. 自适应兴趣驱动模型

该模型总体思想是认为我们在上网获得服务的时候，每次从事同一服务事件的概率会随着我们从事该事件的兴趣发生变化。比如，当我们频繁网上购物时，兴趣会下降；反之，当我们网上购物的频率下降到一定阶段后，兴趣又会慢慢回升。

3. 非齐次泊松模型

Malmgren 等人注意到另外一个用户行为场景，即人类行为的周期性。比如，即使是我们通过嘀嘀打车时，但时间上对于某个人来说，可能总是在上下班时，这种情况也是符合一些人的生活习惯的。

4. 其他基于时间特性的行为动力学模型

上面介绍了在用户行为动力学方向 3 个有代表性的研究成果，在这 3 个模型提出以后，很多学者在基于时间特性的用户行为动力学模型领域进行了深入的研究。目前这些工作大致从以下几个方向开展。

（1）基于上述代表性模型，使用其他的数学方式进行解释。

（2）基于上述代表性模型，从实证实验中挖掘表征用户行为的特征量，细化模型参数的现实意义。

（3）针对不同场景，提出新的驱动用户行为的动力学模型。

（4）基于多个代理之间的行为关系进行研究，上面模型都是基于单个用户代理的模型。

（5）发现新的用户行为模式实证，提出新的用户行为动力学模型。

5. 基于空间特性的行为动力学模型

由于人类行为多目的性、复杂性，目前基于空间特性的用户行为研究仍然存在很多需要研究人员进一步探索的问题。

11.3.2　基于用户兴趣的线上推荐

从最早的 MovieLens 电影推荐系统，到目前推荐系统已经涉及电子商务、视频、新闻、旅游、音乐等。推荐系统作为一个新兴的信息处理技术，已经发展了 20 多年。近年来云计算和大数据的提出，推荐系统作为大数据处理中的一个应用，它继承了传统推荐系统思想，又加入了新的思想：考虑用户兴趣的变化性、上下文信息，利用云计算平台可靠的存储能力和高效的计算能力，储存更多的上下文信息和快速计算用户的兴趣值，向用户提供准确、实时的推荐信息。目前，推荐系统在工业和学术上越来越被重视。推荐系统根据用户兴趣爱好定义分类标准，成为新的信息分类技术。作为新的商业模型的 O2O，它的基于用户兴趣度的推荐技术和传统的推荐技术基本是一致的，但又有其自身的特点，如基于地理位置的推荐，在 O2O 中就占有尤为重要的地位。

近年来，对推荐系统的研究越来越热，许多优秀的算法和模型被提出。这些算法可以分为两类：一类是按照使用数据来分，可以分为内容过滤、协同过滤、社交网络过滤、地理过滤、组合过滤等；一类是按照模型来分，可以分为领域模型、图模型、矩阵分解模型等。

内容过滤是基于用户感兴趣的物品与以前喜欢的物品有相似性，从以前喜欢的物品中提取用户兴趣特征，提交按与用户兴趣特征最匹配的商品给用户。内容过滤是推荐系统中一个重要的推荐算法。

协同过滤是目前最为广泛的推荐算法。其中包括基于用户的协同过滤算法和基于物品的协同过滤算法，前者是指用户喜欢与他有相似兴趣爱好的其他用户喜欢的物品，后者是指用户喜欢与之前他喜欢的物品相似的物品。

基于社交网络的推荐。在社会中，好友的兴趣爱好能够影响用户的兴趣爱好，用户在不知道如何选择时，往往会咨询好友的建议。随着社交网络的兴起，如 Facebook，Twitter 等的兴起，基于社交网络的推荐系统越来越引起人们的关注。

基于用户的地理位置的推荐。随着移动互联网的发展，大量移动终端加入移动互联网，如智能手机、车载导航等，同时产生了大量的实时情景数据，使基于用户的当前位置的推荐系统越来越流行。比如，用户用手机搜索附近的酒店、景点、餐馆等，推荐系统能够根据用户的兴趣爱好推荐用户感兴趣的信息。并且，该推荐技术在 O2O 中有着更为广泛的应用，这当然是由 O2O 涉及线上线下这个流程的特点决定的。

混合过滤是组合上面提及的推荐算法，结合它们的优势，提供更有效的推荐信息。混合过滤一般采用以下几种方式混合其他个性化推荐算法。

（1）加权

不同的推荐算法有不同的权重，最终的推荐结果是多个推荐算法的结果乘以权重之和，权重越大的推荐算法对最终的推荐结果影响越大。

（2）开关切换

每个动态的推荐算法在不同的时间有不同的性能，根据用户的时间选择当前时间段准确性最高的推荐算法。

（3）混合

这是最简单的混合方式，把多个推荐算法得到的结果一起展示给用户，让用户从中选择感兴趣的信息。推荐系统的冷启动问题是推荐系统中的经典问题之一，当新用户注册时，由于缺乏用户的历史记录和好友信息，推荐系统缺乏用户的数据，因此，推荐系统不能准确地预测用户的兴趣。解决推荐系统冷启动问题常用的方法是混合推荐。

11.3.3　基于位置的推荐

移动互联网时代的到来，使 O2O 这种商业模式中基于位置的推荐成为一种尤为重要的营销方式。作为移动互联网的载体，移动智能终端（如智能手机等）具有以下特点：移动终端便于用户随身携带和随时使用，而且，移动互联网业务提供的内容和服务的私密性更强，也和个人的身份密切相关。移动终端提供用户身份携带服务，成为实体经济与互联网经济对接的关键触点，不仅能将线上身份携带到线下进行权益兑换，而且能将线下身份携带到线上生成交易，还能够保证线下支付与线上账户的一致性。所有这些特点都促进了基于 LBS 的 O2O 推荐系统的发展。

基于 LBS 的 O2O 推荐方式主要可分为以下 3 类。

1. 在手机地图进行店铺推广

手机地图其实是一种便捷实用的掌上地图，在手机屏幕这块小小的方寸之间，用户可以查询食、玩、行全方位城市信息，查找自己和好友的位置，查找道路信息等。目前应用较广的手机地图，如高德、百度、谷歌等，涵盖了美食、银行、地铁、外卖、酒店等多个分类。越来越多的人通过手机地图来获取生活服务类的大量资讯，由此产生了用户位置与线下商户关联的各种O2O应用，因此，手机地图已经成为一个具有广阔发展空间的商业模式变现领域。社区商铺可通过在手机地图上发布店铺信息进行店铺推广。进一步，如果手机地图能通过链接实现与商铺在线平台的联系，对于店铺的推荐作用将不容小觑。这也是近年来高德和百度在手机地图方面竞争越来越激烈的主要原因。

2. 借助微信建立与客户的沟通渠道

微信提供公众平台、朋友圈、消息推送等功能，用户可以通过摇一摇、搜号码、附近的人、扫二维码的方式添加好友和关注公众平台，同时"微信帮"将内容分享给好友以及将用户看到的精彩内容分享到微信朋友圈。社区商铺可借助微信公众平台建立与客户的沟通渠道，通过群发文字、图片、语音3个类别的内容，以信息推送、自动回复、一对一交流来进行店铺推广实现商品或者服务的推荐。当然，消费者可以随时取消对商家的关注。

3. 以地点为社区，发布商业信息

以地点为社区指的是移动用户将一定范围内的地点作为其常驻点或者经常出没的区域，在这个区域里的用户互相分享周围发生的有趣的事或自己的动态，以此形成以地理位置为基础的小型社区去推荐附近的商业及服务信息。这种社区里的用户之间多为不同步互动。

11.4　数据化O2O运营案例

××公司是一家以大数据技术和应用为核心的企业，是一家能够整合O2O线上线下大数据的分析应用提供商，也是一家能够提供线下零售大数据整合解决方案的实施商。××公司自创建以来，在大数据管理和应用领域已积累了多年资源和经验，专注于线下零售的O2O大数据咨询和实施服务，是国内O2O大数据实践领跑者。

××公司产品主要包括大数据管理平台、大数据分析展示系统、个性化会员营销系统和个性化推广平台，为线下零售企业在管理海量数据、分析结果指导经营、应用数据发挥效能等方面提供有效的支撑。

1. 大数据整合解决方案实施

整合线下大数据来源，加工分析挖掘提供全套的数据挖掘和应用服务数据来源整合加工管理；大数据管理平台数据分析挖掘展示；大数据分析展示平台根据数据挖掘结果应用营销服务；会员个性化营销服务等。

2. WiFi 网络布设

向线下商家提供 WiFi 布设及会员个性化营销系统，做到 WiFi 上线即能营销、应用 WiFi 布设即验证登录个性化页面。

3. 数据映射诊断

以线下数据为核心，匹配线上数据，并充分结合业务需要，进行数据咨询诊断、数据基础情况诊断、线上数据会员画像、线下数据分析报告等。

自 O2O 挺进零售商业以来，铺天盖地的 O2O 应用案例迎面扑来。然而，不管是"线上优惠券、线上商品展示，线下体验"的从线上引流到线下式 O2O，还是"线下扫码支付、关注 App 和微信"的线下用户积累到线上营销卖货式 O2O，大多都着力于线上线下零售体系的连接，很少实现两种零售业态背后供应链及用户数据的对接，有效整合自身资源，发挥更大的效能。

11.4.1 设计理念

作为线下零售 O2O 大数据实践领航者，××公司认为 O2O 的核心在于"以人为本，抓住消费者"，围绕消费者接触点，打造线上线下打通的大会员体系，并通过一体化的供应链体系来提供支撑、大数据管理与分析来辅助商业决策、会员触发式个性化营销来推动会员营销服务才是零售业 O2O 最完美的模式。

对于购物中心 O2O，××公司提供包括 WiFi 布设、智能 POS、移动应用及支付、零售大数据平台和大会员平台在内的全套 O2O 解决方案帮助购物中心构建自身能力。

而对于零售品牌 O2O，××公司从咨询、产品、数据 3 个维度提供全方位的 O2O 转型服务，如 O2O 转型咨询、大数据体系建设咨询服务，一体化货品管理系统、大会员管理系统、立体营销平台，建设消费者线上标签数据和购物中心打通的数据体系等。

××公司的数据化 O2O 运营体系如图 11-1 所示，主要有以下 4 个特点。

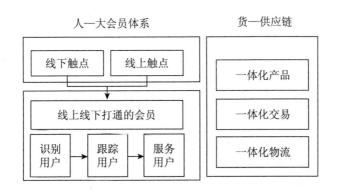

图 11－1   ××公司数据化 O2O 运营体系架构

1. 把握接触点即把握了消费者

触点建设是数据采集的基础，同时也是进行消费者服务的个性化终端。消费者接触点本质既是数据采集点，也是会员营销点，把握接触点即把握了消费者。用户触点建设，无论线上线下触点，均积累到同一会员体系内。××公司零售品牌 O2O 方案的线下接触点是通过自身特有的 WiFi 探头、店员 PAD、云屏、智能 POS、云贴 & 云扣、云卡等智能硬件实施，实现对于消费者的识别、跟踪和服务。而线上接触点方面则通过自有电商、B2C 平台账户体系、SNS 平台账户体系等的接入，实现对于消费者的识别、跟踪和服务。

2. 整合全渠道货品信息，实现供应链一体化

打通线上线下除了通过线上线下体系整合、数据匹配与增补识别到会员的唯一身份之外，还可以通过货品供应链一体化得以实现。统一管理货品体系和营销渠道是打通的基础，也是整个 O2O 体系建设的基础。整合全渠道货品信息，实现供应链一体化，同时为大会员体系提供支撑。唯一货品识别编码、统一属性标签，统一标记交易来源，确认触点价值、支持整合其他交易体系，任意触点可以卖全局货品，形成一体化货品、一体化交易、一体化物流。

3. 基于大数据处理结果的大会员体系

大会员体系是对传统会员制度的拓展和延伸。可以认为愿意办理会员卡并暴露部分隐私信息获取便利性的会员是核心会员，是企业需要重点经营的会员；通过 WiFi 感知到消费者是感知会员通过微博、微信、应用等渠道登录的消费者；零售商业覆盖的潜在消费者则为全网会员。基于线上线下会员打通的大会员体系，从会员识别、会员数据采集、会员服务着手。线上线下会员打通，全渠道识别同一人，并追踪分析消费者行为，在全渠道内提供用户体验一致的服务。××公司大会员体系基于大数据处理结果，进行各类分析和营销，并通过体系的方式方法，提供购物中心和门店的经营支撑。基于消费者宏观数据，进行消费者分析以及经营决策支持，同时应用微观数据开展个性化推广，共享经营数据和会员行为辅助门店经营。

通过大会员大数据分析支持，企业可以获得全场分析、业态分析、楼层分析、动线分析、细化到店铺的评估的基础经营分析支持，进行销量预测、库存预测、货品市场反馈评估、开店/撤店/活动营销评估等。

4. 线下个性营销减少会员的被骚扰感

个性化会员营销是××公司基于商场的大会员数据，在场景体系和标签体系的先后作用下，根据营销目标设计一定的规则进而系统实现的。场景体系和标签体系可以指导并结构化地区分不同场景、不同会员特征触发（如大会员特征触发、会员场内实时位置、行为触发、购物中心主动活动触发），通过短信、电子邮件、微信、App等渠道个性化推送内容，可帮助商场脱离传统的同质化营销内容推送，最大限度地降低会员的被骚扰感，提高营销信息的关注度和反应程度，达到个性化营销的目的。

11.4.2　具体运营

在实际操作中，××公司通过线上线下会员打通识别同一人、全触点数据采集、建立大数据管理平台，支撑上层应用系统，辅助零售商进行大会员管理与经营管理决策以及个性化精准会员营销的整合方案，可帮助企业打通线上线下数据，强化大数据挖掘和分析能力，实现消费者的精准画像和精准营销，并同时提供经营决策分析支持。

星星之火可以燎原，O2O之火几乎点燃了整个零售商业寻求变革与跃进的热情，大企业渴求O2O转型能带来蓬勃生机，小企业也跃跃欲试寻求更高层次的发展。然而，O2O并不是大多数商家认为的实体店在网上开个商城，搞个App做个微信，那只是实体企业电子商务化而已，并没有领会和传承O2O的深刻意义。大企业方面已认识到O2O实现的是线上线下的一体化整合，在大数据的背景下实现了对消费者的精准把握和个性化营销，但由于缺少足够的技术支撑和数据来源，无法实现线上、线下对顾客的统一识别，无法实现真正意义上的O2O闭环。

O2O 商业模式需要打通 O2O 双向数据、建立数据挖掘能力，实现线上线下交易、体验、反馈的无缝衔接。

1. 线上线下会员打通，全渠道识别同一人

围绕消费者接触点，打造线上线下打通的会员体系，并通过一体化的供应链体系来提供支撑。

（1）会员打通

建立全局会员唯一标识，全渠道认知用户。对于会员的识别、追踪、服务，均基于全局的会员体系。将线上线下各自成熟的会员营销经验融会贯通。

（2）供应链一体化

货品、交易、物流的统一管理，避免渠道间相互"冲击"。

（3）用户触点建设

无论线上线下触点，均积累到同一会员体系内。

2. 全触点数据采集，最完整的用户数据全息图

改变传统粗放的数据收集方式，通过 WiFi 自动感应、蓝牙定位、对接商户 POS 系统等方式精准采集用户画像、用户行为数据和用户交易数据。另外，整合商家自有的线上资源（如 App、微博、微信等），与××公司具有的国内零售消费领域最大的第三方数据库合作迅速补充线上数据，线上线下两个渠道收集用户数据，形成最完整的用户数据全息图。

3. 建立大数据管理平台支撑两大应用系统

采集到用户数据之后，由于业务类型多、数据不规范而且缺漏程度高，采集到的数据需要经过清洗、标准化、结构化与数据分析挖掘才能为上层的大会员分析、零售经营分析、个性化会员营销系统提供数据调用支持。

大数据管理平台建设需充分整合线下业务特点和数据情况，并逐渐积累数据挖掘结果。构建过程中，需与零售商洽谈业务调研，梳理其线下类目，分业态建立标签体系，另外，要进行数据调研，整合数据源，通过两个方面的调研完成线下数据挖掘。数据挖掘的价值和数据精度紧密关联，需在长期的积累过程中不断完善。

（1）梳理线下类目，建立类目体系

类目体系即商品类目体系及其描述，图 11-2 为零售商业基于××公司线上商品类目树及品类描述建立满足线下零售特征的类目体系。

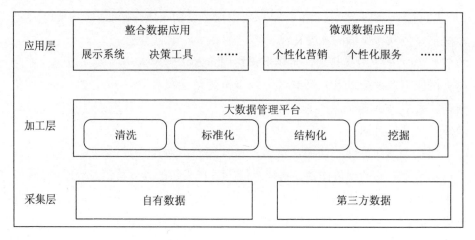

图 11 - 2　线下类目体系

（2）分业态建立标签体系

即基于消费者线下行为、交易特征，建立消费者标签类目体系，支撑分析需要。标签体系是××公司零售商业 O2O 大数据解决方案充分利用线上线下数据资源，开展以消费者为中心、以消费者行为倾向为结果的数据分析，实现数据标准化、规范化的理论基础，是打通、整合线上线下数据的第一步。根据对零售商业业务特点、数据需求的充分调研，结合自身在线上零售数据标签设计方面的经验，开展有针对性的梳理、修改、完善，为零售商业设计符合零售大数据建设及应用需求的数据标签体系。

（3）构建实时触发的场景体系

及时学习消费者的行为，判断当前消费者的消费意图、触点管理触发个性化营销活动。场景体系为上层的个性化营销系统提供接口，通过触点管理主要发挥两个方面的作用：判断消费者当前活动状态，从而确定是否开展营销，比如大会员特征场景触发、场内实时位置/行为场景触发个性化营销活动；在确定开展营销的基础上，判断消费者当前消费意图，从而指导业态、品类营销内容的选择。

（4）大数据分析展示系统辅助零售商进行大会员管理与经营管理决策

大数据分析展示系统可根据零售商业的业务需求定制，从不同的角度予以展现。例如，购物中心大数据分析体系建设基于从商场线下会员个人数据、线下会员销售数据以及××公司线上补充数据等渠道获取到的数据，依照人、店、场、圈、网 5 个分析目标，围绕会员特征数据、会员行为数据、会员消费数据 3 类核心数据维度划分相应的分析维度和分析指标，全面囊括了商场各核心经营目标分析中所需要的分析场景，最终实现对经营分析和决策支持的全方位多维度分析。大数据展示系统支持购物中心管理决策，例如，投资前决策辅助，选址、设计决策等规划决策支持；品牌引进决策支持、店铺招商调整等招商决策支持；动线调整、经营情况跟踪等日常管理支持；跟踪营销效果等营销支持。

（5）个性化营销系统辅助零售商进行个性化精准会员营销

线下零售个性化营销系统是依赖大数据管理平台数据挖掘结果，基于线下业务特点建立的个性化营销体系。通过场景体系确定营销触发后，通过对消费者交易、行为数据的分析，可以对消费者品类风格倾向、品类消费能力、品类品牌倾向进行详细标定，从而获取所需的消费者消费倾向。基于每个消费者长期偏好和短期意图，利用推荐算法选择发送个性化营销信息（可通过短信、App、微信、POS 机、电子邮件等推送信息，提供个性化 SDK（软件开发工具包）、个性化微信/短信接口）。

参考文献

[1] 张波.O2O——移动互联网时代的商业革命 [M]．北京：机械工业出版社，2014.

[2] 程成，袁莹，王吉斌，等.O2O 应该这样做 [M]．北京：机械工业出版社，2014.

[3] 板砖大余，姜亚东.O2O 进化论——数据商业时代全景图 [M]．北京：中信出版社，2014.

[4] 项建标，蔡华，柳荣军.互联网思维到底是什么——移动浪潮下的新商业逻辑 [M]．北京：电子工业出版社，2014.

[5] 沈周俞.企业微营销 [M]．北京：中华工商联合出版社，2014.

[6] 刘佳佳.餐饮团购服务质量与消费者团购行为意向关系研究——基于网站信任的中介作用 [D]．南京：南京师范大学，2013.

[7] 茹颖波.餐饮团购服务质量与顾客忠诚的关系研究 [D]．杭州：浙江大学，2014.

[8] 胡桂珍.O2O 模式在我国餐饮企业中的应用研究 [J]．中国商贸，2013 (7)：128-129.

[9] 王海平，刘树林.网络团购研究现状及展望 [J]．外国经济与管理，2013 (7)：73-80.

[10] 迈尔·舍恩伯格库克耶.大数据时代 [M]．杭州：浙江人民出版社，2013.

[11] 郭京京，陈琪.电子商务模式设计对企业绩效的影响机制研究 [J]．管理工程学报，2014 (28)：83-90.

[12] 张波.O2O 实战：二维码全渠道营销 [M]．北京：机械工业出版社，2013.

[13] 王彦增.O2O 模式下的分析型 CRM 研究 [D]．杭州：浙江理工大学，2013.

［14］蒋晓敏．基于 O2O 视角的银泰百货连锁经营商业模式的研究［D］.
杭州：浙江理工大学，2014.

［15］葛夏芷．O2O 产品的用户体验研究［D］．武汉：武汉理工大学，
2013.

［16］吴瑾．移动互联网浪潮下 O2O 模式发展浅析［J］．市场周刊（理
论研究），2014（5）：58－59.

［17］朱璧璧，摩晓红，陈晓佳．商业模式重构：大数据、移动化和全球
化［M］．北京：人民邮电出版社，2014.

［18］陈光锋．互联网思维：商业颠覆与重构［M］．北京：机械工业出
版社，2014.

［19］王艳．顾客参与对 O2O 运营服务满意的影响研究［D］．合肥：安
徽财经大学，2014.

［20］姜德敬，等．互联网＋：O2O 商业生态破局与重构［M］．北京：
机械工业出版社，2015.